우리, 결혼했어요!

우리, 결혼했어요!

지은이 | 박수웅
펴낸날 | 2006. 5. 10.
63쇄 발행 | 2024. 9. 5
등록번호 | 제 3-203호
등록된 곳 | 서울시 용산구 서빙고로 65길 38
발행처 | 사단법인 두란노서원
영업부 | 2078-3333 FAX 080-749-3705
출판부 | 2078-3477

▌책값은 뒤표지에 있습니다.
ISBN 89-531-0645-1 03230
ISBN 978-89-531-0645-1 03230

▌독자의 의견을 기다립니다.
tpress@duranno.com http://www.duranno.com

> 두란노서원은 바울 사도가 3차 전도 여행 때 에베소에서 성령 받은 제자들을 따로 세워 하나님의 말씀으로 양육하던 장소입니다. 사도행전19장 8-20절의 정신에 따라 첫째 목회자를 돕는 사역과 평신도를 훈련시키는 사역, 둘째 세계선교(TIM)와 문서선교 (단행본·잡지)사역, 셋째 예수문화 및 경배와 찬양 사역, 그리고 가정·상담 사역 등을 감당하고 있습니다. 1980년 12월 22일에 창립된 두란노서원은 주님 오실 때까지 이 사역들을 계속할 것입니다.

우리, 결혼했어요!

| 박수웅 지음 |

두란노

contents

저자의 말- "행복을 원한다면 실력을 갖추라" 6
기쁘게 추천합니다! "김동호, 강준민, 주서택, 이기복, 강순영, 곽수광·송정미" 9

하나님의 가정 설계1. **사랑의 연합**
이제는 '너'와 '내'가 아니라 '우리'

1. 돈 주고 살 수 없는 혼수 24
2. 아내의 목마름은 따로 있다! 78
3. 남편, 이들은 과연 누구인가? 100
4. 하나 됨의 물꼬, 대화 122
5. 마음껏 성(性)의 축제를 누리라 163

하나님의 가정 설계2. **고난과 축복**

배우자를 연구하면 복이 임할지라

1. 지금 배우자가 바로 '그 사람'이다   200
2. 그대는 완벽하게 나를 보완하는 신비로운 존재   220
3. 고난, '부부' 앞에 무릎 꿇다   234

하나님의 가정 설계3. **거룩, 비전, 사랑**

'부부', 하나님의 설계도를 완성하다

1. '거룩'을 회복하라   244
2. '공동의 비전'을 품으라   256

| 저자의 말 |

"행복을 원한다면 실력을 갖추라"

"준비, 땅!" 마라톤 경기에서 출발을 알리는 소리를 들으면 저는 반사적으로 이제 막 결혼한 부부의 모습이 떠오릅니다. 두 사람이 출발 신호를 듣고 긴긴 장거리 경기를 함께 달리는 것. 이것이 바로 결혼입니다.

많은 사람들은 결혼을 마치 축구 경기에서 골을 넣어 경기를 종료시킨 것이라 착각합니다. 그러나 결혼은 완성이 아니라 완성을 향한 시작이며 출발에 불과합니다.

때문에 이 경기를 완주하려면 실력이 필요합니다. 어떻게 호흡을 조절해야 하고, 함께 뛰는 상대방을 어떻게 격려하며, 둘이 함께 골인 지점까지 이르려면 스피드를 어떻게 조절해야 할지 알아야 합니다. 만약 이런 실력도 없이 뛴다면 그 둘은 중도에 멈춰 서서 다툴 수밖에 없고 호흡 조절을 할 수밖에 없습니다.

저는 의사로서 실력을 갖추기 위해 수십 년을 공부했습니다. 그러나 의사는 퇴직이란 게 있지만 아버지나 남편의 자리는 퇴직이란 게 없습니다. 그럼에도 불구하고 저는 아무런 실력도 갖추지 않은 채 결혼에 이르렀습니다. 아내의 마음은 어떻게 얻는 것인지, 서로의 다른 기질과 상처와 환경의 조화는 어떻게 이루는지, 가정의 비전은 어떻게 세워 나가는 것인지 전혀 공부해 보지 않았습니다. 열정이 있고 사랑이 있으니 그냥 부딪치면 된다고 자신했습니다.

그러자 제게 위기가 찾아왔습니다. 남편으로서, 아버지로서 심각한 위기를 만났습니다. 그때, 저는 깨달았습니다. '아, 내게 실력이 없구나!'

이 실력은 학벌이나 재벌과는 관계없는 것이었습니다. 비록 아무것도 가진 게 없어도 가정 행복을 꾸리는 실력을 갖춘 자는 그 모든 실력 위의 실력을 갖춘 자임을 그때서야 알았습니다. 그때부터 저는 공부하기 시작했습니다. 가정을 향하신 하나님의 계획은 무엇이고, 성경에선 남편과 아내를 무어라 하는지 말씀을 펴서 묵상했습니다. 가정 관련 서적을 사서 보며 밑줄을 그었습니다. 가정생활세미나에 참석하면서 저의 부족한 모습들을 보았습니다. 그리고 회개했습니다. 가정생활에 적용했습니다.

우리 가정을 향하신 하나님의 인자와 사랑이 너무도 풍성하게 임했던 것은 그때부터였습니다. 가정은 천국의 작은 모형임을 우리는 그때부터 날마다 맛보며 알았습니다.

그 후 하나님께서는 저와 아내를 가정사역자로 사용해 주셨습니다. 그리고 전 세계를 돌며 얼마나 많은 가정들이 고통을 겪고 있는지 알게 하셨습니다. 특히 오늘의 한국 가정은 경제 문제, 자녀 문제, 성격 문제, 성 문제, 건강 문제 등으로 몸살을 앓고 있습니다. 그런데 그 모든 엉킨 문제의 중심에는 '관계의 문제'가 도사리고 있음을 발견했습니다. 하나님과의 관계, 부부 사이의 관계. 이 관계의 문제가 모든 문제를 푸는 코드임을 깨달았습니다.

이 책은 그런 관점에서 많은 가정의 아픔과 행복의 사례들을 중심으로 써 내려갔습니다. 독자 여러분이 어떻게 해야 우리 가정을 향하신 하나님의 애초의 계획들을 이룰 수 있는지를 발견할 수 있기를 바라며 써 내려갔습니다.

책이 나오기까지 수고와 아이디어를 아끼지 않으신 두란노 출판부에 감사의 마음을 전합니다. 더불어 나의 평생 동행자이자 비전 파트너인 아내에게 존경과 사랑을 아낌없이 전합니다.

| 기쁘게 추천합니다! | —김동호(높은뜻숭의교회 담임목사)

"좋은 결혼과 가정을 원한다면 공부합시다!"

우리는 좋은 직장에 들어가 좋은 직업을 얻기 위해 사람들은 참으로 엄청난 공부를 한다. 필요에 넘치는 공부를 한다. 개인과 세상이 나름대로 힘들다고 하면서도 발전하는 이유가 나는 여기에 있다고 생각한다.

그러나 좋은 직장과 비교도 할 수 없이 중요한 결혼을 위해서는 정작 공부하는 사람이 많지 않다. '죽네 사네' 사랑하여 결혼한 부부가 절반 가까이나 실패하여 헤어지는 이유가 바로 여기에 있다.

결혼과 가정을 위해 공부해야 한다. 좋은 남편이 되기 위해 공부해야 하고, 좋은 아내가 되기 위해 공부해야 한다. 좋은 아빠가 되기 위해 공부해야 하고 좋은 엄마가 되기 위해 공부해야 한다.

좋은 남편과 아내, 좋은 엄마와 아빠가 되기 위해, 또 좋은 결혼과 가정을 위해 기도하고 노력하는 사람들에게 나는 박수웅 장로님의 「우리, 결혼했어요!」를 자신 있게 추천한다. 이 책 때문에 많은 가정이 행복해질 것을 생각하며 미리 하나님께 감사를 드린다.

| 기쁘게 추천합니다! | —강준민(동양선교교회 담임목사)

"그리스도인이 상실해 온 균형을 회복시켜 주는 책"

박수웅 장로님이 인도하는 결혼생활세미나에 참석했다가 얼굴이 빨개진 적이 있습니다. 그 까닭은 너무 진솔한 성생활에 대한 고백과 치료책 때문이었습니다. 웃어야 할 대목에서 웃을 수도, 울어야 할 대목에서 울 수도 없었습니다. 교회 안에서 금기시해 온 부부의 성생활에 관한 이야기를 솔직하고 재미있게 나누어 준 그날 밤에 많은 생각을 했습니다. 그날 밤, 저는 세미나에 참석한 모든 분들이 그토록 좋아하는 것을 보면서 교인들의 행복을 너무 영적인 것에만 초점을 맞추었던 제 자신을 자책했습니다.

목회를 하면 할수록 교회 안에 있는 많은 문제들이 영적인 것보다는 관계에 있다는 것을 알게 되었습니다. 물론 제가 영적인 것을 결코 소홀하게 생각한다는 말은 아닙니다. 다만 저의 관찰을 통해 깨달은 것은 많은 교회와 가정의 문제가 관계를 맺는 기술의 미숙함 때문에 온다는 것을 강조하고 싶은 것입니다. 특별히 결혼 생활에서 일어나는 문제의 대부분은 아주 작은 지식과 기술을 익히지 못한 데서 온다는 것을 발견하게 된 것입니다.

그동안 부부관계가 어려운 분들과 만나서 대화하는 중에 많은 문제가 의외로 영적인 문제보다는 정서적인 문제와 성적인 문제에 있다는 것을 알게 되었습니다. 하나님은 우리를 만드실 때 영과 혼과 몸을 가진 인간으로 만드셨습니다. 곧 우리는 인간을 이해할 때 총체적으로 이해해야 함에도 그리스도인들은 모든 것을 영적인 것에만 초점을 맞춘다는 것입니다. 하나님은 우리를 전인적으로 구원하셨지만 우리는 그 균형감각을 상실하고 만 것입니다.

박 장로님이 이번에 쓰신 「우리, 결혼했어요!」는 그리스도인이 상실해 온 균형을 회복시켜 주는 좋은 책입니다. 저는 이 책을 읽으면서 남자와 여자의 차이를 더 많이 이해하게 되었습니다. 결혼이라는 테두리 안에서의 성생활이 얼마나 축복인지도 새삼 깨닫게 되었습니다. 행복은 멀리 있는 것이 아니라 가까이에 있습니다. 행복은 작은 변화를 추구하는 데 있습니다. 작은 차이가 큰 차이를 만들어 내는 것입니다. 이 책이 바로 행복을 위한 작은 차이를 만들어 내고 있습니다.

이 책은 추상적이거나 현실과 거리가 먼 이론서가 아니라 저자가 직접 경험한 사실을 기록한 책입니다. 또한 KOSTA(해외 한국유학생 선교단체)와 가정 사역을 통해 수없이 많은 부부들을 상담하는 중에 발견한 해결책을 기록한 책입니다. 이 책 속에 담긴 남편과 아내의 차이, 사랑의 대화법, 구체적이면서 실질적인 성생활에 대한 안내, 고난을 이기는 법, 비전 있는 가정 만들기는 보배와 같습니다. 그래서 결혼을 앞두고 있는 분들, 신혼에 들어선 분들에게 우선적으로 추천하고 싶습니다. 또한 오랜 결혼 생활을 하면서 행복을 맛보지 못한 분들에게도 기쁜 마음으로 추천하고 싶습니다.

| 기쁘게 추천합니다! | ―주서택(내적치유사역 연구원장, 청주주님의교회 담임목사)

"건강하고 행복한 부부를 위한 성경적이고 실제적인 처방"

"조금만 더 일찍 알았더라면 우리 가정이 이렇게 되지는 않았을 텐데요."

"조금만 더 일찍 내 안에 치유와 회복이 있었더라면 내 가족과 내 인생을 이 지경으로 만들지 않았을 텐데요."

10여 년이 넘도록 내적치유 사역을 섬기면서 수많은 남편과 아내들에게 들었던 한숨이고 후회입니다.

행복하기 위해 결혼을 하지만 행복한 가정은 신데렐라의 행운처럼 우연히 찾아오는 것이 아니었습니다. 행복한 가정이 우연히 만들어지는 것이 아니듯 무너지는 가정도 우연히 그렇게 되는 것이 아니었습니다. 가정을 파괴시키고 가족 모두의 가슴을 찢는 근본적인 이유는 외면적인 것이 아니고 내면적인 각자의 마음 깊이 들어 있는 심층적인 요인들이었습니다. 보이지 않는 마음의 병으로 말미암아 서로에게 깊은 아픔과 고통을 주는 것을 보았습니다.

결혼식은 순간이기에 모든 결점을 하얀 드레스 속에 감출 수 있겠지만 길고 긴 결혼생활 속에서 치유되지 않은 내면의 상처는 숨겨질 수 없습니다. 탁월한 가정 사역자이시며 제자의 삶을 실제적으로 살고 계시는 박수웅 장로님의 「우리, 결혼했어요!」는 행복한 결혼생활을 꿈꾸고 있는 젊은이들과 결혼 이후 부부간의 갈등과 아픔으로 고통을 당하고 있는 분들을 위한 실제적인 하나님의 처방이요 선물입니다. 가정이 무너지면 우리는 갈 곳이 없게 됩니다. 건강하고 행복한 가정을 위하여 「우리, 결혼했어요!」를 결혼 전에, 결혼 후에 필독할 것을 적극 권하고 싶습니다.

| 기쁘게 추천합니다! | —이기복(한동대 교수, 두란노 가정상담연구원 원장)

"결혼을 두려워하는 젊은이들이 꼭 읽어야 할 책"

그동안 결혼을 준비하는 젊은이들에게 인기리에 읽혀오던 책 「우리…사랑할까요?」에 이어, 결혼한 부부를 위해 다시 「우리, 결혼했어요!」가 출간된 것을 진심으로 축하드립니다. 저자 박수웅 장로님은 오랜 동안 코스타를 비롯한 여러 집회에서 많은 젊은이들과 부부들에게 사랑과 결혼, 그리고 성에 대하여 열강을 해 오셨습니다. 그렇기에 많은 상담을 받아오셨고, 실제적인 문제에 접해 오셨습니다. 이 책에서 저자는 결혼생활에서 경험할 수 있는 여러 문제들을 진솔하게 풀어나가고 있습니다. 본인의 결혼생활에서 경험한 차이와 갈등, 실패담과 성공담을 간증과 함께 공개하였습니다. 감동과 치유, 지식과 정보를 제공하고 있기에 귀한 책입니다. 저자 특유의 솔직함과 유머감각이 담겨 있어서 더욱 재미있고 유익합니다.

요즘처럼 가정이 무너지고 있는 시기에 이 책이 탄생하게 되어 기쁩니다. 이 책이 우리들의 결혼을 새롭게 세울 수 있기를 기대합니다. 결혼을 두려워하는 젊은이들에게 결혼에 대한 소망을 주는 책이 되기를 기대합니다. 또한 오랜 갈등을 안고 살고 있는 부부들에게는 치유와 회복이 될 수 있기를 기도합니다.

우리는 부부가 서로 사랑하기만도 부족한 시간들을 살고 있습니다. 서로 미워하고 갈등하기에는 시간이 너무도 아깝고 짧습니다. 이 책을 통해, 서로 사랑하는 법을 배워서 아름다운 가정을 이룰 수 있기를 바랍니다. 가정들이 건강해져서 교회들이 또한 건강해지기를 바랍니다. 그래서 우리의 사회 역시 건강해지기를 소망합니다. 아무쪼록 이 책을 읽는 모든 분들이 행복한 가정을 만들어서 창조주 하나님께 기쁨을 드리는 삶을 살아가시기를 축복하는 바입니다.

| 기쁘게 추천합니다! | ―강순영(JAMA 총무, 예수사랑선교교회 담임목사)

"그리스도인 부부의 성(性)을 다룬 최고 전문서"

　　　　　　　　　　　　먼저 박수웅 장로님의 네 번째 책 「우리, 결혼했어요!」의 출판을 축하한다.

　돌이켜 보면, 나와 박수웅 장로님의 관계는 1981년부터 시작되었다. 내가 미국에 Korean CCC 사역을 위해 파송 받았을 때부터다. 그런 인연으로 나는 지난 25년 동안 믿음의 형제, 사역 동역자로서 가족이나 다름없이 가까이서 그를 지켜보아 왔다.

　우리는 1989년부터 함께 LA에서 부부세미나와 결혼교실을 시작했다. 그는 이 사역을 기점으로 가정에 대해서 더욱 열심히 공부하고 연구했다. 본인의 아팠던 가정에서의 체험도 동기가 되었지만 젊은이들을 사랑하고 가정을 사랑하는 그의 마음이 그로 하여금 이 사역에 열정을 갖게 했다고 생각한다. 끊임없이 노력함으로써 발전을 거듭하던 그는 이제 가정 사역 특히 누구도 다루기 힘든 그리스도인 부부의 성문제에서는 최고 전문가가 되었다.

그는 미국과 한국뿐만이 아니라 일본, 중국, 호주, 러시아, 유럽, 남미 등 전 세계를 다니며 지칠 줄 모르는 열정으로 사역하는 한국이 낳은 가장 영향력 있는 평신도 사역자 중 한 사람이다.

그런 그가 이번에 가정과 부부에 관한 깊이 있고 전문성 있는 책 「우리, 결혼했어요!」를 출판하게 되었다. 나는 이 책이 단순히 그의 연구의 산물이라고 보지 않는다. 그동안 전 세계를 다니며 가정세미나를 하고 상담을 하면서 보고 들은 경험의 결정체요, 아픔 당하는 가정들에게 들려 주고 싶은 그의 마음을 담은 책이라는 표현이 더 어울릴 것 같다.

이 책은 가정생활에 대한 성경적 관점에 기초하고 있어서 건전하다. 수많은 크리스천 가정 사역 전문가들의 책을 연구하고 본인이 직접 실제 생활에서 적용하고 체험한 것 그리고 많은 상담을 통해 얻어낸 진주같이 보배로운 가정 전문서다.

아무쪼록 많은 부부들, 특히 새 가정을 꾸리는 젊은이들에게 많이 읽혀지기를 기대하며 특히 아름답고 성경적인 가정생활을 갈망하는 크리스천에게는 필독서로 추천한다. 이 책을 통해 저자가 바라는 대로 많은 사람들이 행복한 성경적 가정을 이루고, 가정의 행복을 통해 얻는 축복과 힘을 가지고 하나님께서 주신 비전과 사명을 이루기를 기도한다. 아름다운 열매를 기대하며…

| 기쁘게 추천합니다! | —곽수광 목사(코스타 총무), 송정미 사모(찬양사역자)

"진정 닮고 싶은 '부부'에게서 듣는 귀한 메시지"

　　　　　　　　코스타(KOSTA)에서 청년들이 박수웅 장로님의 강의에 열광하는 이유는 단순히 그분의 강의가 재미있어서가 아니라 그들이 진정으로 만나고 싶고 따라가고 싶은 신앙의 선배의 모습을 발견하기 때문일 것입니다. 직접 삶으로 부딪혀 확인된 메시지를 그처럼 열정적으로 그처럼 애정을 가지고 그렇게 솔직하고 재미있게 말씀하시니 누가 좋아하지 않을 수 있겠습니까?

이 책에서 그런 장로님의 모습을 고스란히 발견하고 너무 기뻤습니다.

저희 부부에게 부부로서 닮고 싶은 모델을 말해 보라고 한다면 가장 먼저 떠오르는 분들이 박 장로님 부부일 것입니다. 그만큼 두 분은 오랜 시간 변함없이 아름답고 행복한 부부의 삶이 어떠한 것인지 그리고 부부가 온전히 하나 되어 함께 하나님나라를 위해 헌신할 때 얼마나 놀라운 인생을 살아갈 수 있는지를 구체적으로 보여 주신 분들입니다.

저희 부부가 코스타 사역을 통해서 박수웅 장로님 부부를 만나게 되고 그동안 따뜻한 사랑과 세밀한 가르침을 받을 수 있었던 것이 얼마나 큰 축복이었는지 말로 다 표현할 길이 없습니다.

이 책 속에서 밤을 지새워 가며 조금이라도 더 나누어 주시려고 우리 부부에게 말씀하시던 장로님 부부의 애정 어린 눈빛과 따뜻한 마음이 그대로 느껴집니다.

저희 부부가 결혼하기 전 나름대로 하나님이 기뻐하시는 부부가 되어 보자고 만날 때마다 결혼생활, 부부생활에 관한 신앙서적들을 읽고 함께 나누었던 적이 있었습니다.

참 좋은 시간들이었고 큰 도움을 받았지만 한편으론 그 모든 책들이 다 외국 서적들의 번역물이라 어떤 내용은 마음에 와 닿지 않거나 구체적인 사례들이 우리 현실하곤 맞지 않는다는 느낌이 들 때도 있었습니다.

이제 한국의 젊은이들에게 이 책으로 공부하며 결혼을 준비하라고 자신 있게 권해 줄 수 있게 되어 정말 행복합니다.

또 이미 결혼 하신 부부들은 이 책을 통해 저희 부부가 장로님 부부와의 만남을 통해서 경험했던 감동과 도전 그리고 재충전을 받으시리라고 믿습니다.

하나님의 가정 설계 ①
사랑의 연합

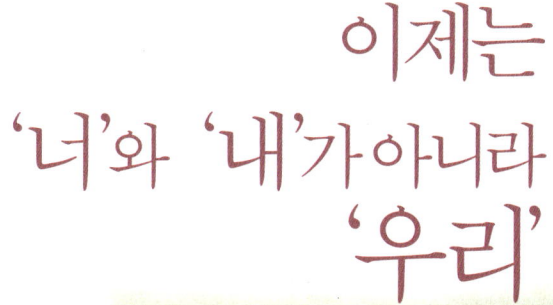

이제는 '너'와 '내'가 아니라 '우리'

"이러므로 남자가 부모를 떠나 그 아내와 연합하여 둘이 한 몸을 이룰지로다"
(창2:24)

1. 돈 주고 살 수 없는 혼수

그토록 목매어 사랑해서 결혼했는데도
헤어지는 이유는 마땅히 준비해야 할 혼수를 준비하지 않았기 때문이다.

두 개의 사랑 탱크

"아버지, 저 결혼하고 싶어요. 허락해 주세요."

어느 날 아들아이가 기대와 설렘을 잔뜩 안고 아버지인 제게 결혼 결심을 말해 옵니다. 저는 그 말을 듣고 아들아이와 함께 '결혼'에 대해 많은 얘기를 나누게 되었습니다.

결혼! 그것은 평생을 함께할 사람과 일가(一家)를 이루는 거룩한 의식이며 감격의 순간입니다. 그래서 주님께서는 결혼을 맘껏 축복하셨습니다. 파라다

이스였던 에덴동산에 아름다운 결혼식장을 준비하시고 아담과 하와의 주례를 친히 서 주시며 말씀해 주셨습니다.

"둘이 한 몸을 이루어라. 생육하고 번성하라, 땅을 정복하라. 돕는 배필이 되어라."

우리가 주님을 영접함으로써 주님과의 동거가 시작되듯이, 솔로이던 사람이 누군가를 반려자로 맞이할 때 비로소 그와의 동행이 시작됩니다. 동거와 동행은 그렇게 큰 축제입니다. 그래서 하늘나라에선 한 영혼이 주님 앞으로 돌아올 때 천국잔치를 벌이고, 이 땅에서는 누군가가 자기 짝을 만나 '동행'을 선포할 때 결혼잔치를 벌입니다. 주님과의 만남으로 영생의 삶이 결정되는 것처럼, 배우자와의 만남으로 이 땅에서의 삶이 결정되기에 이 두 가지 큰 사건 앞에서 축제를 벌이지 않을 수가 없는 것입니다.

하나님께서는 인간을 창조하실 때 두 개의 분명한 사랑 탱크를 모든 이의 마음에 허락하셨다고 합니다. 그 때문에 인간은 주님과 반드시 만나야 하고, 배우자를 반드시 만나야 한다는 말입니다.

그 첫 번째 탱크는 하나님만이 채워 주실 수 있는 공간입니다. 만약 이 공간 안에 하나님이 아닌 다른 우상을 채워 놓으면 인간은 헤어 나올 수 없는 깊은 상심과 불안과 갈등에 시달립니다. 오직 하나님의 사랑으로 채워 넣어야 할 그곳에 다른 이물질이 들어가 있으니 고통 당할 수밖에 없는 것입니다.

반대로 그곳에 하나님의 사랑이 채워지기 시작하면, 아무리 많은 상처와 고통과 아픔을 가진 인간이라 할지라도 새로운 피조물로 거듭날 수 있습니다. 고통 받았던 상처가 녹고 그곳에는 새살이 돋아납니다. 하나님의 사랑으로 사랑의 사람, 회복의 사람으로 다시 새로워지는 역사가 일어납니다.

두 번째 탱크는 부부만이 채울 수 있는 공간입니다. 이 공간은 첫 번째 탱크와 분리된 각각의 탱크라기보다 첫 번째 탱크 안에 속한 또 하나의 탱크라고 보시면 됩니다. 하나님께서는 특별히 이 공간을 배우자가 채우도록 계획하셨습니다. 남편이 아내에게, 아내가 남편에게 채워 주도록 설계하신 것입니다. 그래서 하나님께서는 우리가 배우자와 동행을 함으로 많은 것을 공급 받고 공급하도록 이끄셨습니다.

저는 수많은 나라를 다니며 가정세미나를 하면서 많은 부부의 얼굴에서 이 사실을 확인합니다. 사랑 받는 아내의 얼굴에 흐르는 윤기, 신뢰 받는 남편의 얼굴에 깃든 안정감이 바로 이러한 사실을 말해 주었습니다. 그 사람이 처한 환경이 어떠하든지 부부가 충만하게 채워 주는 사랑의 탱크를 지닌 사람에게는 행복이 있습니다. 물론 그 행복은 주님의 탱크가 온전히 채워질 때 가능한 것입니다.

이와 달리 이 두 가지 사랑의 탱크에 심한 결핍을 지닌 사람들도 많이 만납니다. 그때마다 느끼는 안타까운 마음에 저는, 결혼을 앞둔 부부에게 남편으로서, 또 아내로서 상대에게 충실한 배우자가 될 것을 항상 다짐하게 합니다. 성실하고 좋은 배우자로 잘 준비될 수 있도록 적극적으로 조언합니다.

결혼을 앞둔 제 아들에게도 저는 이 사실을 먼저 상기시켰습니다. 하나님으로 가득 찬 사랑의 탱크가 서로의 가슴속에 있는가, 서로의 가슴에 사랑이라는 탱크를 평생 동안 채워 줄 수 있는가를 확인하도록 했습니다. 서로가 서로에게 최고의 남자, 최고의 여자가 되어 줄 준비가 되었는지를 확인하는 것입니다.

사실 아들이 결혼하려는 자매는 여러 모로 아름답고 현숙한 자매였지만 집안의 지난 일 때문에 깊은 상처와 아픔을 지닌 상태였습니다. 저는 결혼생활을 먼저 해 본 선배로서 그 한 가지가 마음에 걸렸습니다. 상처는 또 다른 상처를 낳기 때문입니다. 그래서 치료받지 못한 상처는 독이 되어 많은 사람을 해칠 수도 있습니다. 그러나 치료받은 상처는 오히려 치료제가 되어 많은 사람을 살릴 수 있기에 저는 며느리가 될 자매가 결혼에 앞서 그런 아픔들을 깨끗이 씻음 받기를 바랐습니다. 그래서 아들에게 물었습니다.

"너도 알다시피 그 아이는 부모에 대한 깊은 상처가 있다. 너는 그것을 감수할 수 있니?"

아들은 저의 물음에 확신을 가지고 대답했습니다.

"제가 자매의 상처를 감싸 줄 수 있어요."

아들의 대답에 저는 한 가지를 권면했습니다.

"그렇다면 상처의 근본적인 치료는 주님께서 하심을 믿고 주님께 나아가도록 해라. 그리고 너도 그 아이를 끝까지 감싸 줘야 한다."

감사하게도 두 아이는 제 말에 순종해서 내적치유를 함께 받았고, 그때 며늘아기는 주님 앞에 많은 눈물을 쏟으며 새로 이룰 가정에 대한 소망을 가질 수 있었습니다. 그리고 두 아이는 깊은 사랑을 안고 결혼식을 올렸습니다.

그 후 두 아이는 주님의 은혜로 잘 사는 모습을 보여 주었습니다. 그래서 어느 날은 제가 아들에게 며늘아기가 힘들어하는 게 없냐고 물었습니다. 그러자 아들은 다른 건 다 괜찮은데 밤에 잠을 잘 때 악몽을 자주 꾼다고 했습니다.

"그럴 때 너는 어떻게 하니?"

"꼬옥 안아 주고 쓰다듬어 주지요."

"그래. 그렇게 계속해서 사랑해 주고 감싸 줘라. 그게 네 역할이다. 네가 치유자가 되어 줘라."

1차적이고 근본적인 내적치유는 주님께서 해 주셨다면, 2차적이고 세부적인 치유는 남편이 해 주라고 말했습니다.

아니나 다를까요. 시간이 흐르면서 며늘아기는 너무도 밝고 평온한 모습으로 변해 갔습니다. 어느 날 아들에게 물었더니 "더 이상 악몽에 시달리지 않는다"는 대답을 해 왔습니다. 쓴 뿌리가 없어진 것입니다. 저는 서로를 섬기고 사랑하며 사는 이 아이들을 보면서 '부부'가 무엇인지, 결혼이 무엇인지를 다시 한 번 확인할 수 있었습니다.

결혼을 위한 최소한의 준비

"우리, 앞으로 예쁘게 살게요. 지켜봐 주세요."

한국이든 미국이든 연예인 커플이 결혼한다는 소식이 전해지면 각종 매체에서는 그들이 살아갈 신혼집을 보여 주며 마치 그들에게 꿈같은 미래가 펼쳐질 것처럼 보도합니다. 세련되고 실용적인 주방, 모던하고 넓은 거실, 화려하면서 비밀스런 침실, 거기에다 신부의 센스가 돋보이는 각종 집안 인테리어…. 시청자들은 그 모습을 보면서 '결혼이란 바로 저런 것이다' 는 생각을 은연중 갖게 됩니다. 경제적 안정, 화려한 스포트라이트, 빼어난 선남선녀의 얼굴, 너무 좋아 못 살겠다는 뜨거운 애정표현…. 누가 보아도 부러울 만한 행복한 모습의 연출. 이런 출발을 사람들은 '축복된 결혼' 이라고 부릅니다.

그러나 이상하게도 이렇게 화려한 결혼식을 올리는 커플이나, 반대로 초라한 결혼식을 올리는 커플도 모두 일단 결혼생활이 시작되고 나면 꿈같은 미래를 맛보기는커녕, 불행한 가정생활로 인해 고통을 호소한다는 것입니다.

"이럴 거면 왜 나랑 결혼하자고 했어?"
"이럴 줄 알았으면 결혼하자고도 안 했지!"

많은 돈과 에너지를 들여 결혼했지만 돈이 행복을 가져다 주지 않음을 깨닫는 부부, 돈은 없지만 사랑 하나만 믿고 결혼한 후에 돈 때문에 갈라서는 부부, 뜻밖에 찾아온 불의의 사고 앞에서 어이없이 무너지는 부부 등 우리 주변에는 깨어지는 가정들이 너무도 많습니다.

왜 이런 일들이 일어날까요? 왜 우리의 가정에는 행복보다는 불행이, 기쁨보다는 슬픔과 고통이 더 큰 자리를 차지하는 것처럼 느껴질까요?

그것은 첫째, 혼수 준비를 잘 못했기 때문입니다. 많은 돈을 들였어도, 그렇게 목매어 사랑했어도 마땅히 준비해야 할 혼수를 준비하지 못했기 때문에 이런 일들이 벌어집니다.

그렇다면 우리가 준비해야 할 혼수는 무엇입니까? 그것은 하나님의 가정 설계를 바탕으로 한 '가정 설계도'입니다. "가정이 무엇인가. 하나님께서 원하시는 가정이란 어떤 모습인가"를 알고 내가 이룰 가정의 모습을 설계하는 것입니다. 이것이 우리가 준비해야 할 가장 값진 혼수요, 귀한 혼수입니다.

그러나 많은 이들에게는 이런 가정 설계도가 없습니다. 설계도 대신 '열쇠 몇 개, 몇 평짜리 집, 고급 승용차'라는 물질적 혼수 준비에만 집착합니다. 그 결과는 어떻습니까? 신혼 첫날밤부터 삐걱거립니다. 그래서 남편은 신나고 아내는 혼나는 게 '신혼 첫날밤'이란 말이 나옵니다. 성적 결합에 문제가 생겨 삐걱거리고, 묵은 호텔이 맘에 안 든다고 삐걱거리고, 집 장만이 맘에 안 든다고 삐걱거리며, 둘이 함께 시간을 보낼수록 점차 드러나는 성격 차이로 삐걱거립니다. 또한 첫날부터 발견하는 서로의 문화 차이 때문에 삐걱거립니다.

이는 모두 가정생활 설계도가 없다는 데서 오는 갈등입니다. 기초가 튼튼하지 못한 데서 오는 건물의 흔들림입니다.

가정이 무엇입니까? 이 사실을 알려면 누가 가정을 창조했는지를 묵상해 보면 됩니다.

성경에 창세기를 보면 가정은 인간들의 필요 때문에 만들어진 조직체가 아니라, 하나님의 섭리로 만들어진 유기체임을 알 수 있습니다. 하나님께서 분명한 목적을 가지시고, 이 땅에 만드신 작품이 바로 가정인 것입니다.

"이러므로 남자가 부모를 떠나 그 아내와 연합하여 둘이 한 몸을 이룰지로다"(창2:24).

둘이 한 몸을 이루는 것. 이것이 가정을 향한 하나님의 설계 목적 중 하나입니다. 이 말씀에는 남녀의 온전한 육체적 결합과 함께 정서적, 영적으로 하나 되기를 바라시는 하나님의 마음이 깃들어 있습니다.

그러므로 가정 설계의 첫 번째 그림은 '하나 됨'에 두어야 합니다. 육체의 하나 됨, 마음의 하나 됨, 영혼의 하나 됨을 향한 계획이 있어야 합니다. 이것이 우리가 반드시 준비해야 할 설계도입니다. 또한 우리가 준비해야 할 최고의 혼수입니다.

생각해 보면 우리가 보는 모든 것들은 하나님의 설계도를 따라 만들어졌습니다. 하나님이 설계하신 창조물이기에 지구도, 사람도, 자연도 신기할 정도로 오묘합니다.

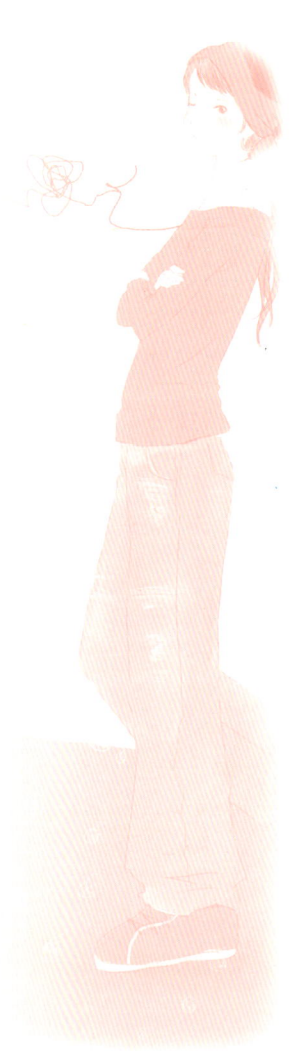

　생각해 보십시오. 해와 지구가 정확한 간격을 유지하고 있기에 지구에는 생물체가 존재할 수 있는 것입니다. 만약 조금만 더 가까웠어도 지구는 타버렸을 것이고, 조금만 더 멀었어도 지구는 얼어붙었을 것입니다. 달과 지구 사이도 마찬가집니다. 달과 지구가 서로 정확하게 계산된 힘으로 서로를 끌어당기고 있기 때문에 하루에 두 번씩 밀물과 썰물이 생깁니다. 이때 만들어지는 조수간만의 차로 갯벌에는 많은 생명들이 살 수 있게 되어 갯벌이 자연계를 유지하는 데 중요한 역할을 하기도 합니다.

　사람의 몸도 얼마나 정교합니까? 코가 위로 달려 있거나, 눈이 발가락에 달려 있지 않습니다. 하나님의 정확한 설계에 의해 꼭 있어야 할 곳에 존재합니다. 60조 내지 100조가 되는 그 많은 세포들이 연결되어 이렇게 오묘한 '내'가 존재하는 것입니다. 우스운 모습을 보면 웃음이 나고, 슬픈 모습을 보면 눈물이 난다는 것, 음식이 입 속에 들어가면 몸에서 신속하게 신호를 보내 침이 나오고 침 속에 소화 효소가 분비되어 단백질은 단백질대로,

탄수화물은 탄수화물대로 소화가 된다는 사실이 신기하지 않습니까? 그렇게 우리는 기적덩어리, 그 자체입니다. 하나님께서 우리를 그렇게 걸작으로 지으셨다는 사실입니다. 단 1미리의 오차도 허용하지 않는 설계도를 따라서 탄생한 작품이 바로 '나' 입니다.

이렇게 귀한 우리이기 때문에 우리는 우리의 인생을 귀하게 가꿔야 합니다. 하나님 앞에서 미래를 준비하며 설계해야 합니다.

사실 우리는 교사나 변호사가 되려고만 해도 많은 시간을 들여 공부합니다. 그러나 그보다 더 중요한 결혼생활을 위해서는 책 한 권 읽지 않고, 훈련 한 번 받지 않고, 상담 한 번 받지 않고 그냥 맞닥뜨리기가 쉽습니다. 교사나 변호사 일은 하루 중 몇 시간, 일생의 어느 시간을 근무하면 그만이지만 결혼생활은 평생을 좌우하는 것인데도 아무런 준비나 설계를 하지 않는다는 것입니다.

그렇게 되면 반드시 고통이 찾아옵니다. 제가 의사이기 때문에 의사의 예를 들자면, 예전에는 가짜 의사들이 참 많았습니다. 그저 군대에서 위생병으

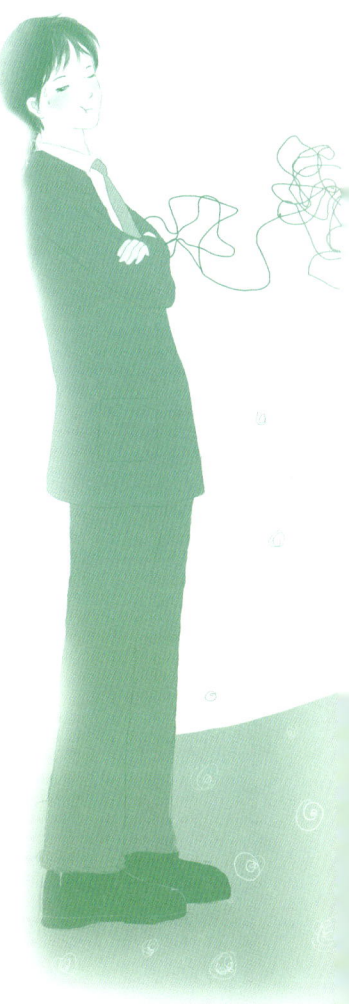

로 의사 조수 노릇을 잠깐 했을 뿐인데, 나중에 가짜 면허증을 내밀며 시골에서 의사 노릇하다가 사람 잡는 일들이 적잖았습니다. 우리는 그런 사람을 뭐라 부릅니까? '돌팔이 의사'라고 합니다.

그런데 가정 안에도 돌팔이 남편, 돌팔이 아내, 돌팔이 아버지, 돌팔이 어머니들이 너무 많다는 사실을 아십니까? 전혀 준비나 실력을 갖추지 않은 채 결혼해서 애를 낳고 남편이라고, 아버지라고 권위만 내세우다가 가족들을 불행으로 빠트리는 사람들이 혹시 우리의 모습은 아닌가요?

그래서 저는 결혼 전에 최소한 네 가지는 서로 공부하라고 권합니다. 이 공부는 서로를 알아가는 공부이며, 가정 설계를 위한 최소한의 준비입니다. 이미 결혼한 사람들은 지금부터라도 이런 최소한의 공부를 해야 합니다. 우리는 아는 만큼 서로를 섬길 수 있고, 그런 성숙함이 있을 때 행복할 수 있기 때문입니다.

모르면 충돌한다

부부가 하나 되기 위해서는 무엇보다 서로 다른 기질과 성격을 이해해야 합니다. 서로가 다르다는 것은 알고 보면 큰 축복입니다. 다르다는 것은 '매력'이 될 수 있고 '보완'이 될 수 있기 때문입니다. 그러나 서로의 다름을 인정하지 않을 때 부부간의 충돌은 불가피합니다. 그래서 저는 'MBTI' 유형이든

'DISC' 유형이든 부부간의 기질 테스트를 해 보아서 나를 알고 상대방을 알도록 권유합니다. 서로의 성격을 파악하고 이해하는 것입니다.

언젠가 한번은 가깝게 지내는 어느 부인이 이런 상담을 해 온 적이 있었습니다.

> "우리 남편은요 결혼해서 보니까 너무 이상한 거 있죠? 밖에서 스트레스를 받고 오거나 힘든 일이 생기면 컴퓨터 앞에 앉아 있거나 혼자 음악을 들으면서 방구석에 박혀 있는 거예요. 저는 그런 남편이 답답해서 '무슨 일 있냐?', '말 좀 해 봐라' 하면 '혼자 있게 그냥 놔두라'는 말만 해요. 그때마다 저는 무시 당한다는 생각도 들고, 남편에게 나란 존재가 뭔가 하는 생각도 들어요. 저는 안 그렇거든요. 조금이라도 힘든 일이 있으면 남편에게 막 수다를 떨어야 마음이 가벼워지는데, 남편은 저를 친구로도 생각하지 않는 것 같아요."

상담을 하는 부인은 나름대로 심각한 표정이었습니다. 하지만 제가 아는 한 남편은 부인을 어느 누구보다 사랑하는 사람이었습니다. 그런데 왜 자신의 힘든 일들을 부인과 함께 자주 나누지 않는 걸까요?

그것은 남자라는 특성에다 그 남편의 기질적 특성 때문입니다. 남자는 본래 힘든 일을 만나면 동굴 속에 숨고 싶어 하는 속성이 있습니다. 그곳이 엄마의 자궁처럼 편안하게 느껴지기 때문입니다. 이와 달리 여자들은 말을 해서 풀어 버려야 편안함을 느끼는 존재입니다.

게다가 남편은 '점액질'이라는 기질적 특성을 갖고 태어났습니다. 「기질학습과 영적 성숙」(손경구, 두란노)이란 책에 보면 인간이 가진 네 가지 대표적인 기질 중 점액질의 특성은 평소 내성적이고 온화하며 일관성이 있고 균형 잡힌 모습을 보여 준다고 합니다. 남들과 잘 다투지 않고 평화롭고 조용하면서도 적절한 위트가 있어서 사람들 사이에서 인기도 많은 사람입니다. 그러나 이런 점액질은 스스로 동기부여를 잘 하지 못하면서 남들로부터 간섭 받는 것은 무척이나 싫어하는 모순 된 기질을 갖고 있습니다. 남에게 자신의 문제를 과도하게 노출하는 것도 싫어하고 짜증이나 화를 내는 법도 별로 없습니다. 그 때문에 스트레스나 위기 상황에서도 적극적으로 대처하기보다는 조용하고 소극적으로 풀어가길 원합니다. 혼자 조용히 음악을 들으면서 마음의 안정을 찾는 게 먼저라고 생각하기 때문에 그런 사람의 스트레스 해소법은 컴퓨터나 음악 감상이 될 수밖에 없습니다. 따라서 그런 배우자를 섬기려면 그 사람의 타고난 기질을 이해하고 존중하는 게 순서입니다. 점액질의 기질을 가진 사람에게 "왜 말을 하지 않냐?"며 억지로 스트레스 받은 일을 떠올리게 하고 고백하게 한다면 그 사람은 더욱 심각한 스트레스를 받게 됩니다.

따라서 이런 배우자를 섬기려면 혼자만의 시간을 존중해 주는 것이 무엇보다 필요하고, 적당한 때에 부드럽고 온화하게 마음을 어루만져 주면서 격려해 줘야 합니다.

이와 반대인 '다혈질'은 어떻습니까? 다혈질은 대중적이며 인간관계 중심이기 때문에 늘 사람을 필요로 합니다. 타인의 시선을 많이 의식해서 '다른 사람들이 나를 어떻게 생각하는가'에 삶의 무게중심을 두고 삽니다. 항상 생기발랄하고 분위기 메이커인 사람들, 그런 사람들은 대부분 다혈질에 속합니다. 이들은 말을 많이 하기 때문에 누군가 자신의 말을 잘 들어 줄 때 행복감을 느낍니다. 따라서 힘든 일이 생길 때면 적극적으로 사람을 찾아 자신의 감정 상태를 고백합니다. 만약 배우자가 자신의 말을 잘 들어주지 않을 때는 심한 외로움을 느끼고, 배우자가 자신에게 마음을 여는 것 같지 않을 때도 다른 기질의 사람보다 더한 괴로움을 느낍니다. 인간관계가 삶의 중심인 다혈질의 사람은 배우자가 자신에게 말을 안 하는 것을 관계의 단절로 여기기 때문입니다.

상담을 의뢰한 부인의 경우가 바로 다혈질입니다. 만약 그녀가 담즙질이나 점액질의 사람이었다면 남편이 고요하게 스트레스를 푸는 문제를 그다지 심각하게 받아들이지 않을 것입니다. 부인은 남편이 말하지 않는 것을 부부관계가 단절되는 것으로 판단했고, 관계의 단절은 다혈질의 부인에게는 큰 위기감을 느끼게 한 것입니다.

그러므로 다혈질의 배우자를 격려하려면 항상 인정해 주고 칭찬해 주는 태도가 필요합니다. 칭찬을 먹으면 다혈질의 사람은 금세 살아납니다. 특히 다혈질의 남편들에게 존재감을 확인시켜 주는 칭찬은 삶의 의욕을 북돋아 줍니다. 그만큼 다혈질이 칭찬에 목말라한다는 뜻이기도 합니다. "난 당신과 함께 있고 싶어." "나는 당신이 너무 필요해." "당신은 뭘 해도 잘하는 것 같아요." 이렇게 자신의 존재감을 확인시켜 줄 때 다혈질은 최상의 행복감을 느낍니다.

반면에 담즙질의 기질은 늘 무언가를 지배하려 하고 무언가를 성취하려 합니다. 게다가 타고난 추진력과 집중력으로 많은 일들을 해냅니다. 지배자의 위치에 서야만 안정을 느끼는 이 기질은 일의 성취, 목표의 성취를 가장 중요하게 생각합니다. 그래서 이런 배우자들은 결혼 후 부부간의 관계에 대한 관심은 별로 없고 오직 목표를 향해 집중합니다. '10억 만들기'라는 목표를 세워 거기에 집중하는 사람, 자식의 일류대학 진학을 목표로 집중하는 사람들 중에는 이 기질의 사람이 많습니다. 이런 사람들은 관계 중심적인 대화를 바라는 상대 배우자의 필요를 잘 눈치채지 못합니다.

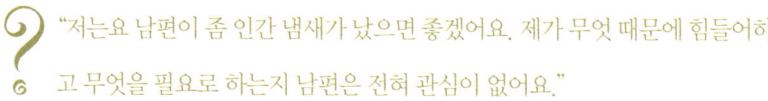 "저는요 남편이 좀 인간 냄새가 났으면 좋겠어요. 제가 무엇 때문에 힘들어하고 무엇을 필요로 하는지 남편은 전혀 관심이 없어요."

퇴근하고 돌아온 후에 "오늘 공과금은 냈나?" "시골에 계신 부모님께 전화는 드렸나?" 등 하루 일과를 사장이 직원에게 말하듯 점검한 후 별 대화는 하지 않는 사람들은 '관계 중심적'인 대화, 정서적인 대화를 바라는 배우자의 필요를 전혀 눈치채지 못합니다. '문제가 없는데 왜 문제가 있다고 징징대느냐?'고 생각할 뿐입니다.

그러나 이런 유형의 배우자와 살 때 상대 배우자는 그를 긍휼히 여기는 마음이 필요합니다. 담즙질의 배우자는 자신을 고백한다는 것이 무엇인지 알지 못하기 때문에 다른 사람의 고백도 들어줄 줄 모르는 것입니다.

제가 아는 어느 사모님은 남편의 이런 담즙질 기질 때문에 많은 눈물을 흘리곤 했습니다. 그 목사님은 열정도 뜨겁고 성실한 반면, 강한 담즙질 성향으로 늘 지배자의 위치에서 군림하려 했다고 합니다. 부부 사이에서도 다스리는 말투, 자녀에게도 다스리는 말투, 동기간에도 다스리는 말투였다고 합니다. 게다가 목사님은 자신의 열정만큼 교인들이 잘 따라오지 않을 때마다 교인들을 심하게 야단치곤 했는데, 그게 때로는 정도에 지나쳤나 봅니다. 심하게 다그치는 목사님께 야단만 맞던 교인들은 결국 그 상처를 이기지 못해 적잖이 교회를 떠나갔습니다. 그런 일들을 반복해서 겪던 사모님은 눈물로 기도하다가 하루는 작심을 하고 직설적으로 남편에게 조언을 했다고 합니다.

　"하나님을 향한 당신의 열정은 훌륭해요. 그러나 약한 영혼들은 조심스럽게 다뤄 줘야 할 사람이 목회자 아닌가요? 나 같아도 당신처럼 매일 야단만치는 목회자가 있는 교회에는 가고 싶지 않을 것 같아요. 당신이 쏘아붙이는 말들이 독이 되어서 약한 영혼들을 죽이고 있다는 사실 아세요?"

　그 후 목사님은 어떻게 되었을 것 같습니까? 부인의 말을 듣고 충격을 받아 그길로 성전에 가서 회개하며 기도하고는 온유하고도 따뜻한 목회자, 기다려 주는 목회자가 되기로 결심을 했다고 합니다.

　저는 사연을 듣고 어떤 면에서 참 지혜로운 사모님이란 생각이 들었습니다. 강한 자기 의지와 고집을 가진 담즙질에게는 직설적인 언어가 매우 필요하기 때문입니다. 그렇지 않으면 절대로 귀를 기울이지 않습니다. 그러면서도 담즙질은 아이처럼 단순한 면을 갖고 있습니다. 일 중심적으로 달려 가다 보니 야망이 큰 사람으로 오해 받기도 하지만, 사실 담즙질의 사람들 중에는 어느 누구보다 단순하고 순수하게 하나님 나라만을 열망하며 달려가는 사람들이 많습니다. 하나님 앞에서는 두 마음을 품지 않고 달려가기 때문에 때로는 일에 중독 되어 버리는 것입니다. 그런 사람들에게 잘못된 것이 무엇인지를 정확하게 알려 주면 믿음이 있는 담즙질의 사람은 그대로 하나님 앞에 엎드립니다. 통회 자복하고 회개하여 선회할 줄 압니다. 만약 담즙질의 강한 기질을 두려워하여 대화를 회피하거나, 그들의 지배적인 성향 위에 올라서서 그들을 무조건 지배하려고만 하면 문제는 해결될 기미가 보이지 않습니다. 그들의 리더십을 존중해 주는 가운데 분명하고도 확실하게 잘못한 핵심을 지적해 줘야 합니다. 사모님의 조언이 목사님인 남편에게 적중했던 것도 아마 평소 남편의 리더십을 잘 존중해 주었기 때문일 것입니다. 존중과 직설적 화법이 좋은 균형을 이룬 예입니다.

우울질의 기질 또한 섬기기가 쉽지는 않습니다. 우울질은 생각이 깊고 예술적인 성향이 있으면서 쉽게 상처를 받는 타입이기 때문입니다. 점액질처럼 내성적이면서도 너무 높은 기준을 갖고 있어서 친구가 많지 않은 편입니다. 대부분의 완벽주의자들이 이 우울질에 속합니다. 천재성을 갖고 있기도 한 우울질은 환경이나 상황에 대해 가장 비판적이고 비관적인 태도를 갖습니다.

어떤 부인이 이런 말을 해 온 적이 있습니다.

"제 남편은요 뭐든 안 좋은 쪽으로만 해석해요. 아들아이가 무슨 사업을 해 보겠다고 계획을 세우면 한다는 첫마디가 '그거 해 갖고 될 거 같냐? 어림도 없다.' 그러질 않나, 맨날 '이 나라가 이래가지고 되겠냐, 집안 꼴이 이래가지고 잘 되겠냐….' 남편 말을 듣다 보면 가슴이 꽉 막히는 게 너무 답답해져요."

우울질인 남편이 부정적인 이야기를 먼저 하는 것은 결코 상대방이 잘 되지 않기를 바라기 때문은 아닙니다. 모든 것이 잘 되고 바르게 되기를 바라는 마음이 강한 탓에 오히려 부정적인 말들을 먼저 쏟아놓는 것입니다. 우울질은 누구보다 염려가 많은 사람들입니다. 그 때문에 무슨 계획안을 보면 잘 안 될 경우를 미리 염두에 두는 부정적인 언어를 표현하게 되는 것입니다.

따라서 우울질의 배우자를 섬기려면 소망과 믿음의 언어를 자주 말해 주고, 염려가 아니라 믿음으로 인생의 승리를 성취할 수 있다는 사실을 보여 줘야 합니다. 똑똑한 우울질들은 그런 모습을 보면서 스스로 깨달아 갈 수 있기 때문입니다.

기질 공부를 하다보면 기질은 한 유형으로만 나타나는 것이 아니라 복합적으로 나타난다는 사실을 알 수 있습니다. 즉 다혈우울질, 담즙점액질, 우울담즙질, 점액다혈질 등 두 기질이 복합되어 나타나는 것입니다. 이러한 기질 테스트를 서로 해 나가면서 서로 다른 두 기질을 어떻게 이해하고 섬겨야 할지, 내 기질의 단점을 어떻게 보완해야 할지를 배워가야 합니다.

또한 기질을 공부하고 나면 기질은 타고나는 것이고 하나님께서 주신 것이고, 환경에 의해 형성되는 것이기 때문에 나와 다른 상대방의 기질을 이상하게 바라 보기보다는 먼저 인정하고 용납하는 태도가 생겨납니다. 용납과 인정, 이것이야말로 부부의 하나 됨을 위한 첫걸음이라 할 것입니다.

❀ '속사람'과의 데이트

부부가 공부해야 할 두 번째 코스는 '내적치유'입니다. 청년들을 위한 이성교제 책인 「우리… 사랑할까요?」에서도 잠깐 언급했다시피, 내적치유는 나와 상대방을 알고 이해하는 데 결정적인 실마리를 제공합니다.

내적치유를 간단하게 말씀드린다면 우리 안에 잠재된 쓴 뿌리를 주님의 은혜로 제거하는 일을 말합니다. 말씀으로 치료받고 십자가 앞에서 눈물을 쏟아 냄으로 우리 안에 숨겨진 상처, 우리의 속사람이 치료받는 일입니다. 사실 상처 없는 영혼은 단 한 사람도 없습니다. 우리는 모두 내적치유를 받아야 하는 사람들입니다.

현재의 기질이 형성되기까지는 수많은 상처의 시간들을 보내 왔다고 할 수 있습니다. 그런 상처 속에서 우리는 현재의 성격과 성품, 기질을 갖게 되었습니다.

미국 요세미티라는 곳에 가면 굉장히 큰 나무들이 많습니다. 그곳에는 어른 열 사람이 아름드리 손을 뻗어 둘레를 돌아도 다 두르지 못할 만큼 굵기가 대단한 2천년 된 나무가 있습니다. 그런데 한번은 그렇게 큰 나무가 우지끈

잘려서 쓰러졌는데 그때 식물학자들
은 나무의 잘린 단면을 보고 모두 감
탄을 금치 못했다고 합니다. 무엇 때
문이었을까요? 이유는 나무의 나이
테 때문이었습니다. 나이테, 그것은
나무의 이력서와 같은 것 아닙니까? 바
람의 결을 따라, 세월의 흔적을 따라 한 해
마다 새겨진 나이테는 그 나무의 살아온 내력
과 사연의 총결산이었습니다. 몇 년도에 홍수가 있었고,
몇 년도에 폭풍이 있었는지, 그 세월의 흔적을 나이테는 고스란히
담고 있는 것입니다.

　우리 인간의 내면에도 이런 사연들이 기록되어 있다는 사실을 아십니까?
기쁨과 슬픔과 충격과 고통과 공포와 두려움의 사건들, 그 사건들은 지나가면
흔적도 없을 것 같지만, 우리 영혼의 나이테 속에는 각각의 사연이 다 기록되
어 있습니다. 엄마 뱃속에서 낙태의 불안을 경험했던 사연에서부터 부모의 이
혼을 접한 충격, 폭력을 행사하는 아버지로부터 매질을 당하던 사연, 여아로서
무시당하던 사연, 부모의 불륜 현장을 목격한 사연, 성폭력 앞에서 갈기갈기
마음이 찢어졌던 사연, 가난과 질병 속에서 극한 고독을 경험했던 사연 등, 너
무나 많은 사연들이 인간의 내면에 새겨져 있습니다.
　그런 사연들은 결혼 이후의 본격적인 성인기에 들어 성격이 되어 나타납니

다. 괜히 우울해 하거나, 무슨 말이든 무시하는 말로 왜곡해서 듣거나, 불 같이 화를 내거나, 권위주의를 내세워 가족들을 압박하거나, 조그만 말에도 주눅 들어 하는 등의 성격들이 나타나는 것입니다.

우리는 그런 사람들을 보면서 "성질이 뭐 같다"고 말을 하지만 그것은 그 사람의 성격이 나쁘기 때문에 나타나는 현상이 아닙니다. 그 안에 숨겨진 상처 때문에 나타나는 현상입니다. 그래서 우리는 사람 자체를 미워해선 안 됩니다. 그 사람이 그러한 미운 행동을 하기까지는 치료받지 못한 상처가 있다는 사실을 기억하고 그 사람을 불쌍히 여기는 태도가 필요합니다.

사실 성질 나쁜 사람들은 나쁜 성질 때문에 배우자와 가족들을 괴롭히는 것 같지만 실은 통제되지 않는 자신의 모습 때문에 자기 스스로가 가장 괴로운 삶을 살기 마련입니다. 그러므로 성품을 자신할 수 없는 우리 인간들은 남녀 차이를 연구하며 가정 행복을 위해 노력하기 이전에 먼저 우리 자신의 깊은 상처의 뿌리부터 주님 앞에서 보아야 합니다. 나의 어그러진 모습이 무엇이고 어디서부터 어떻게 형성되었나를 주님 앞에서 진단하고 주님 앞으로 나아가 치료받아야 합니다. 나의 배우자 또한 그렇게 치료받을 수 있도록 먼저 기도해야 합니다.

주님께선 이 땅에 치료자로 오셨습니다. 치료자이신 주님 앞에 나아가면 근본적이고 1차적인 치료가 이루어집니다. 비굴하던 내가 존귀한 모습으로, 속 좁은 내가 너그러운 모습으로, 암울하던 내가 밝은 모습으로 그렇게 주님 앞에서 온전히 변화될 때 부부 관계의 근원적인 변화가 일어날 것입니다.

상한 감정의 출발, 거절감

"제 아내는 저와 속 깊은 얘기를 나눌 줄을 모릅니다. 속상한 일이 있으면 방구석에 숨어 징징 울어댑니다. 내가 잘못한 것에 대해 남들처럼 따지길 하거나 잔소리를 해대면 차라리 답답하지 않을 텐데, 그러지도 않으면서 마음 문을 굳게 닫아 버려요. 내가 화가 나서 '내가 뭘 잘못했는지 말을 해 줘?'라고 물으면 '그런 거 없다'고 대답하지만 얼굴은 항상 상처 받은 표정이에요. 그런 아내를 지켜보다가 이젠 나도 지쳐 버렸어요. 나도 이제 아내처럼 서로에게 불만이 생길 때면 그냥 입을 꼭 다물어 버립니다. 각자 알아서 해결하는 것이지요."

인간이 가진 여섯 가지 상처 중 '거절감'은 태아기나 유아기 때 거의 대부분 형성됩니다. 과거에 부당하게 거절 당했거나 버림 받았던 경험이 감정 안에 깊이 자리 잡았다가 유사한 상황이나 혹은 전혀 다른 상황에서 부적절하게 튀어 나오는 것이지요.

모든 상처의 출발은 이런 거절감에서 비롯될 때가 많습니다. 거절감에서 비롯된 상처가 악순환이 되면서 또 다른 상처를 불러오는 것입니다. 형제나 친구 간의 따돌림, 부모의 편애, 성 차별, 교사의 차별대우 등으로 형성되기도 하고, 때로는 뱃속에서부터 형성이 됩니다. 부모가 원치 않는 임신을 했을 때 태아는 무의식중에 낙태의 두려움을 갖게 되는 것입니다.

성경에서는 모세를 거절감을 가진 영혼의 대표적인 사람으로 꼽습니다. 그는 출생 시에 갈대상자에 버려지는 충격적인 경험을 했고, 바로의 궁에서도 이방인이라는 소외감과 거절감을 느꼈을 것입니다. 이렇게 거절감의 상처 속에 자란 모세는 같은 민족인 이스라엘 민족에게서도 거절감을 느껴 광야로 도망치고, 그때부터 그는 이스라엘 민족들을 향한 대인 기피증에 시달립니다. 만약 모세가 이런 상처가 없었다면 "네가 왜 우리 일에 상관하느냐? 어제처럼 이번에도 우릴 죽이려느냐?"는 동족들의 말에 "내가 우리 민족을 사랑해서 그런 걸 가지고 네가 왜 그렇게 말하느냐?"라고 당당히 응했을 것입니다. 그러나 자신을 거절하는 동족의 말에 모세는 깊은 상처를 받고 광야로 숨어 버리고 맙니다. 결국 40년 동안이나 숨어 지냈을 뿐 아니라, "가서 내 백성을 구원하라"는 하나님의 명령에도 자꾸만 핑계를 대며 가지 않으려 합니다.

　이처럼 거절감의 상처를 간직한 사람들은 똑같은 사건을 당해서도 적극적으로 응하지 못합니다. 또 다시 거절 당할 것 같은 두려움이 크기 때문입니다.

　상담을 의뢰한 남편의 아내도 거절감의 상처를 극복하지 못한 경우입니다. 이런 사람들은 '자기 연민' 내지 '자기 증오'가 매우 큽니다. 또 슬픔과 분노의 감정을 반복적으로 표출하기도 합니다. 무슨 일을 만나면 "내 그럴 줄 알았어. 내 복에 무슨…"이라는 말을 쉽게 내뱉으며 낮은 자존감을 나타냅니다. 배다른 어머니, 성이 다른 아버지 밑에서 자랐거나, 학교에서 왕따 경험에 시달렸던 사람들이 주로 이런 자기 증오 증세를 나타냅니다. 자기를 스스로 폄하함으로써 자신을 보호할 수 있다고 생각하는 것입니다.

　이와 달리 자기 연민은 스스로를 매우 애처롭게 여기는 증세입니다. 거절

당했다는 느낌을 받으면 혼자 숨어 울면서 스스로를 달래는 현상입니다. 이런 분들은 타인에게 자신을 어필할 때 '동정심'을 자극하기도 합니다.

이런 분들이 가지는 가장 큰 고통 중의 하나는 부부싸움을 한다는 시도조차 못하기 때문에 원만한 부부대화가 이루어지지 않는다는 사실입니다. 따라서 사소한 일에도 거절감을 느끼게 되므로 이들에게는 사려 깊은 언어로 그 사람의 마음을 다치지 않게 하는 지혜가 필요합니다.

이판사판, 분노 다스리기

> "우리 남편은요 제일 잘하는 말이 '너, 나 무시해?' 예요. 그 말이 나옴과 동시에 불 같이 화를 내지요. 데이트할 땐 그렇게 사람이 좋고 부드러워 보였는데 결혼해서 보니까 완전히 다이너마이트인 거 있죠? 불만 갖다 대면 폭발하는 사람이 바로 제 남편이에요. 일상적인 대화를 나누다가도 뭐에 화가 났는지 툭하면 화를 내니까 식구들은 자꾸 무언가를 숨기게 되고, 저는 저대로 남편 얼굴만 보면 무서워서 입을 떼지 못할 때가 많아요. 이젠 하도 그러니까 제가 아예 상의하기도 싫어져요. 웬만한 일은 제가 혼자 알아서 하는 게 속이 편하다니까요. 그렇지만 혼자 일처리한 걸 남편이 알면 또 혼자 했다고, 자기 무시하냐고 화를 내니 도대체 어떻게 맞추며 살아야 할지 모르겠어요."

상담 속 남편의 모습은 '분노'의 감정에 휩싸인 전형적인 예입니다.

어린 시절, 권위를 가진 대상에게서 부적절한 대우를 계속적으로 받았을 때

마음속에 부당하다는 감정이 억눌려 있는 상태가 바로 '분노'입니다. 분노는 내리 분노인 경우가 대부분입니다. 자기보다 힘센 대상인 부모나 상전에 대해 가졌던 분노의 감정이 꾹꾹 억압되어 있다가 성인이 된 후 잘못된 모습으로 표출되는 것입니다. 즉 부모로부터 상습적인 폭행을 당하거나 분노하는 부모 밑에서 자란 경우, 부모 없는 가정에서 사회와 환경에 대해 막연한 분노를 품고 자란 경우, 부모가 비정상적으로 사랑을 표현해서 굶주리는 경험을 많이 한 경우 등 대부분은 어린 시절에 감정 표현을 자유롭고 시원하게 하지 못한 데 이유가 있습니다.

이런 사람들은 늘 적개심을 품고 있어서 사람들의 태도나 말을 긍정적으로 해석하기보다는 부정적으로 해석할 때가 많습니다. 또한 스스로를 높이는 괴변을 늘어놓기도 합니다. 이는 감정이 억압 받는 상태가 지속되자 오히려 그 반대인 자만심에 사로잡혔기 때문입니다. 내가 강인한 모습을 보여야 상대방을 제압할 수 있다고 여기는 것이죠. 그래서 이런 분들은 강한 지배욕과 소유욕으로 늘 누군가에게 군림하려 듭니다. 자신의 권위 아래에 복종하지 않는 사람들을 보면 불 같이 화를 내는 사람들 중에는 이런 상처를 지닌 사람들이 많습니다.

우리나라 사람들에게 특히 이런 상처가 많습니다. 길거리를 다니는 사람들을 한번 유심히 쳐다보십시오. 모두 다 화가 난 듯한 표정이지 않습니까? 그래도 요즘 젊은이들은 화사하게 웃으며 인사도 건네지만 중년 이상의 사람들은 잘 모르는 누군가가 여유롭게 인사라도 건네면 꼭 화를 낼 것만 같습니다.

그렇게 자라 왔기 때문입니다. 별로 잘못한 일이 없는데도 술 먹고 들어오신 아버지 앞에서 무릎을 꿇은 채 매를 맞아야 했고, 아버지께 야단맞은 어머니가 휘두르는 빗자루에 애먼 매를 맞아야 했고, 학교에선 선생님의 심한 체벌을 받고, 군대에선 상사의 기분에 따라 단체기합을 당하고, 직장에선 상사에게서 부당한 일을 당하고, IMF 때는 하루아침에 실직을 당하며, 실직 당한 후에는 가족과 사회로부터 냉대를 받는 사람들, 그러면서도 그 억울한 감정을 표출할 수 없었던 사람들…. 이 모든 사건의 공통점은 부당하다는 것이고, 부당함에도 불구하고 자신의 감정을 드러낼 수 없었다는 점입니다. 그런 세월 속에서 영혼은 적개심에 휩싸이면서 분노라는 감정을 만들어내는 것입니다.

성경에선 가인과 요나가 이 감정에 속한 대표적인 인물에 속합니다. 가인은 분노를 다스리지 못해 아벨을 살해했고, 요나는 분노 때문에 하나님의 명령을 따르지 않고 다시스행 배를 타 버렸습니다. 니느웨를 사랑하시는 하나님에 대해 화가 났지만 하나님이기에 항거할 수도 없고 해서 택한 쪽이 도망치는 길이었습니다. 요나는 배를 타자마자 배 밑으로 내려가 깊이 잠들어 버립니다. 이것은 분노를 발하고 난 뒤에 오리라고 예상하는 두려움 때문입니다. 분노의 감정은 반드시 두려움이란 감정을 동반하는데, 요나는 두려움에 휩싸이다 보니 그 모든 생각을 지워버리고 싶어 잠드는 쪽을 택한 것입니다.

분노에 휩싸인 남편이나 아내를 보십시오. 무섭게 적대감을 드러낸 뒤에는 너무나 초라하게 작아진 자신의 모습을 깨닫습니다. 이제는 죄의 결과가 두렵습니다. 폭발하듯 화를 내던 남편이 그 후에 비굴하게 용서를 구하는 모습은 이런 단계에 속한 예입니다.

이것 역시 주님께서 만져 주셔야 할 우리의 상처입니다. 이 상처를 안고 주님께 나가 자신의 아픔과 죄를 고백하며 상처가 우리 속에서 활동하지 못하도록 은혜를 구해야 합니다. 주님이 만져 주실 때 분노는 다스려지고 가정에는 평화가 임할 것입니다.

굶주린 감정 상태, 애정 결핍

> "제 남편은요 결혼 10년 동안 무려 다섯 번이나 외도를 했어요. 사업상 여자를 만날 상황이 다른 사람보다 많은 것은 사실이지만 사람을 많이 만나는 사업가가 바람을 많이 피운다는 공식은 없잖아요? 그렇다고 해서 저를 밀어내는 것도 아니고, 가정을 지키고 싶어 하면서도 습관처럼 바람을 피워대는 것 때문에 제가 얼마나 마음고생을 했는지…. 남자가 너무 마음이 여리고 좋아서 그런 건지, 아니면 제가 여자로서 이 사람 마음을 만족시켜 주지 못해서 그런 건지 너무 괴롭고 살기가 싫어요."

애정 결핍에 걸린 사람은 이 남편처럼 습관적으로 외도를 하는 경우가 적지 않습니다.

굶주린 감정, 사랑 결핍증이라고도 하는 이 상처는 영, 유아기 때 만족할 만큼 사랑을 받지 못해서 자신의 존재감에 상처를 입어 생기는 부정적인 감정 상태를 말합니다. 이런 사람은 늘 사랑에 목이 말라서 '사랑 찾아 삼만 리'의 인생을 살아갑니다. 배우자의 사랑만으로는 만족하지 못하고 다른 이성에게 끊임없이 사랑을 구하거나 반대로 배우자의 사랑에 지나치게 집착하기도 합니다. 배우자가 특별히 문제가 있어서라기보다 연애할 때 서로를 열렬하게 갈구했던 서로의 모습을 계속적으로 갈망하는, 일종의 '중독' 현상을 보이는 것입니다. 감정적으로든 육체적으로든 서로를 뜨겁게 원하는 모습만을 사랑이라고 생각하기 때문입니다.

그래서 이런 사람들은 사랑을 위해서라면 모든 것을 겁니다. 사랑하기 위해 살고, 사랑받기 위해 살아갑니다. 남을 매료시키지 못하면 자신의 존재가치가 떨어진다고 생각하기에 남을 매료시키는 일, 즉 다른 이성의 마음을 사로잡는 일에 몰두하고 또 능수능란합니다. 이를 위해서는 거짓말도 잘하고, 때로는 자기가 한 거짓말을 본인 스스로도 믿어버립니다. 자신을 바라보는 대중의 기대치에 부응하기 위해 세계가 놀랄 거짓말도 하고, 본인도 그 엄청난 거짓말을 진실이라고 믿어버린 한 과학자의 경우도 이런 맥락에서 이해할 수 있습니다. 자신이 존재하는 의미를 대중을 매료시키는 것에서 확인했기 때문에 거짓말은 점점 수위를 더해 갔던 것입니다.

일반적으로 바람둥이들, 각종 중독자들, 이와 반대로 한 사람을 향해 지나치게 집착하는 경우, 일명 스토커 등이 이런 애정이 결핍된 감정 상태라고 할 수 있습니다. 이런 사람들의 공통점이 무엇인지 아십니까? 그들은 지속적이고 안정적으로 사랑을 받지 못하고 자랐다는 사실입니다. 그래서 그들은 "사랑은 변하는 것이다"는 가치관 속에서 배우자를 철저하게 관리하거나, 그 반대로 쉽게 싫증을 내는 두 가지 중의 하나를 선택합니다.

그래서 애정 결핍의 사람들에게는 일관성 있는 사랑의 태도를 보여 줘야 합니다. 일관성 없는 태도는 또 한 번 깊은 상처를 안겨 주기 때문입니다. 어린 시절의 이야기를 함께 나누면서 자신의 성격적 장애가 무엇인지를 스스로 깨닫도록 해 주는 것도 좋은 방법입니다. 그리고 문제를 하나님 앞에 가지고 나가 성령의 불로 태울 수 있도록 기도해 줘야 합니다. 성령에 미치고, 하나님께 미치면 지나친 자기애나 결핍된 자기애 때문에 생긴 이런 문제들은 자연스럽게 떠나갈 수 있습니다.

염려와 소심증의 근원, 두려움

? "제 아내는 왜 그렇게 사람 말을 잘 안 믿는지 모르겠어요. 뭐든 의심하면서 친구나 가족의 말조차 믿질 않는 것 같아요. 게다가 걱정이 많아서 '그거 잘

안 될 거야'라는 말을 입에 달고 삽니다. 제가 직장에서 힘든 일이 있어 조금이라도 내색하면 직장에서 잘리는 건 아닌가 걱정합니다. 이웃과의 관계에서도 너무 소심해서 그런지 마땅히 항의해야 할 일이 생겨도 항의하는 법이 없습니다. 사람들은 그런 아내를 '천사 같다'고 말하지만 같이 사는 저로서는 답답할 때가 많습니다. 아내가 그렇게 너무 움츠리고 매사에 불안해하니까 저도 점점 소심해지는 것 같고요. 집에서 아내랑 둘이 있으면 답답한 마음을 감출 길이 없습니다."

어려서부터 부모가 심하게 자주 싸우는 모습을 보고 자란 영혼은 '두려움'이라는 감정에 휩싸입니다. 매일같이 사건이 터지는 날 가운데 평온한 날들은 오히려 비정상적이라고 받아들이는 경향이 생겨난 것입니다. '이제 곧 일이 터질 거야. 아무 일도 없다는 게 이상해.' 이렇게 두려움에 휩싸인 영혼은 끊임없이 이런 암시를 자신에게 하며 방어기제를 준비합니다.

그 때문에 인간관계에선 늘 소극적입니다. 사람을 믿지 못할 뿐더러, 상대방이 화를 내거나 서로의 마음이 안 맞을 경우에도 어떻게 대처해야 할지를 모르기 때문에 관계가 깊어지는 것을 두려워합니다. 심지어 자신이 다른 사람에게서 부당한 대우를 받고 있음을 깨달으면서도 혹 자기가 항의라도 하면 상대방이 화를 낼까 무서워 오히려 마음을 졸이는 편입니다. "싸움 자체는 무조건 나쁜 것"이라는 공식에 사로잡혀서 건전하고 건강한 부부싸움은 할 엄두조차 못 냅니다. 무조건 일단 피하고 보는 것이 이 사람들의 싸움 방식입니다. 분노할 줄을 모르기 때문에 어떻게 보면 가장 위험한 감정 상태라고 할 수 있습니다. 스스로를 분노할 자격조차 없는 사람으로 억압하기 때문입니다.

이런 사람의 특이한 증상 중 하나는 '건강 염려증'입니다. 불치병을 너무 두려워하다 보니 몸에 조금만 이상이 있어도 불치병일 거라 굳게 믿으며 불안해합니다. 이 때문에 자주 병원을 들락거리는데 "아무 이상 없다"는 의사의 소견에 보통 사람들은 행복해하지만 이 사람들은 불안해합니다. 자신이 병이 너무 깊어서 의사가 못 찾아낸다고 믿는 것입니다.

이들이 자주 염려와 불안과 의심 속에 빠지는 것은 바로 이런 두려움의 감정 때문입니다. 만약 배우자에게 이런 증상이 있다면 하루빨리 주님 앞에서 그 상처들을 씻도록 기도해야 합니다. 옆 사람도 괴롭지만 누구보다 그 자신이 고단한 인생을 살아가고 있다는 사실을 기억하면서 그 영혼에게 건강하고 존귀한 자아상이 심어지도록 도와줘야 합니다.

관계 파괴의 주범, 열등감

"제 아내는 교회만 갔다 오면 씩씩거립니다. 누구는 차를 바꿨고, 누구는 살을 뺐고, 누구는 아들을 낳았다며 못마땅해 할 때가 많습니다. '잘됐네, 그 사람들. 기도제목이 다 응답 받았네.' 이렇게 생각하는 저와 달리 아내는 우리도 차를 바꾸자고 떼를 쓰거나, 한바탕 쇼핑을 하면서 소비를 해야 마음에 진정을 찾습니다. 넉넉지 못한 살림에 그냥 있는 대로 자족하며 살았으면 싶은데… 아내는 사람들을 볼 때마다 늘 자신과 비교하는 것 같습니다. 그 때문에 우린 결혼 10년이 넘도록 제대로 된 통장 하나 없습니다. 좀 더 좋은 옷, 좀 더 좋은 차를 사다보니 늘 통장 잔고가 부족하고 빚까지 적잖이 진 상태입니다."

우리 주변에는 이처럼 '열등감'에 시달리는 사람들이 많습니다. 그러나 그들이 살고 있는 환경을 보면 객관적으로 그리 나쁘지 않는 경우가 많습니다. 현재의 환경 때문에 열등감을 느끼는 것이 아니라 과거 성장기의 환경 때문에 굴절된 자아상이 현재의 삶에 영향을 끼치는 경우가 대부분입니다.

어렸을 때부터 끊임없이 형제들과 비교 당하거나 학창 시절에 친구들과 비교 당한 경우, 외모 지상주의의 사회에서 외모로 인한 불이익을 지속적으로 받은 경우 등 과거의 상처는 우리를 '열등감'에 사로잡히게 합니다.

그리고 이런 상처는 모든 관계를 경쟁관계로 몰아갑니다. "남들보다 뒤지면 불행, 잘하면 행복"이란 공식이 그 머리 속에 자리 잡았기 때문에 타인의 아름다움과 성공을 기뻐하지 못하는 것입니다.

그러나 이 땅에 수많은 여성들이 잘생긴 남자 연예인들을 보며 질투심이나 경쟁심에 사로잡히기보다는 "야, 멋있다"며 감탄하는 것은 왜 그렇습니까? "멋있다"는 사실 자체를 그냥 즐기기 때문입니다. 이성간에는 외모로 겨룰 일이 없음을 잘 알기 때문입니다.

반대로 동성간의 외모는 경쟁심을 자극합니다. 그래서 한국이 성형대국이 되고 말았습니다. 차도 쓸만한데 바꾸는 것은 모두 경쟁심리 때문입니다.

그런 시대에 살다 보니까 저는 소형차를 몰거나 오래된 차를 몰면서도 전혀 구애받지 않는 사람들을 보면 왠지 여유가 느껴집니다. '아, 이 사람은 열등감이 없구나' 이런 생각마저 듭니다.

사실 열등감은 소모적인 감정입니다. 이 때문에 우리는 물질적으로 정신적으로 많은 것을 소비합니다. 우리가 알프스 산에 가서 아름다운 광경을 보고 찬탄을 금하지 않듯이 좋은 것을 보면 기뻐하고 즐거워하면 될 일을, 모든 것을 경쟁관계로 파악하느라 스스로 고단한 삶을 살고 있는 것입니다.

"아니, 알프스 산이 왜 이렇게 아름다워? 이것 때문에 밥맛이 없네!"

이렇게 말하는 사람은 정상적인 사람이라 할 수 없습니다. 마찬가지로 우리도 아름답고 좋은 것을 보면 축복해 주고 축하해 주면 됩니다. 그 기쁨을 내 기쁨으로 여기고 누릴 수 있는 사람, 그 사람이 진정으로 건강한 부자입니다.

사단의 참소, 죄책감

"우리 집은 조금이라도 어려운 일이 생기면 초상집이 됩니다. 가족 중 누가 아프거나 어려운 일이 생겼다 하면 아내는 너무도 힘들어합니다. 필요 이상으로 절망하고 울고, 심지어는 그 모든 게 자신 때문이라고 말합니다. 아내를 보면 왜 그렇게 힘들게 살까 하는 생각도 들고 모든 문제를 조금만 더 덤덤하게 처리했으면 하는 생각도 듭니다."

우리 주변에도 다른 사람들보다 유독 '죄책감'을 많이 느끼는 사람들이 있습니다. 이런 사람들은 어렸을 적부터 율법주의적인 부모님, 완벽주의적인 부모님 밑에서 생활했던 사람일 가능성이 높습니다. 부모의 기준에 조금이라도 어긋났을 때 심한 벌을 받으면서 자존감에 큰 타격을 입은 경우입니다. '왜 나는 부모님의 기준에 도달하지 못할까?' '난 왜 이렇게 부족한 게 많을까?' 부모나 어떤 권위의 대상으로부터 받았던 지속적인 정죄는 결국 스스로를 정죄하는 습관에 이르도록 만들어 놓았기에 그 사람은 문제가 생길 때마다 죄책감에서 헤어 나오질 못합니다. '나 때문이야.' '내 죄의 결과야.'

이런 사람은 매우 어두운 내면세계로 인해 작은 문제 앞에서도 깊이 절망하고 신음합니다. 신앙적으로도 구원의 감격이 없어 신앙생활의 행복이 무엇인지 모릅니다. 부부관계는 물론 모든 인간관계가 어두울 수밖에 없습니다. 하나님의 깊은 터치 안으로 들어가 참 자유를 먼저 누려야 할 영혼입니다.

'속사람'이 등장하면

이상 여섯 가지 상처는 우리가 가진 많은 상처 중 가장 대표적인 감정들입니다. 이런 상처는 복병처럼 숨어 있다가 어떤 자극이 주어지면 불쑥불쑥 솟아나 우리를 괴롭힙니다. 우리의 잠재의식 속에 깊이 숨어 있던 상처 받은 속사람이 튀어나와 전혀 다른 모습으로 돌변하기에 상대방도 놀라고, 우리 자신도 놀랍니다.

그래서 결혼한 후에 사람은 변합니다. 순수하고 예쁘기만 했던 소녀가 욕쟁이 아줌마로 변하고, 순진무구하던 소년이 포악스런 아저씨로 변합니다. 이런 변화를 이끄는 1등 주역은 뭐니 뭐니 해도 배우자인 경우가 많습니다. 가장 사랑해 줘야 할 부부가, 가장 서로를 섬겨야 할 부부가 서로를 찌르고 무참히 밟

아버리는 존재로 그 역할을 다하는 것입니다.

　결혼생활 가운데 뜻밖에 찾아오는 복병들, 장애, 어려움, 고통 앞에 우리는 어떠한 태도를 보입니까? 남편이 갑작스레 실직을 맞이할 때 아내는 불쑥 솟아오르는 '열등감'의 상처와 맞닥뜨립니다. 다른 친구들의 가정과 비교 당할 생각에 이런 말부터 내뱉게 됩니다.

　"오죽 못났으면 잘리냐? 당신 분명히 욱하는 성격에 때려 치고 나온 거 아냐? 애들 앞으로 들어가는 돈만 해도 얼마고, 갚아야 할 대출금도 한창인데 끝까지 좀 버텨야 할 거 아냐? 아이고, 이제 동네 창피해서 어떻게 다니냐? 내 친구들한테 당신 회사에서 짤렸다고 어떻게 말을 하냐고?"

　남들보다 좋은 수입, 좋은 직장에 다니는 게 긍지요 자부심이었던 아내는 실직 당하고 돌아온 남편에게 열등감의 상처를 쏟아놓습니다. 그러면 남편은 '분노'에 휩싸입니다.

　"뭐? 그래, 나 못나서 잘렸어. 그런 너는 얼마나 잘났냐? 남들은 능력 있는 마누라 덕에 호강하면서 사는데 너는 이날 이때껏 월급 한번 받아온 적 있냐? 돈이라도 못 벌어오면 알뜰하게 저축이라도 잘하던가! 맨 날 이것저것 사 재끼느라 통장 하나 없는 게 누구 탓인데?"

　억울한 남편의 심리를 건드리는 공격성 발언으로 아내는 남편의 분노를 터트리고, 남편은 다른 아내와 비교하는 발언으로 아내의 열등감을 터트립니다. 그리고 깨닫습니다.

　'아, 이 사람은 이 부분을 건드려 주면 가장 파르르 떠는구나.'

이것을 깨달은 뒤부터 부부는 싸움만 했다 하면 그곳을 집중공략합니다. 남편이 가장 치욕스러워하는 상처, 아내가 가장 눈물을 쏟는 상처를 건드리며 서로를 망가뜨리는 것입니다. 그런 세월의 반복 속에서 청순하던 소녀는 욕쟁이 아줌마가 되고, 순수하던 소년은 우악스런 아저씨가 됩니다. 이 얼마나 잔인한 관계입니까?

"싸울 때야 내 정신이 아니었으니까 그랬지. 그걸 뭐 마음에 담아 둬."

이런 무책임한 말이 어디 있을까요? 우린 기억해야 합니다. 건강한 피부는 만져도 괜찮고 한번 쿡 쑤셔도 괜찮지만 상처 난 피부는 스치기만 해도 정신을 못 차릴 만큼 고통스럽다는 것을. 그런데 부부라는 사람들이 그곳에다 고춧가루를 뿌리고 식초를 쏟아 붓고 있습니다.

만약 이런 상황에서 '거절감'의 상처를 지닌 아내였다면 어떻게 반응했을까요? 십중팔구는 울었을 것입니다. 회사에서 거절당한 남편의 상처를 곧 자신의 상처로 받아들여 깊이 슬픔에 잠기고 맙니다. 그리곤 신세한탄을 할 것입니다. 그러면 남편의 처진 어깨는 더 처집니다. 절망이라는 늪에 빠지고 마는 것입니다.

반면, 건강한 자아상을 가진 아내라면 위기 상황 앞에서 긍정적인 순발력을 발휘하며 남편을 건강하게 위로합니다.

"여보, 기다려 보자. 더 좋은 일이 있을 거예요. 그동안 당신 너무 고생했으니까 이참에 휴식을 취하면서 하나님의 인도하심을 구해 보자고요. 다들 실직 문제로 힘들어 하는 세상에 우리 집에도 이런 일이 있을 수 있는 거지 뭐."

최악의 상황에도 긍정적이면서 덤덤하게 받아들일 수 있는 여유, 그것은 건강한 자아상일 때 가능합니다. 반면, 상처로 인해 나약한 자아상을 지닌 사람들은 위기가 오면 자신이 먼저 그 펀치를 맞고 쓰러지기 때문에 누군가를 위로할 힘이 없습니다. 자기 자신을 중심으로 생각하고 행동합니다.

그러므로 건강한 가정, 행복한 가정이 세워지기 위해서 우리는 먼저 우리의 상처를 하나님 앞에서 해결해야 합니다. 우리 각 가계에 흐르고 있는 상처의 뿌리를 잘라내야 합니다.

우리 민족이 대대로 어떻게 살았습니까? 우리의 할머니들은 애를 등에 업고 한 손으로는 머리에 얹은 짐을 잡고, 다른 한 손으로는 또 다른 짐을 들고 걸었습니다. 남편은 아무것도 들지 않은 채 성큼성큼 걸어가다가 저만치서 한 번씩 소리만 지릅니다.

"빨리 와, 뭐하고 있어!"

양반의 체면만 있어서 아내를 도와줄 줄도 몰랐던 남편, 게다가 "사랑한다"는 달콤한 말 한마디 건넬 줄 몰랐던 그 무심한 남편, 다른 여자와 살다가 한 번씩 집에 들어오면서도 너무나 당당했던 남편, 그런 남편과 사느라 우리의 할머니들 가슴속엔 외로움과 열등감과 애정 결핍과 한이 쌓이고 쌓였습니다. 어린 시절에는 오빠와 아버지에 치여서 사람대접도 제대로 못 받다가 결혼 후에는 남편에게서 받은 상처로 인해 더 깊은 아픔을 안고 살아야만 했던 할머니들의 삶이 바로 우리 민족의 뿌리이기도 합니다.

남자들도 마찬가지입니다. 그 많은 전쟁과 격정의 세월 속에서 이리 치이고 저리 치이며 죽어간 사람들, 가난과 질병과 혹한의 세월 속에서 가장이라는 무게에

눌려 여유 한 번 못 가져본 사람들, 그 사람들이 우리 할아버지일 수도 있습니다.

우리 각 가정마다에 그런 상처의 뿌리가 있다는 것입니다. 우리의 아버지, 어머니는 할머니, 할아버지의 상처 속에 노출되어 자라셨고, 우리들은 그런 아버지, 어머니의 상처 속에 노출되어 자라났습니다.

그러나 하나님께서는 이 민족에 복음을 심으시고 그 모든 상처를 녹이셨습니다. 주님께 새로운 뿌리를 내리게 하시고 우리로 행복과 자유와 사랑을 누리며 살게 하셨습니다. 제가 바로 그 장본인입니다.

나는 이렇게 치유받았다

저희 가정은 순교자 가정입니다. 저희 할아버지는 초대교회 시절에 예수를 믿고 교회를 다섯 개나 세우셨고 신사참배를 거부하다 순교를 하셨습니다. 그런 할아버지 밑에서 자란 아버지셨으니 얼마나 믿음에 철저한 분이셨겠습니까? 일제 치하에서도 "오직 믿음!"으로 사셨던 아버지. 아버지께서는 열심히 공부해서 훌륭한 목사가 되고 싶었지만 가난이라는 압박 속에서 일찍감치 생활 전선에 뛰어들어야 했습니다. 그리고 숱한 죽음의 고비 속에서 도와주시는 하나님의 생생한 손길을 깊이 체험하면서 결국 자수성가하셨고 저를 낳으셨습니다.

저희 아버지께서는 매우 훌륭한 분임에도 격정의 세월 동안에 쌓인 한으로 인해 자녀교육에 대해서는 열정을 넘어 매우 맹렬하셨습니다. 그 맹렬함으로 자녀들에게 완벽을 요구하셨고 그 때문에 자식들은 아버지 앞에서 숨도 제대로 쉬기 어려울 지경이었습니다. 특히 큰 아들인 저에게 아버지는 당신의 못다 이룬 소원을 풀고 싶으셨기에 저는 어려서부터 아버지의 무서운 훈련 방식을 따라야 했습니다. 좀 더 빨리 아들의 성공하는 모습을 보고 싶으신 아버지의 성화로 저는 다섯 살 때 학교에 들어갔는데, 그때부터 저는 심하게 매를 맞으며 자라야 했습니다. 주로 통지표를 받는 날, 매는 더욱 심했고, 어떤 때는 왜 맞는지조차 모른 채 맞기도 했습니다. 얼마나 아버지가 무서웠는지 저는 아버지의 눈을 제대로 쳐다본 적이 없었습니다. 게다가 아버지는 전형적인 한국인 아버지의 스타일대로 자식에게 다정한 말 한마디 건네는 법이 없으셨습니다. 지금 생각하면 제가 너무 귀한 자식이었기에 아버지께서 더욱 저를 무섭게 몰아치고 차갑게 대하셨던 것 같습니다. 그러나 당시 저는 항상 아버지를 제 친아버지가 아니라고 굳게 믿을 정도로 아버지의 사랑을 느낄 수 없었습니다.

그런 세월 속에서 저는 공부를 잘하는 아이가 되어갔습니다. 머리가 영특해서라기보다 생존을 위해, 오직 살아남기 위해 공부를 잘했던 것 같습니다. 그만큼 저는 위협을 많이 느끼고 있었습니다. 당시 아버지와 어머니께서는 그때의 모든 부모들이 그랬던 것처럼 자식들의 정서 상태를 파악하고 배려할 만큼의 여유가 없었습니다. 그저 먹고 사는 게 너무 힘든 시절이었으니까요.

그러나 어린 시절부터 저의 정서 상태는 매우 위험했습니다. 거절감, 두려움, 굶주린 마음, 열등감, 죄책감. 저는 이 다섯 가지 상처를 다 갖고 있었습니다. 분노만은 아직 나타나지 않았는데 당시 저는 분노를 느낄 새가 없었던 것 같습니다. '죽느냐 사느냐'의 갈림길에 선 아이에게 분노를 느낄 새가 어디 있었겠습니까? 특히 저는 늘 열등감에 시달렸습니다. 공부를 잘하는 편에 속했지만 저보다 잘하는 아이를 보면 열등감에 시달렸습니다. 감정 상태가 불안했기에 손은 늘 비비고 다니고 다리는 덜덜 떨었으며, 눈은 정면을 쳐다보지 못하고 늘 다른 곳을 응시했습니다. 거기다 말까지 더듬었기에 어머니는 가끔 제게 이런 말씀을 하셨습니다.

"너는 사내가 되어가지고 왜 그렇게 안절부절이니? 걱정이다, 걱정."

그러면 저도 속으로 대답합니다.

"저도 동감입니다."

저 역시 제가 걱정거리였습니다.

그러다 원하고 기대하던 서울의대를 5.16 혁명과 급격한 학제 변경으로 인해 못 들어가게 되고 전남의대에 들어가게 되면서 저는 더 깊은 열등감에 시달렸습니다.

사실 그 열등감은 하루아침에 형성된 것은 아니었습니다. 어린 시절부터 계속 형성되어 오던 것이 대학생이 되면서 폭발했다고 해야 할까요. 이렇게 곪을 대로 곪은 상처는 무기력함과 우울증으로 나타났습니다. '나는 왜 이렇게 살까?' 늘 마음이 불안하고 우울했던 저는 신앙에도 깊은 회의가 들었습니다. '하나님이 계시다면 나는 왜 이렇게 사는 걸까?'

오직 서울의대를 목표로 달려온 제 인생, 가족의 사랑이나 평안을 느껴보지 못한 채 인생의 모든 정점을 서울의대에 두고 살아온 제가 갑자기 전남의대 생활을 하는 것에 적응하지 못했던 것일까요. 전남의대가 얼마나 좋은 대학입니까? 그러나 비교의식과 열등감에 쌓인 나는 비참했습니다. 인생의 의미나 신앙의 정체성이 흔들리면서 저는 점점 병든 청년이 되어가고 있었습니다. 가슴 속에 커다란 바윗돌 하나가 늘 저를 짓누르는 것처럼 느껴지더니 나중에는 길을 걸어도 걸을 힘이 없었습니다.

그러기를 2년 정도 했던 것 같습니다. 2년 동안이나 그런 소리 없는 방황을 하니까 나중에는 감정이 완전히 메마르면서 무감각한 상태에 들어갔습니다. 아무런 감정도 느끼지 못하는 사람이 학교와 집을 왔다 갔다 하는 것이지요. 그때 저는 이런 생각이 들었습니다. '이러다 사람이 죽는가 보다.' 그래도 믿음이 있었는지 자살 충동은 느껴본 적이 없었습니다. 그저 이렇게 무의미하게 살다가 어느 날 이 땅을 떠날 것이라는 막연한 생각만 했습니다.

저는 그 시절을 생각할 때마다 '만약 그때 내가 하나님의 은혜를 체험하지 못한 채 결혼했더라면 어땠을까?' 하는 상상을 해 봅니다. 그렇게 불안정한 자아상을 가진 제가 사랑하는 여자를 만나 결혼했더라면 저는 아내와 아이들에게 얼마나 깊은 열등감과 우울과 죄책감과 거절감의 상처를 대물림 해 줬을까요.

감사하게도 저는 2년 간의 그 답답한 방황에 종지부를 찍는 기회를 얻었습니다. 겨울방학 때 교회에서 부흥회를 열게 되었는데, 그때 저는 너무 답답한 나머지 '내가 이번에 예수님을 믿든지 안 믿든지 한 가지를 결정하리라'는 각오로 부흥회에 끝까지 참석하기로 결단했습니다. 새벽 5시부터 밤 10시까지 하루 세 차례씩 여는 1주일 간의 부흥회였습니다. 저에겐 사생결단의 부흥회였다고 해도 과언이 아니었습니다.

그런데 부흥회 마지막 날, 마지막 새벽기도에서 저는 생애 처음으로 말씀 앞에 완전히 꼬꾸라지는 경험을 했습니다. 부흥 강사 목사님께서 자신의 간증을 말씀하시면서 그냥 한마디를 이렇게 던지셨습니다.

"여러분, 그때 저와 함께하셨던 하나님께서 이 자리에도 계십니다. 이 자리에도 계십니다. 여러분, 하나님이 여러분을 사랑하십니다. 확신을 가지십시오."

그 한마디 말씀이 선포되는데 저는 마치 폭탄을 맞는 것 같았습니다.

"하나님이 여기에도 계십니다. 하나님이 여러분을 사랑하십니다. 확신을 가지십시오."

말씀이 영과 혼과 골수를 찔러 쪼갠다는 사실을 저는 그때 알았습니다. "하나님이 사랑하십니다. 확신을 가지십시오." 그 말씀은 저를 찔러 쪼갰습니다. 그러자 저는 통곡을 하기 시작했습니다. '하나님이 계시구나. 하나님이 계시구나. 하나님이 나를 사랑하시는구나.' 구원의 확신과 성령의 체험은 어떤 논리로 설명될 수 있는 게 아니었습니다. "하나님이 계시고, 하나님이 나를 사랑하신다"는 말씀이 들림과 동시에 저는 그 사실이 믿어졌습니다. 그리고 너무 감격해서 울고 또 울고 또 울었습니다. 하나님의 은혜와 성령세례가 임한 것이지요.

울음 속에서 저는 옛사람을 벗고 있었습니다. 율법의 굴레에 묶여 있던 나, 죄책감의 사슬에 묶여 있던 나, 열등감의 자아상에 숨 죽였던 나를 눈물로 씻고 있었습니다. 2시간 동안을 그렇게 옛사람과 싸우며 울던 저는 어느 순간에 찾아온 주의 완전한 평안과 자유와 기쁨 속에서 울음을 멈출 수 있었습니다.

그때서야 저는 이 세상이 얼마나 아름다운지, 하나님께서 저를 얼마나 멋지게 지으셨는지를 깨달을 수 있었습니다. 주의 성령께서 제 안에 충만하시니까 저는 상처 받은 옛사람에 사로잡히지 않게 되었습니다. 아버지가 무섭지도 않았습니다. 그토록 어려운 세월에 믿음을 지켜내시고 가족들을 지켜내신 아버지가 사랑스럽고 존경스러웠습니다. 그래서 아버지께 제가 받은 은혜를 편지로 써서 보내 드렸습니다. 하나님께서 저를 이렇게 만나 주셨노라고 몇 페이지 분량의 편지를 정성껏 써서 보냈습니다.

그 후 제게도 변화가 일어났지만 아버지께도 변화가 일어났습니다. 편지에 감동을 받은 아버지께서는 그 후 어떤 순간에도 제 동생들에게 매를 들지 않으셨습니다. 또한 저를 너무도 자랑스럽게 여기셨습니다.

저는 저대로 멋있는 모습으로 변해 갔습니다. 거울을 쳐다보면서 제가 미남이라는 사실을 처음으로 깨달았습니다. "아, 나는 이런 미남을 지금까지 얼마나 구박했던가. I'm sorry"라고 말하든가, "너 참 멋있다"고 말해 주었습니다.

제가 열등감의 탈을 벗어 버리자 가장 달라진 점 중의 하나는 인간관계였습니다. 열등감에 쌓여 있을 때 그렇게 어렵던 인간관계가 이제는 더 이상 어렵지가 않았습니다. 제가 인간관계에 탁월한 은사가 있다는 사실을 발견해 갔습니다. 그것은 이성과의 관계에서도 마찬가지였습니다. 제가 자신감 있게 행동하고, 여유 있게 받아 주니까 많은 자매들이 제게 접근해 왔습니다. 마음에 여유가 넘쳐났기에 다른 사람들의 말도 항상 긍정적으로 해석이 되었습니다. 그 전엔 누가 저를 쳐다보면 '왜 쳐다보지? 내 모습이 이상한가?'라며 혼자 기분

상해했다면, 은혜를 체험하고 난 이후에는 '아, 내가 오늘따라 멋있게 보이나 보다' 라며 혼자 기분 좋아했습니다. 자아상이 달라졌던 것입니다.

저는 그 이후 지금의 아내를 만나 가정을 이루었고 2차적인 변화(?)를 다시 한 번 주님 앞에서 체험하면서 행복한 시간들을 보내 왔습니다. 물론 그때의 체험이 가정생활의 모든 숙제를 해결해 준 것은 아니었지만 1차적이고 근원적인 숙제를 풀어준 것만은 분명했습니다.

그래서 저는 늘 강조합니다. 가정생활에 승리하려면 먼저 주님의 만져 주심이 있어야 한다고, 주님의 터치하심 속에서 굴절된 자아상이 녹고 상처 받은 옛사람이 녹아야 가정의 행복을 반석 위에 굳건하게 세울 수 있다고. 이것은 우리가 잘 아는 남편과 아내와 하나님과의 관계의 도식을 보면 쉽게 설명할 수 있습니다.

남편과 아내는 각각 하나님과 가까워질 때(하나님과의 관계) 서로의 관계도 가까워지고, 하나님과 멀어지면 서로의 관계도 멀어지게 되어 있습니다. 하나님께서 남편에게 공급하시고 아내에게 공급하시는 은혜를 통해 부부는 하나됨을 이루어 갈 수 있는 것입니다.

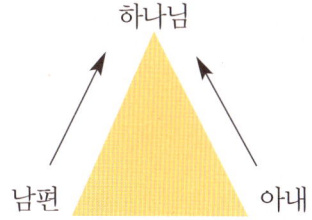

제가 아는 어떤 부부는 결혼 20년 동안 매우 힘들게 살았습니다. 능력 있고 잘생긴 남편, 지혜롭고 인정 많은 아내는 남들에게는 항상 인기가 많았지만 서로에게는 인기가 없었습니다. 너무 자주 싸우고 너무 자주 '이혼' 이야기를 꺼냈습니다. 그러다 어느 날 남편이 내적 치유 세미나에서 은혜를 체험하면서 가정은 달라지기 시작했습니다. 남편은 자신의 잘못을 회개하기 시작했고, 그때부터 그는 좋은 아버지, 좋은 남편이 되기 위한 노력들을 하나씩 해 나갔습니다. 문제가 아내에게 있는 것이 아니라 자기 자신에게 있다는 사실을 고백하기 시작했습니다. 남편의 이런 변화 앞에 아내도 하나님 앞에 바짝 다가갔습니다. 그리고 그 가정은 이제 모든 교인들이 부러워하는 가정으로 달라졌습니다.

그래서 저는 확실히 말씀드립니다. 사랑한다면, 배우자를 진정으로 사랑한다면 두 사람은 먼저 하나님 앞에 가까이 나아가야 합니다. 상대방이 은혜의 자리로 가까이 나아갈 수 있도록 끊임없이 도와주고 기도해야 합니다.

지금도 끝나지 않았다

저는 그 시절, 주님을 만나 상처를 치유 받으면서 완전히 새 사람이 되었다고 생각했습니다. 그리고 적어도 결혼 전까지는 문제가 없었습니다. 교회봉사도 열심히 하고 CCC 활동도 하고, 의학 공부도 열심히 해서 미국에서 의사가 되었고, 교회에서도 30대 후반에 장로가 되었습니다. 그런 저를 향해 많은 사람들은 칭찬과 존경의 눈길을 보내 주었습니다.

그런데 어느 순간엔가 저는 가정 안에 문제가 있다는 것을 발견했습니다. 그렇게 많은 사람들이 저를 존경하지만 제 아내와 아이들이 저를 존경하지 않고 있다는 사실을 발견한 것입니다. 언제나 가정에 성실하고 돈도 잘 벌어다 주고 아내 외에는 여자를 가까이 하지도 않으며 매일 가정예배를 인도할 만큼 믿음도 좋은 저를 왜 가족들이 존경해 주지 않는지 처음엔 의아했습니다. 뒤에서 자세히 언급하겠지만 저는 딸아이의 사춘기를 기점으로 해서 제가 인기 없는 아버지라는 사실을, 존경 받지 못하는 남편이란 사실을 발견하게 됩니다.

그때 제가 느낀 절망감을 어떻게 표현해야 할까요? 저는 그때 제 속의 위선과 아직도 남아 있는 상처의 찌꺼기들을 보며 얼마나 가슴 아팠는지 모릅니다.

그래서 저는 한 가지 결단을 하기에 이르렀습니다. 매일 말씀묵상을 하며 저 자신을 하나님께 비춰 보기로 한 것입니다. 오랫동안 형성된 제 속의 상처와 죄악들을 이제는 단시간 내에 고친다는 생각보다 매일 조금씩 말씀의 거울에 비추어 고쳐 나가기로 한 것입니다. 당시만 해도 '말씀묵상'이라 하면 목사님들처럼 거룩하신 분들만 하는 걸로 인식할 때였습니다. 그러나 다급해진 저는 하나님께 해결책을 받지 않으면 안 되겠기에 말씀묵상의 은혜 속으로 풍덩 뛰어들게 되었습니다.

그런데 말씀묵상의 은혜는 정말 상상을 초월했습니다. 매일매일 말씀으로 저를 진단하시는 하나님께서는 매일매일 저를 싸매시고 치료하시고 수술하시고 안아 주셨습니다. 히브리서 4장 12절 말씀처럼 말씀이 저의 영과 골수를 찔러 쪼개는 동안 제 깊은 곳에 아직까지도 남아서 저를 괴롭히던 것들이 하나씩 뽑혀 나갔습니다. 문제들이 말씀 앞에 훤히 드러날 때마다 저는 너무나 아파서 땅바닥에 앉아 엉엉 울면서 하나님 앞에 고백했고 변화는 그때부터 일어나기 시작했습니다.

저는 이것을 2차적인 변화라고 고백합니다. 대학교 2학년 겨울방학 때 예수 그리스도를 만나 구원의 확신을 갖게 된 때가 저의 1차적이고 근본적인 변화의 시점이었다면, 18년 전 말씀묵상을 시작할 때부터 지금까지를 2차적이며 세부적인 변화의 시기라고 볼 수 있습니다. 물론 저는 지금도 완전하지 않습니다. 그래서 계속 말씀의 치유를 받고 있습니다. 말씀을 붙들고 죄와 싸우며 승리하고 있습니다.

우리는 모두 이렇게 불완전합니다. 여전히 공사 중인 사람들입니다. 그래서 우리는 계속적으로 주님 앞에 나가야 합니다. 매일 주님 앞에 나가 나의 죄성을 보고, 상처를 보고, 어그러진 모습을 보며 돌이켜야 합니다. 그럴 때 우리는 놀라운 하나님의 형상을 회복해 갈 수 있습니다. 분노했던 내가 오래 참는 자로, 조급했던 내가 여유 있는 자로, 사랑 받기만을 갈구했던 내가 사랑을 주는 자로 그렇게 변해 갑니다.

그래서 저는 모든 부부들에게 말씀묵상을 적극 권합니다. 내적 치유 세미나나 부흥회, 산상기도회 같은 곳에서 다이내믹하고 근원적인 은혜를 체험한 사람들도 지속적인 은혜가 없으면 숨어 있던 내면의 상처가 불쑥 튀어나와 활동하면서 가정의 행복을 파괴한다는 사실을 기억하시기 바랍니다. 그러므로 우리는 늘 주님께 나아가야 합니다. 어제의 은혜로 족하지 마시고 오늘의 은혜, 오늘의 만나를 갈구하면서 주님 앞에 나아갈 때 우리의 자아상은 건강하게 회복되어 우리의 가정을 반석 위에 세워 나갈 것입니다.

가치관이 같아야 진짜 환상적인 커플!

저는 전 세계 많은 부부들을 만나면서 부부의 가치관이 동일하다는 게 얼마나 큰 축복인가를 경험합니다. 어떤 부부는 성격도 비슷하고 기질도 비슷한데 가치관이 안 맞아 늘 갈등하는 반면, 어떤 부부는 성격도 반대, 기질도 반대이지만 가치관이 같다는 사실 때문에 환상적인 호흡을 자랑합니다.

흔히 말하는 세계관, 즉 세상과 사회와 인생을 바라보는 시각을 가치관이라고 합니다. 부부 사이에는 가치관이 같아야 합니다. 그래서 결혼 전에 "나와 같은 가치관을 품고 있는가?"를 많은 대화를 통해 확인해야 합니다. 만약 이미 결혼한 부부들이 이런 문제에 부딪쳤다면 지금부터라도 가치관을 하나로 통일시키도록 노력해야 합니다.

돈을 최고의 가치로 여기는 한 남자가 있었습니다. 그는 평소 검소한 생활

태도를 보이는 어떤 자매의 모습에 매력을 느껴 그 자매와 결혼했습니다. 그러나 결혼을 하고 보니 남편은 부자가 되기 위해 절약하고 또 절약하는 반면, 아내는 '하나님 나라를 위한 헌신'을 최고의 가치로 여기는 까닭에 선교사님들을 돕거나 교회를 돕기 위해 절약하고 또 절약하는 사람이었습니다. 결국, 아내는 "선교사님에게 선교비 보냅시다"라고 남편에게 말하다가 남편이 거절하는 모습에 화가 나 남편에게 마음 문을 닫게 되고, 남편은 남편대로 자신이 피땀 흘려 번 돈을 그런 식으로 사용하려는 아내에게 화가 나서 돈 관리를 자신이 직접 하게 되었습니다. 그때부터 벌어진 부부의 틈이 나중에는 상상할 수 없을 정도로 벌어졌다는 사실을 아십니까?

부부는 서로의 가치관을 존중해 줘야 합니다. 만약 이 부부처럼 서로가 다른 가치관을 갖고 있다면 절충안을 찾아가면서 가장 좋은 부부 가치관을 확립하기 위해 시간을 갖고 맞춰가야 합니다. "나는 얼마만큼 선교비를 내고 싶다. 그게 내가 절약하는 이유다." "나는 어린 시절부터 부자가 되어 이렇게 살고 싶었다. 나는 가난한 게 너무너무 싫다." 서로의 생각을 충분히 들어준 뒤에는 상대방의 생각을 나의 생각으로 정복하려 하지 말고, 서로가 반씩 합일점을 찾아가면서 함께 노력하는 게 먼저입니다.

이때 중요한 것은 서로를 정죄하거나 이상한 사람으로 취급하지 말아야 한다는 것입니다.

"어머, 당신은 하나님을 믿는 사람이 어떻게 그렇게 돈만 알아?"

"당신은 어떻게 그렇게 남편이 벌어다 주는 돈을 아무 생각 없이 낭비할 수가 있어?"

이런 식의 정죄는 서로에게 상처만 안겨 줍니다. 시간을 갖고 아주 조금씩 서로의 절충안을 찾아가다 보면 어느 순간엔가 남편과 아내는 각각 깨닫게 됩니다.

'아, 돈이 인생의 전부는 아니구나.'

'아, 돈은 우리 가정을 움직이는 중요한 수단 중의 하나다. 가정경제를 위해 돈을 절약하고 아끼는 것도 우리 가정의 비전을 위해 중요한 일이다.'

서로가 그렇게 깨달아 가면서 부부는 결국 하나 된 가치관에 이를 수 있습니다. 그러나 잊지 마십시오. 가치관을 맞춰 가기 위해서는 많은 시간 동안 기다려 주고 이해해 줘야 한다는 사실을. 그러므로 가치관을 점검해서 같은 공감대를 형성하기 위해서는 한꺼번에 상대의 가치관을 뜯어고치려 하지 말고 꾸준히 함께 노력하는 자세가 필요합니다.

이를 위해 저는 가정예배를 권합니다. 1주일에 한두 번이라도 계속 가정예배를 드리다 보면 아내의 고민이 무엇이고, 남편의 고민이 무엇인지를 이해하게 됩니다. 서로의 기도제목을 고백하는 시간에 자신이 진정으로 원하는 것이 무엇인지 고백하다 보면 서로의 가치관을 이해하게 되고, 어느덧 하나님께서 원하시는 가치관의 방향으로 온 가족이 함께 마음을 싣게 됩니다. 영적 하나 됨을 경험하게 됩니다.

마음과 생각을 함께 싣는다는 것, 이것은 가정이 행복으로 가는 길의 푸른 신호등입니다.

차원이 다른 행복을 누리고 싶다면

가치관을 점검한 후에는 반드시 '비전'을 점검해야 합니다.

부부가 무엇을 위해 살고, 무엇을 목표로 살 것인가.

부부의 가치관은 부부의 비전을 낳습니다. 우리의 인생, 특히 크리스천의 인생은 비전을 위한 인생입니다. 비전은 현재를 움직이는 원동력이고 가정의 미래를 결정하는 이정표와 같습니다. 그래서 저는 비전을 가정의 심장이라고 표현합니다. 비전이 강력하게 살아 움직이는 가정은 건강하지만, 그렇지 않은 가정은 무기력한 까닭입니다.

저희 부부의 비전은 청년들의 가슴에 복음의 불을 붙이는 데 있습니다. 감사하게도 아내 역시 저와 같은 비전을 품고 살았습니다. 그래서 2004년도 12월로 병원 사역을 접을 때도 전혀 갈등이 없었습니다. 더 늦기 전에 이제는 풀타임 사역자로 전 세계를 돌며 1년 365일 청년들에게 복음을 전하고 싶었습니다. 저는 이 일을 위해 몇 년 전에는 큰 집을 처분하여 작은 집으로 이사하면서 '심플 라이프(simple life)'의 삶을 실천하여 절약되는 비용으로 세계를 누비고 다녔고, 2004년에는 의사 일을 완전히 내려 놓고 저의 모든 시간을 청년들을 섬기는 데 사용할 수 있었습니다.

그런데 그때마다 아내의 반응은 "wonderful!"이었습니다. 저보다 더 기뻐하고 저보다 더 즐거워했습니다. 제 비전이 아내의 비전이었기에 아내는 "우리가 이제는 전심으로 주님께 헌신할 수 있겠다"며 좋아했습니다. 만약 우리의 비전이 엇갈렸다면 아내는 작은 집으로 이사할 때 울상을 지었을 것이고, 병원 일을 그만둘 때 "당신 중간만 해라. 왜 그렇게 극단적으로 하냐? 그냥 의사생활 하면서 적당히 하면 되지 않냐? 당신이 선교사도 아니고, 왜 그 좋은 수입을 포기해요?"라며 바가지를 긁었을 것입니다. 그러면 얼마나 제가 고통스러웠겠습니까?

그러나 아내는 전적인 환영의 의사표시로 제게 힘을 실어 주었습니다. 그것은 독수리에 날개를 달아 주는 격이었습니다. 얼마나 신이 나고 얼마나 좋은지 모릅니다. 제가 2004년 6월 30일 부로 32년 간 일하던 병원을 사임하고 7월 2일 아프리카 선교사 부부세미나를 섬기려고 떠났습니다. 그때 비행기에서 큐티를 하려고 성경을 열었는데 아내가 저에게 주는 카드 한 장이 있었습니다. 거기에는 이런 아내의 격려와 축복의 글이 적혀 있었습니다.

> 사랑하는 당신께!
>
> 먼저 미국에서 32년 간 무사고 마취과 의사로서의 사명을 잘 감당하신 당신께 축하와 찬사를 드려요. 순간순간 지키시고 보호하시고 동행하신 좋으신 우리 아버지 하나님께 감사와 찬양을 드립니다.

> 이제 뉴 타이어를 끼고 새롭게 주님 향해 달려가는 당신과 저의 새로운 앞날에도 우리 주인이신 예수님 손잡고 예수님 인도하심 따라 성령님보다 앞서지 말고 그분과 동행하며 새로운 길을 함께 달려가요. 건강히 귀한 사명 잘 감당하시고 돌아오시길 순간마다 기도할게요.
>
> 당신을 위해 기도하는 당신의 아내 에 드림

부부가 동일한 비전을 가졌다는 것은 가정에 찾아오는 많은 고난의 문제를 쉽게 풀어갈 수 있는 최고의 열쇠입니다. 그러나 서로 다른 비전을 가졌다면 쉬운 문제도 어렵게 풀어가는 경우가 허다합니다. 이는 마치 한 사람은 부산에 가려 하고 한 사람은 평양에 가려 한다면 두 사람이 한 차를 탈 수 없는 것과 마찬가지입니다. 같은 목적지인 부산을 향해 가다가 때론 길을 잃고 처음 보는 길에 들어선다 해도 한 사람은 운전하고 한 사람은 지도와 나침반을 보며 지루하고도 힘든 시간들을 이겨낼 수 있는 이치와 같습니다.

비전이 없으십니까? 지금부터라도 가정의 비전을 찾아보십시오. 그리고 이 비전은 하나님께 속한 것이어야 합니다. 하나님을 향한 우리 가정의 비전, 이것이 우리 가정에 견고히 세워질 때 부부가 누리는 행복의 차원은 달라집니다. 행복만을 위해 달려갈 때는 결코 누릴 수 없었던 또 다른 행복이 저절로 생겨날 것입니다. 작고 소박한 비전이어도 좋습니다. 하나님의 비전을 세우고 그 비전을 향해 달려가십시오. 그럴 때 비로소 가정은 하나가 되고, 하나 된 그곳에 하나님께서 참 행복을 쏟아 부어 주실 것입니다.

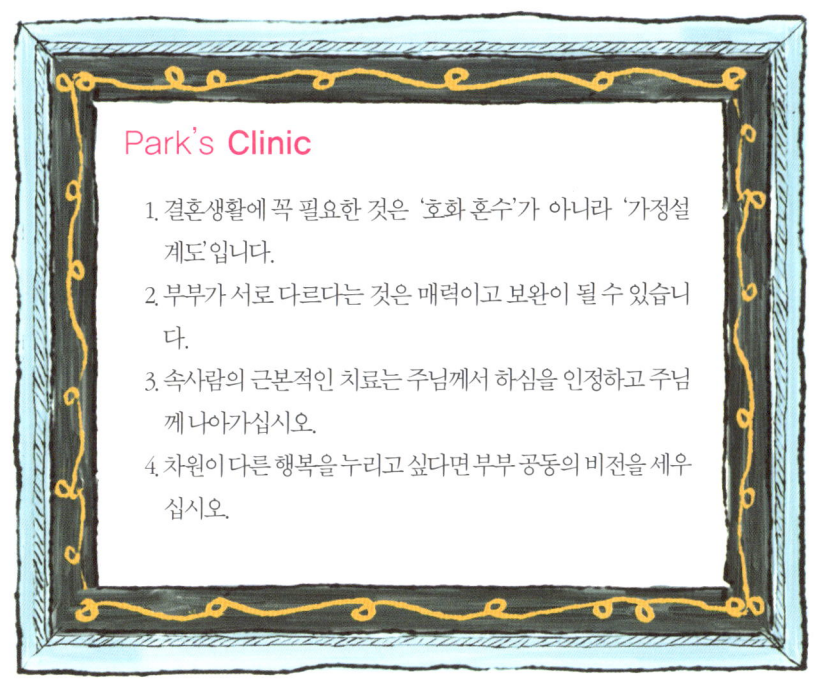

Park's Clinic

1. 결혼생활에 꼭 필요한 것은 '호화 혼수'가 아니라 '가정설계도'입니다.
2. 부부가 서로 다르다는 것은 매력이고 보완이 될 수 있습니다.
3. 속사람의 근본적인 치료는 주님께서 하심을 인정하고 주님께 나아가십시오.
4. 차원이 다른 행복을 누리고 싶다면 부부 공동의 비전을 세우십시오.

2. 아내의 목마름은 따로 있다!

아내가 남편에게 원하는 베스트 원은 '부드러운 보살핌'이다

먼저 주는 게 남는 장사다

앞에서 우리는 모든 사람에게 서로 다른 기질과 성품과 상처가 있다는 사실을 알았습니다. 그렇게 서로 다른 두 사람이 수십억의 인구 중에서 한 부부로 살아가고 있으니 '하나 됨'을 이룬다는 건 너무 어려운 일일지도 모릅니다.

그래서 2,3장에서는 남자와 여자가 얼마나 다른지를 말씀드리려 합니다. 기질을 맞추고, 성품과 상처를 이해한다 해도 단지 남자라는 이유만으로, 단지 여자라는 이유만으로 부부는 서로 다른 생각을 품을 수 있음을 말하려는 것입

니다. 무엇보다 부부는 각자 원하는 것부터가 다릅니다.

그러므로 서로 다르게 자라 온 두 남녀의 결합 속에서 '하나 됨'을 기대한다는 게 거의 기적에 가까운 일이라는 말입니다. 만약 이 글을 읽고 있는 당신이 하나 되지 못하는 부부관계 때문에 고통을 겪고 있다면 이렇게 말해 보십시오.

"나는 지극히 정상이다!"

다르다는 것도 정상이고, 다름 속에서 고통을 느끼는 것도 정상입니다. 그러나 정상이라고 해서 정당하다는 뜻은 아닙니다. 하나님께서는 부부가 하나 되도록 설계해 놓으셨기에 우리는 어찌됐든 하나 됨에 이르러야 합니다. 그럴 때 하나님께서 의도하신 가정의 축복이 쏟아지게 되어 있습니다.

그렇다면 어떻게 해야 부부가 한 몸과 한 가치관과 한 비전을 이루어 살 수 있을까요? 이를 위해 2,3장에서는 남편과 아내가 배우자를 통해 각각 얻고 싶어 하는 게 무엇인지를 살펴보도록 하겠습니다. 여기서 서로의 필요를 알아가는 것은 아내는 남편을, 남편은 아내를 섬기기 위해서입니다. "내가 이런 것들을 원하니까 앞으로 나에게 이렇게 해 줘"라는 빌미를 제공하기 위해서가 아닙니다. 우리는 부부관계에서도 예수님의 말씀을 적용해야 합니다.

"그러므로 무엇이든지 남에게 대접을 받고자 하는 대로 너희도 남을 대접하라 이것이 율법이요 선지자니라"(마7:12).

즉 서로를 대접하기 위해서 공부하는 것입니다. 비록 상대방이 내게 대접해 주지 않는다 해도 내가 먼저 상대방을 대접하는 시도, 이러한 시도가 없다면 가정의 행복은 영원히 찾아오기 어렵습니다. 어떤 관계든 먼저 손을 내밀어 사랑해 주고 섬겨 주고 살펴 주는 시도가 있었기에 모든 관계가 시작되었다는 사실을 기억하십시오. 하나님께서 먼저 우리를 사랑하셨고 오래 참으셨으며, 부모가 먼저 자식을 위해 희생하셨습니다. 친구가 내게 먼저 손을 내밀어 우정이란 관계가 시작되었습니다.

마찬가지로 내가 내 배우자를 위해 먼저 필요를 채워 줄 때 부부 사이에도 '주는 관계'가 형성될 수 있습니다. 내가 받으려 하면 상대도 내게 받으려는 시도만 해 올 것입니다. 죽을 때까지 서로 '받으려는 관계'만 이어지는 것입니다.

그러므로 2장은 남편들이 정독해야 할 내용입니다. 아내들이 어떤 존재이고, 무엇을 필요로 하는지 말씀드리려 하기 때문입니다.

나를 **보살펴** 주세요

아내가 남편들에게 원하는 베스트 원이 뭔지 아십니까? 남편들에게 물으면 대부분 '돈' 내지는 '부부 잠자리'라는 대답을 합니다. 재력을 보고 결혼하는 여자들이 적지 않은 세상이고, '섹스 파트너'를 찾아 외도하는 아내가 적지 않은 세상이기 때문입니다.

그러나 결국 아내들이 남편을 통해 가장 얻고 싶어 하는 것은 '부드러운 보살핌'이란 사실을 기억하십시오. 이것은 성적 충동이나 성행위의 동의어가 아닙니다. 아내에게 따뜻하고 편안하며 보호받고 있다는 안정감을 느끼게 해 주는 것을 말합니다.

이는 여자들이 갖는 공주 심리의 연장이라고도 볼 수 있습니다. 어린 시절부터 여자들은 백마 탄 왕자님이 오기를 기다려 왔습니다. 백마 탄 왕자님을 왜 기다렸을까요? 자신을 공주처럼 존귀하게 대해 주며 보살펴 주고 사랑해 주기를 바라기 때문입니다. 그래서 여자는 배우자상을 말할 때 "나밖에 모르는 자상한 남자"라는 말을 자주 합니다.

"당신은 나에게 매우 중요한 존재야."
"너무 걱정하지 마. 내가 도와줄게."
"누가 당신을 속상하게 했어? 내가 가만 안 있을 거야."

요즘 여자들이 부드러운 남자를 좋아하는 이유는 바로 이런 이유 때문입니다. 부드러운 이미지대로 자신을 부드럽게 보살펴 줄 거라 믿는 것이지요.

제가 아는 어떤 목사님은 밖에서는 인기가 많은데 정작 그 사모님께는 인기가 없습니다. 목사님의 스타일이 어떨까요? 밖에서도 열심히 일할 뿐 아니라 집에서도 그렇게 성실할 수가 없습니다. 새벽기도도 매일 나가고 새벽기도 다녀온 뒤에는 아이들을 깨워 학교에 보내는 일도 알아서 해 줍니다. 아이들 씻기는 일, 공부 봐 주는 일도 바쁜 목사님이 알아서 챙깁니다. 그래서 사람들은 말합니다.

"사모님, 목사님 같은 분이 어딨어요? 사모님은 복도 많으셔요."

그러나 정작 사모님은 늘 허허로운 가슴을 안고 삽니다. 왜 그럴까요? 아내를 향한 남편의 부드러운 보살핌이 전혀 없기 때문입니다. 아내는 늙은 할머니가 되어도 사랑 받고 싶어 하는 여자임을 목사님이 잊고 있기 때문입니다. 연애할 때는 그렇게 자상했던 남편이 결혼한 이후에는 '사모의 자질'만 들먹이며 "기도했냐?" "책 읽었냐?"만 점검하고 교육하려 하지, 보살펴 주려 하지 않습니다.

이렇게 되면 아내의 가슴은 보이지 않게 멍이 들어갑니다. 물론 함께 학습하고 기도하는 일도 중요하지만, 그에 못지않게 아내가 남편으로부터 사랑 받고 보호 받고 있다는 사실을 느낄 수 있도록 해 주는 것은 더 중요합니다.

남편인 목사님은 '가정의 비전'이라는 목표만을 생각하는 담즙질의 기질이라 더욱 아내의 마음을 헤아릴 줄 모르는 것 같습니다. 그러나 모든 남편들은 기억해야 합니다. 가정의 거룩한 비전을 이루기 위해서는 반드시 부부의 영적 하나 됨이 있어야 하고, 그 영적 하나 됨을 이루기 위해서는 육적으로 정신적으로 하나가 되는 과정이 뒤따라야 한다는 사실을. 아니, 하나 됨은 하나의 과정이나 수단으로서 존재하는 게 아니라 가정을 이루게 하신 하나님의 목적이라는 사실을.

하나님께서는 서로의 사랑 속에서 안정감과 기쁨을 누리는 모습을 보시며 기뻐하십니다. 하나님이 공주 같은 딸을 어느 남자에게 맡기실 때는 바로 이런 마음이셨습니다.

"너희 둘이 서로 아껴 주고 도와주며 행복하게 살아야 한다. 그게 너희 두 사람을 만나게 한 내 첫 번째 목적이다."

제가 아는 또 한 부부는 결혼 20년이 넘도록 서로에 대한 만족도가 매우 높습니다. 그러나 남편을 보면 겉으로는 별로 내세울 게 없습니다. 경제력도 크게 좋은 편은 아니고, 이벤트 같은 것도 잘 못해 주며, 집안일을 끝내주게 잘 도와주는 것도 아닙니다. 그런데 아내는 남편에 대한 만족도가 매우 높습니다. 왜 그럴까요? 생활 속에서 묻어나오는 남편의 자상한 배려에 정서적 만족과 안정감을 느끼기 때문입니다. 잠자리에서 일어나면 키스해 주고, 집안에서도 자주 포옹을 해 주며, 일터에서 귀가하여 식사를 마친 후에는 아내와 차를 마시며 하루의 일과를 다 들어 줍니다. 설거지를 해 주는 건 아니지만 음식물 쓰레기를 갖다 버린다든지, 출근길에 현관 옆에 놓인 쓰레기봉투를 들고 나가는 등 소리 없이 아내의 일거리를 도와줍니다. 그리고 자신이 밖에서 무얼 하는지, 오늘은 왜 늦는지를 상세하게 알려줍니다. 무엇보다 아내가 남편에게 고마워하는 것은 가끔씩 들려 주는 남편의 고백입니다.

"당신이 있어서 우리 집안이 평화로운 거야. 난 당신이 항상 자랑스러워."

남편은 이런 말을 하며 아내의 머리를 쓰다듬어 주거나 손을 잡아 줍니다. 아내가 방 닦을 때 허리가 아프다고 하면 값싼 제품이라 해도 스팀 청소기를 사다 줍니다. 아내의 필요가 무엇인지를 살피며 도와주는 것입니다.

저는 그 남편을 보며 '가장 적은 비용과 에너지로 가장 많은 것을 얻는 남편'이란 생각이 들었습니다.

이렇듯 아내들은 큰 걸 바라지 않습니다. 자신이 남편으로부터 사랑과 관심을 받고 있다는 사실을 작은 배려를 통해 확인받고 싶어 할 뿐입니다. 여자로서의 존재감을 아내들은 그렇게 확인하는 것입니다.

여기서 아내들도 한 가지 알아야 할 사실이 있습니다. 남편들은 학습된 만큼 행동하는 사람들이라는 점입니다. 누군가 학습을 시켜 주지 않으면 남편들은 아내가 무얼 원하는지, 어떨 때 행복을 느끼는지를 잘 모르는 무딘 사람들임을 기억하십시오. 그러므로 현명한 아내는 부드러운 말투로 자신이 무얼 원하며, 어떨 때 행복을 느끼는지를 잘 전달할 줄 압니다. 내 남편은 왜 다른 사람처럼 부드럽게 보살펴 주지 않는가에 대해 혼자 부글부글 속 태우며 묵상하지 말고, 어떻게 하면 남편에게 자신의 필요를 전달할지 지혜를 모으는 아내가 되시기를 바랍니다.

내 말에 **공감해** 주세요

아내들이 남편에게 원하는 두 번째는 '대화'입니다. 그러나 많은 남편들은 일방적인 지시, 호령이나 다그침을 하면서도 대화했다고 생각하는 경향이 있습니다.

어떤 아내는 이런 말을 합니다.

"저는 남편과 말만 했다 하면 숨이 콱 막혀버려요. 말재주가 없어서인지 이상하게 남편한테 무슨 말을 전달하려고 하면 버벅거리고, 그때마다 남편은 못마땅한 표정을 지으면서 짜증을 내버려요. '그래, 그래서 어떻게 되었다는 건데?' 남편이 제일 잘하는 말이 그 말이거든요. 그럼 저는 할 말이 없어져요. 괜히 말 꺼냈다 싶어 저 자신에게도 화가 나요."

나이 드신 분들일수록 부부간에는 서로를 고백하는 말보다는 하루 일과를 점검하는 내용의 대화가 많습니다. 게다가 다그치거나 사무적인 말투가 많다는 게 문제입니다.

여성들은 특히 상대의 말투에 굉장히 예민합니다. 말투 때문에 남편을 향한 마음 문이 닫혀 버려서 그 다음 대화가 이어지지 않습니다. 그러면 둔한 남편들은 왜 아내가 기분 상해하는지 이해를 못합니다. '도대체 왜 오늘도 심술 난 얼굴을 하고 있어? 하여간 여자는 피곤한 동물이야.' 아내의 토라진 얼굴을 보며 남편은 남편대로 짜증을 내고 맙니다.

저도 그 부분에서 참 둔감했습니다. 어느 날인가 아내가 부부세미나 강의에서 하는 고백을 듣고서야 제가 아직도 이 부분에 약하다는 사실을 발견했습니다.

"제 남편도요 때론 이 문제 앞에 걸릴 때가 있어요. 제가 무슨 말을 했다 하면 예의 해결사 노릇부터 하려고 하거든요. 아내들은 마음을 서로 공감하고 싶어 대화를 하는 거잖아요. 그러니까 남편들은 좋은 해답보다는 그저 '그래, 맞아.' '그랬구나' 라고 같이 공감만 해 줘도 대화가 슬슬 이어지는 법인데, 해결책부터 제시해 버려요. 한번은 제가 약한 허리 때문에 생긴 다리에 통증이 있어 남편 앞에서 불쑥 말이 튀어나왔어요. '아, 다리 아퍼!' 남편이 걱정할까 봐 다리가 저리다는 사실을 말하지 않던 제가 무심결에 한 그 말에 남편은 의사가 환자를 진단하듯 무심하게 반응하더라고요. '그래? 그러면 소파에 가서 쉬어!' 다리 아프다고 말할 때마다 남편은 그렇게 해결책을 제시해 줘요. '다리 아프면 쉬면 될 걸 왜 그러고 있냐?'는 거지요. 그런데 며칠 전 제가 또 '아, 다리야, 다리가 또 아프네' 라고 말하자 남편이 전혀 다른 반응을 보내오는데 제가 너무 감동해서 눈물이 날 뻔했어요. '아프지 마. 당신은 평생 나랑 같이 돌아다녀야 하는데 아프면 어떡해? 아프지 마.' 제가 왜 그 말에 그렇게까지 감동을 받았을까요? 생각해 보니까 남편은 그 순간, 저의 해결사가 되려 한 게 아니라 저를 위로해 줬다는 거였어요."

대화의 핵심은 '공감'입니다. 그러나 남자들은 대화의 핵심을 '정보'라고 생각합니다. 필요한 정보들을 듣거나 전달하기 위해 대화가 존재한다고 생각하는 것입니다. 남편들이 정보 중심적인 대화를 할수록 부부 관계는 매우 안 좋습니다.

가령, 아내가 속 썩이는 자식에 대해 이런 저런 이야기를 한다고 칩시다. 그럴 때 남편은 일단 아내의 속상한 마음을 먼저 공감해 줘야 합니다. "그랬구나. 그 녀석 부모 속을 무척 썩이네. 나랑 한번 이야기를 나눠 봐야 되겠어." 이렇게 말해 주면 될 일을 "내 그럴 줄 알았어. 당신은 도대체가 애들 하나 못 잡고 뭐 하는 사람이야? 당신 가만 보면 애들을 다룰 때 너무 일관성이 없다는 거 알아, 몰라?" 그렇잖아도 속상한 아내를 향해 확인사살을 하고, 야단까지 칩니다. 그러면 그 집안은 낮엔 애들과의 갈등, 밤엔 부부 사이의 갈등으로 편안할 날이 없어집니다. 애들 문제도 해결 안 되고, 부부 문제의 골도 깊어지는 것입니다.

우리는 친구 사이에도 대화를 나눌 때 해결책부터 제시하거나 다그치거나 잘난 체하면 거리를 두고 싶어 합니다. 하물며 부부 사이에는 어떠하겠습니까? 하루에 단 5분을 대화하더라도 그렇게 상대의 지치고 힘든 마음부터 공감해 주고, 기쁘고 즐거운 마음에 박수를 보내 주는 관계가 부부관계입니다. 그렇게 되면 문제 자체는 상대방이 알아서 풀어가게 되어 있습니다.

부부는 '영혼의 친구'라 했습니다. 영혼의 친구는 마음을 주고받는 사람들입니다. 마음을 먼저 읽어 주고, 보여 줄 때 부부는 강렬한 일치감을 맛볼 수 있습니다. '하나 됨'을 이루기 원하신다면 남편들은 특히 이 부부 대화법에 대해 좀 더 학습하고 집중하시기 바랍니다. 여자는 남자보다 훨씬 더 정신적인 존재라 할 수 있습니다. 그러므로 기억하십시오. 남편이 좋은 대화 파트너가 되어 주지 않는 한, 아내는 결코 남편에게 좋은 섹스 파트너가 되어 주지 않는다는 사실을.

믿음직스런 모습을 보여 주세요

아내가 남편에게 원하는 세 번째 필요는 '신뢰감'입니다. 이는 네 번째 필요인 '경제력 있는 남편'보다 앞섭니다. 이것은 경제력에 문제가 생겨도 신뢰감이 형성되면 이겨나갈 수 있다는 뜻이기도 합니다.

"우리 남편은 라스베가스에 출장가도 믿을 수 있다."

아내가 남편에 대해 그런 신뢰감을 가질 수 있을 때 아내는 행복합니다. "남편이 혹시 바람피우지는 않을까. 혹시 도박하지는 않을까. 혹시 갑작스런 문제를 일으키지는 않을까." 이런 고민으로부터 언제나 자유롭게 해 주는 남편은 아내가 원하는 남편상의 세 번째 조건에 들어갑니다.

이를 위해서는 서로가 정직해야 합니다. 서로 정확한 의사표시를 하고, 정직하게 반응해 줘야 합니다. 아내 몰래 주식에 투자해서 집을 날릴 상황이 되어 가는데도 아무런 사인을 안 보내 주는 남편, 부부 잠자리를 회피하는 아내에게 "당신이 그러면 내가 남자로서 너무 힘들다. 서로 노력하자"는 말 대신,

다른 여자와 해결을 보고는 아무 문제없는 듯 살아가는 남편, 감정파라서 회사의 모든 동료들에게 한턱을 내느라 거액의 카드 고지서가 한 번씩 집으로 날아오도록 하는 남편…. 이런 남편의 특징은 남편이 무슨 일을 저지를지 아내가 전혀 예측할 수 없다는 점입니다. 심지어 아내는 1년이면 몇 차례씩 그런 남편으로 인해 쇼크 상태에 들어갑니다.

부부는 서로에게 예측 가능한 사람이 되어 줘야 합니다. 환경에 따라 결정을 쉽게 바꾸거나 책임감 없이 행동하는 배우자는 무슨 일을 터트릴지 예측이 불가능하므로 신뢰를 받을 수 없습니다. 그런 배우자를 생각하면 불안할 뿐이지, 든든하지가 않습니다.

저는 사람을 좋아해서 툭하면 예고도 없이 사람들을 끌고 퇴근길에 집으로 몰고 가곤 했습니다. 그때마다 아내는 속으로 매우 당황했었나 봅니다. 사람들과의 즐거운 시간을 보낸 뒤에, 꼭 불만을 표시해 왔습니다.

"아니, 사람들을 데려오려면 미리 알려줘야 음식을 장만하지요."

"장만할 게 뭐 있어? 그냥 먹는 반찬에 숟가락만 더 놓으면 되지."

아내 입장에서 손님치레가 얼마나 부담스러운 일인지를 이해하기 전까지 저는 늘 그런 식이었습니다. 그러다가 우리 부부가 서로를 진심으로 이해하기 시작하면서 저는 저대로 아내에게 하루 전이든 며칠 전이든 미리 손님이 올 것을 알렸고, 아내는 아내대로 갑작스런 손님 초대에 대비해서 미리미리 고기를 재어둔다든가 밑반찬을 넉넉하게 준비해 두곤 했습니다. 제가 그렇게 아내를 위한 배려를 시작하자 아내는 제게 신뢰를 보내 주었습니다. 미리 손님이 올

것을 알리던 제가 어느 날은 갑자기 손님들을 몰고 갈 일이 생겼는데도 아내는 넉넉하게 받아 주는 것이었습니다. 이유인즉슨 아내는 이미 남편인 저를 신뢰하고 있기 때문입니다. '내 남편이 저렇게 예고도 없이 손님들을 모셔올 때는 그만한 이유가 부득불 있었나보다'라고 생각했다는 것입니다.

신뢰감, 그것은 가정의 크나큰 재산입니다. 어떤 천재지변이 와도 사라지지 않을 무형의 귀중한 재산입니다. 이 재산을 쌓아둔 부부는 큰 고난 앞에서도 넉넉히 문제를 해결해 나갑니다. 그러므로 우리는 돈을 쌓기 전에 신뢰감을 쌓는 사람들이 되어야 합니다.

재정적인 안정감을 느끼고 싶어요

동서고금을 막론하고 아내들이 남편으로부터 '재정적인 안정감'을 원한다는 사실은 그리 새삼스러운 일이 아닙니다. 그러나 우리가 여기서 한 가지 기억할 일은 그 순서가 네 번째라는 사실입니다.

이것은 경제 문제가 가정의 행복을 이루는 중요한 요소이면서, 동시에 이보다 더 중요한 요소들을 먼저 해결하면 아내들은 경제 문제를 잘 풀어나갈 수 있다는 뜻이기도 합니다.

한 예로 남들보다 많이 가난하더라도 부부간에 신뢰가 깊고 따뜻한 보살핌이 있으며 대화가 원활히 이루어지는 부부는 가난을 벗어나기가 훨씬 수월합니다. 거기다 내적 치유가 이루어지고 각 기질의 장단점을 파악해서 재정문제를 풀어 간다면 금상첨화입니다.

보통 우리들은 경제 문제가 닥치면 그 문제 자체만을 가지고 해결하려 하기에 오히려 문제의 깊은 수렁 속으로 빠져 드는지도 모릅니다. 다음의 경우가 그 예입니다.

이 집안의 가장 큰 고통은 평소 매우 성실한 남편이 2-3년에 한 차례씩 수천만 원의 카드 고지서를 집으로 날아오게 한다는 점입니다. 아이들에게도 자상하고 아내에게도 성실한 남편은 왜 이런 대형사고를 자주 저지르는 것일까요?

남편은 평소 술을 매우 좋아할 뿐더러 회사 동료들에게 술턱 내는 걸 너무나 즐기는 사람이라고 합니다. 오죽했으면 회사에서 남편에게서 근사한 술턱 한 번 안 받아 본 사람이 없을 정도이겠습니까. 그렇다고 그 가정의 경제상태가 술값을 흥청망청 써도 될 만큼은 결코 아닙니다. 단칸 셋방에서 신혼살림을 시작하여 땀 흘려 일해서 근검절약한 덕에 결혼 15년 만에 집 장만을 하고 약간의 여유를 즐길 수 있는 정도였습니다. 그런데 그때부터 남편의 술턱 행진이 이어진 것입니다.

남편과 달리 아내는 알뜰하기가 동네 최고여서 돈이 아내에게 들어갔다 하면 나오는 법이 없습니다. 하루 세 끼 식사 외에 간식을 챙기는 걸 사치라고 여길 정도였고, 화장품도 늘 샘플만을 사용하곤 했습니다. 그런 아내였기에 남편의 카드 값 청구서는 청천벽력의 소식이 아닐 수 없었습니다. 사건이 터질 때마다 모든 카드를 잘라 버리고 이혼을 운운하며 갖은 욕설을 퍼부으며 충격을 달랬습니다. 한참 공부시켜야 할 애들이 셋이나 되고, 애들 앞에서 남편이 저지른 일이 얼마나 철없는 행동인지를 구구절절 각인시키기도 여러 번이었습니다.

그러나 수년 동안 남편의 버릇은 고쳐지지 않았습니다. 또한 그 세월 속에서 아내는 속병을 얻어 하루도 약 없이 살 수 없게 되었습니다. 왜 이런 악순환의 고리가 끊어지지 않았던 걸까요?

남편과 아내의 근본적인 문제가 해결되지 않았기 때문입니다. 남편은 다혈질의 기질이라 원체 사람과 즐기는 걸 좋아하는 성품인데다 어린 시절 계모 밑에서 자라면서 '애정 결핍'의 상처를 지닌 사람이었습니다. 그래서인지 남편은 누군가 자신을 좋아해 주고 열광해 줄 때 깊은 만족과 행복을 느꼈습니다. 하지만 가정은 남편에게 그런 만족감을 채워 주지 못했습니다. 어린 시절 가난 때문에 고등학교조차 제대로 다니지 못한 아내에게 최고의 가치는 돈이었으므로 늘 아내는 궁상맞을 정도로 아끼며 살았고, 그 때문에 가정 내에서는 사랑보다는 돈 중심의 대화가 주를 이루었습니다. 그런 분위기 속에서 남편은 '안 그래야지' 다짐하고 또 다짐하다가도 자신에게 박수를 보내 주는 사람들만 있으면 맘껏 술턱을 내며 벅찬 환희와 기쁨을 경험했기에 마치 마약중독처럼 그렇게 되어 버렸던 것입니다. 아내가 먹을 거 안 먹고, 입을 거 안 입으며 모은 돈이 결국은 남편 술값으로 나가는 허망한 결과를 낳고 만 것입니다.

저는 이 가정의 풀리지 않는 문제를 들으면서 어느 배우자든 먼저 하나님 앞에 나와 내적치유를 받고 하나님이 공급하시는 은혜 속에서 상대방을 아루

만져 주고 받아 주지 않으면 경제문제를 풀기가 어렵겠다는 생각이 들었습니다. 극한 가난 속에서 고등학교 진학조차 하지 못한 아내, 그 아내가 겪은 어린 시절의 상처는 얼마나 컸겠습니까? 돈이 아무리 모이고 모인들 아내의 마음에 만족함이 생겨날 리 만무합니다.

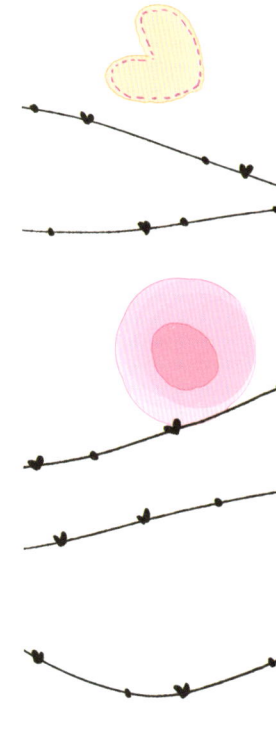

그래서 경제문제도 현상 그 자체만을 가지고 풀려고 하면 안 된다는 것입니다. 두 사람이 먼저 남편이 왜 그렇게 돈을 흥청망청 쓰는지, 아내가 왜 그렇게 돈의 노예로 살아가는지를 진단하고 치료받아야 진정으로 돈을 다스리고 부릴 줄 아는 부자가 될 수 있습니다.

물론 돈을 잘 버는 사람들에겐 돈 잘 버는 '은사'가 주어졌다고도 말할 수 있습니다. 돈이 어디로 모이는지, 어떻게 해야 그 돈을 얻을 수 있는지 이재에 밝은 사람들이 분명 존재합니다.

그러나 돈을 버는 데 보통의 실력을 가진 보통 사람들의 가정에서는 기본적인 원칙만 잘 지켜주면 큰 부자는 아니어도 필요한 만큼의 여유를 얻을 수 있다고 저는 믿습니다.

기본적인 원칙, 그것은 바로 '심플 라이프(simple life)'입니다. 직역하면 '단순한 삶'을 뜻합니다. 생활을 단순화시키는 것이지요. 희망예산이 있고 필요예산이 있다면 그것을 현실에 맞게 최대한으로 절약하며 사는 삶입니다. 사실 절약하지 않

으면 아무리 돈을 많이 벌어도 가난해질 수밖에 없지만, 절약하고 살면 비록 수입이 적어도 '티끌 모아 태산'이란 말처럼 언젠가는 가난에서 벗어날 수 있습니다.

무엇보다 아내나 남편의 내면세계가 건강하고 넉넉할 때 이 절약의 삶은 가능합니다. 늘 외모 콤플렉스나 허영심, 열등감에 젖어 있다면 소비 중심적인 삶을 살 수밖에 없고, 결국은 가난의 굴레를 벗어나기 어렵습니다. 절약을 해도 그 절약의 참된 의미를 모르는 까닭에 스스로 불행하다고 느끼며 궁색한 삶을 살아갑니다. '난 왜 이렇게 사는 거야? 남들은 좋은 남편 만나 펑펑 쓰며 살아가는데…' 이런 마음을 가진 사람은 일관성이 없어서 금방 소비 중심적인 삶을 살아가게 됩니다.

이와 반대로 물질 지상주의의 가치관을 가졌기 때문에 억척같이 절약하는 사람은 절약 그 자체가 우상이 되므로 주변 사람들을 매우 힘들게 합니다. '자고로 사람은 돈이 있어야 사람대접을 받는 거야. 돈이 있어야 돼. 그러려면 아끼고 또 아껴야 해.' 그렇게 해서 절약하며 살면 그건 절약이 아니라 궁상이 된다는 사실을 기억해야 합니다. 삶의 순간순간을 그 자신이 누리지도 못할 뿐더러, 주변 사람들을 절약이라는 잣대로 정죄하면서 피곤하게 하는 사람이 되는 것입니다.

그러나 내면세계가 하나님의 은혜로 강건한 사람은 절약을 해도 여유롭습니다. 절약 그 자체를 즐길 줄도 알지만 절약하면서도 풍요로운 삶을 살 수가 있습니다.

저는 하나님의 은혜로 비교적 수입이 좋은 직장에서 일을 했습니다. 그러나 지금은 수입이 한 푼 없는 실직자로 살아가고 있습니다. 그러나 아내도 저도 현직 의사일 때의 생활수준이나 지금이나 별반 차이가 없음을 실감합니다. 그때나 지금이나 늘 풍요롭습니다. 우린 그때나 지금이나 한마음으로 'simple life'의 삶을 살고 있기 때문입니다. 아내는 단 한 번도 명품 옷을 사 본 적이 없습니다. 한국에 나올 때 2-3만 원짜리 신발을 사 갖고 들어가면 몇 년 동안 그 신발을 얼마나 잘 신는지 모릅니다. 그래도 아내는 어느 누구보다 아름답습니다. 그 내면이 누구보다 알차고 소박하기 때문입니다. 작은 것에 감동하고 작은 것을 치장해도 별처럼 빛납니다. 더군다나 저는 자신을 잘 가꾸는 여자를 좋아하기 때문에 아내는 열심히 자신을 관리합니다. 운동해서 건강을 관리하고, 값싼 옷도 센스 있게 코디를 해서 멋지게 소화를 해 냅니다.

우린 평생을 그렇게 살았습니다. 얼마 전 한국에 나왔을 때도 지하철을 타고 가다가 남자 서류가방이 너무 좋아 보여서 가격을 물었더니 2만 원이라고 했습니다. 지금 저는 그 가방을 들고 전 세계를 누비고 다닙니다. 그리고 아내와 함께 이런 말을 나눕니다.

"우리 자신이 명품인데 뭐 하러 명품 신발이나 명품 옷한테 신세를 지냐? 옷이나 신발이 명품인 우리에게 신세를 지면서 고마워하도록 해야지. 안 그래?"

"맞아요. 맞고말고요."

우린 이처럼 소박한 옷과 가방을 들고 다녀도 누구보다 행복합니다.

그러나 제가 근무하는 병원의 한 의사는 하루에 2만 불을 벌고 누구보다 으리으리한 집에서 살아도 행복하지 않았습니다. 제가 그 집에 가 보고, 또 그 사람의 삶을 보면서 저는 더욱 결심했습니다.

'나는 더 이상 많은 돈을 벌려고 애쓰지 않겠다!'

부자들이 얼마나 불안한 삶을 사는지, 돈 때문에 얼마나 상처를 받고 상처를 주며 사는지, 얼마나 교만한지 우리들은 짐작할 수 있습니다. 생각해 보십시오. 만약 우리가 5천만 원이 든 가방을 매일 들고 다닌다고 해 보십시오. 맘 편하게 길을 걸을 수 있을까요? 누가 조금만 쳐다봐도 불안해서 편하게 길을 걷지 못할 것입니다. 결국 돈의 지배를 받는 인생이 될 수밖에 없다는 것입니다.

즐겁고 여유 있게 절약하고, 넉넉하게 나누고, 성실하게 일하는 삶, 그런 삶이야말로 가장 행복한 삶입니다. 그러므로 아내든 남편이든 건강한 경제관을 갖는 것이 재정적 안정감을 갖기 위한 첫걸음임을 잊지 말아야 합니다. 그 경제관으로 어떻게 돈을 모을지, 어떻게 사용할지, 어느 정도를 경제 목표로 잡고 어디서 어떻게 절약하며 살지, 어떻게 베풀지를 함께 머리 맞대고 상의하는 가운데 성실하게 노력할 때 가정 경제의 문은 열릴 것입니다.

가정에 **헌신하는 당신,** 멋있어요

아내가 남편에게 원하는 다섯 번째 요구사항은 "가정에 헌신하라"는 것입니다. 가정적인 남편, 리더십을 발휘하는 아버지, 영적인 제사장으로서의 남편의 모습을 기대한다는 사실입니다. 한마디로 아내는 '가족들로부터 존경받는 남편상'을 간절히 원합니다. 더불어 친정을 포함한 친인척 관계에서도 남편이 그 관계의 고리를 잘 이어가는 사랑의 메이커가 되어 주기를 바랍니다.

이것은 아내가 원하는 남편상이 얼마나 정신적이고 영적인가를 말해 주는 대목입니다. 아내가 중요하게 생각하는 단어들은 이런 것들입니다. 관계, 사랑, 대화, 헌신, 보살핌, 영혼…. 그러므로 남편이 가장 남편답게 보일 때는 제사장으로서의 남편의 영적 역할을 잘 수행할 때입니다. 가정예배를 드리며 예배를 은혜롭게 인도하는 모습을 볼 때 아내는 저절로 남편을 존경하게 되고, 그때 비로소 아내는 남편이 가족들을 사랑하며 헌신하고 있다는 사실을 믿고 인정하게 됩니다.

'내 남편이 이렇게 우리 가정을 품고 예배를 드릴 만큼 우리 가족을 사랑하고 있구나.'

아내의 머리가 남편이기에 남편이 가정의 제사장으로서 영적 능력을 수행하는 일은 매우 중요합니다. 그러나 우리는 두 가지 사실을 기억해야 합니다.

첫째, 남편이 가정의 제사장이라는 사실은 맞지만 가정의 실질적인 영적 분위기를 주도하는 사람은 아내라는 사실입니다. 데이트를 할 때도 데이트를 이끄는 사람이 누구입니까? 남자가 아닌, 여자입니다. 이것은 분위기를 주도하는 힘을 여성이 갖고 있다는 뜻입니다. 가정의 분위기만 해도 보통은 어머니들이 주도하지 아버지들이 주도하지 못합니다. 가정에 어떤 기류가 흐르고 있는가 하는 것은 아내의 역할에 달려 있습니다. 가정예배를 드리는 문제에 있어서도 남편이 주도적으로 예배를 드리자고 하는 일은 매우 드뭅니다. 물론 저희 가정은 제가 가정예배를 주도적으로(너무 주도적으로 이끌어서 문제가 되기도 했습니다만) 이끌었지만, 대부분의 가정에서는 남편들이 "자, 가정예배 드립시다" 하며 분위기를 이끌어 내지 못합니다. 왜냐하면 남편들은 퇴근하면 쉬고 싶고, 눕고 싶고, 긴장을 풀고 싶기 때문입니다.

그럴 때 현명한 아내라면 가정예배의 분위기를 잘 유도해서 가정예배 속에서 남편이 쉼을 누리고 영적 권위를 찾도록 도와줘야 합니다. 처음엔 1주일에 하루만 드려도 좋습니다. 그날은 미리 가정예배 드리는 날로 정하고 정한 시간이 되면 아이들을 불러 모아 예배의 멍석을 깔아놓으면 남편은 함께 동참할 수밖에 없습니다. 이때 정말 현숙한 아내는 남편을 통해 선포되는 말씀에 "아멘!"으로 화답하며 남편의 영적 권위를 높여주고, 남편이 영적 제사장의 역할을 다하도록 보이지 않게 돕는다는 사실입니다. 그렇게 영적인 질서가 가정 내에 잘 자리 잡으면 남편은 자연스럽게 존경받는 사람이 되어 갈 것입니다.

그렇게 되기 위해서는 두 번째로, 남편이 늘 하나님과 가까이 하는 삶을 살아야 합니다. 공급받는 은혜가 없다면 절대로 무언가를 흘려보내지 못하는 사람들이 바로 우리들입니다. 하나님과의 교제가 없는데도 억지로 영적인 권위를 내세우려 한다면 얼마 못 가 그 바닥이 드러날 수밖에 없습니다. 영성은 흘러나오는 것이고 흘려보내는 것이어야 합니다. 늘 주님을 사랑하고 주님을 닮으려 하는 남편, 그런 남편에게선 어떤 식으로든 영적 권위가 흘러나오게 되어 있습니다. 그리고 그렇게 영적인 제사장직을 잘 감당할수록 남편의 존재 이유가, 이 땅에 가정을 허락하신 하나님의 섭리가 깨달아지기에 기쁨과 감동은 커져만 갑니다. 저는 부디 이 비밀을 알아가는 남편들이 더욱 많아져서 가정의 진정한 행복을 찾아 누리는 남편들이 이 땅에 넘쳐나기를 간절히 소망합니다.

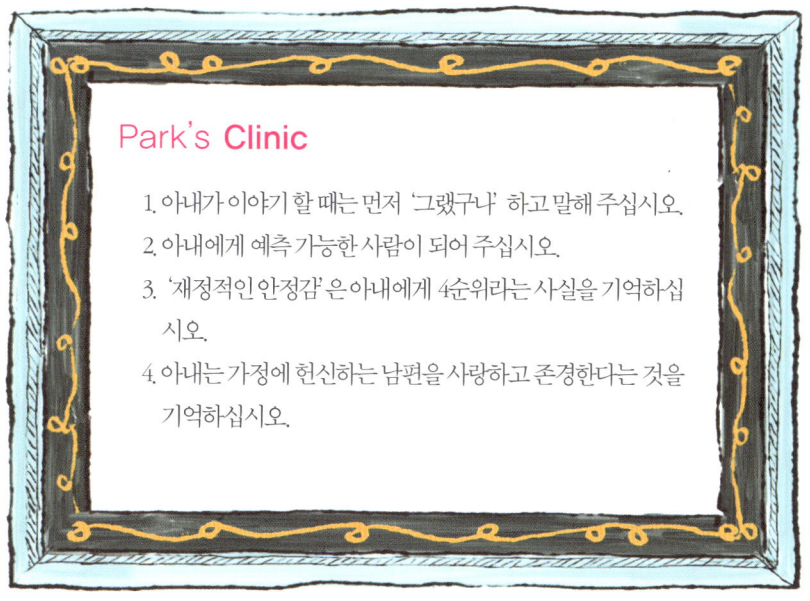

Park's Clinic

1. 아내가 이야기 할 때는 먼저 '그랬구나' 하고 말해 주십시오.
2. 아내에게 예측 가능한 사람이 되어 주십시오.
3. '재정적인 안정감'은 아내에게 4순위라는 사실을 기억하십시오.
4. 아내는 가정에 헌신하는 남편을 사랑하고 존경한다는 것을 기억하십시오.

3. 남편, 이들은 과연 누구인가?

결혼한 남자가 아내를 향해 가장 갈망하는 것은 '성적 만족감'이다.

성적 만족감이 **1순위인 사람**

앞에서는 아내가 남편에게 원하는 다섯 가지 필요(need)를 살펴봤다면, 여기에선 결혼생활에서 남편이 아내에게 원하는 다섯 가지 필요를 나눠보도록 하겠습니다.

먼저 살펴본 바대로 우리는 아내가 남편에게 바라는 점들이 일반적인 상식을 약간씩 벗어난다는 점을 발견했습니다. 아내들은 우리의 생각보다 훨씬 더 정신적이고 내면적인 것에 가치를 두고 남편을 바라본다는 사실입니다.

그렇다면 남편은 어떨까요? 남자들은 우리의 생각보다 좀 더 육체적이고도 단순한 희망사항을 갖고 있다고 생각하면 틀리지 않습니다.

일반적으로 결혼한 남자는 사랑하는 여자인 아내에게서 성적 만족감을 가장 충족 받고 싶어 합니다. 물론 이 말은 성적 만족감이 결혼생활의 모든 문제를 푸는 마스터키라는 뜻은 결코 아닙니다. 이 문제가 해결되더라도 또 다른 문제에 얼마든지 걸려 넘어질 수 있는 게 부부인 까닭입니다. 성품의 문제, 기질의 문제 때문에 외도하는 남편들 또한 적지 않습니다.

그러나 남편들이 외도를 하는 가장 큰 원인으로 성적 불만족을 지적한다는 사실을 기억하시기 바랍니다. 이는 남편이 결혼생활에서 무엇을 가장 갈망하는지를 짐작하게 해 주는 대목입니다.

얼마 전 저는 매체를 통해 어느 부부의 이혼 스토리를 보았습니다. 기사 내용으로는 이혼을 당한 남편이 '희대의 바람둥이'로 묘사되어 있었습니다. 그도 그럴 것이 남편은 결혼 6개월 만에 불륜 현장을 아내에게 들키고 말았는데, 당시 남편이 그런 식으로 불륜 관계를 맺고 있었던 여자만 해도 여섯 명이었다고 합니다. 한 사람도 아니고 여섯 명과 날을 바꿔가며 성관계를 맺었다니 아내의 충격이 얼마나 컸겠습니까? 이내 아내는 간통죄로 남편을 고소했다가 결국 시부모와 남편의 간곡한 사죄와 설득으로 고소를 취하, 합의금 10억 원을 받고 이혼을 했다고 합니다. 그렇다면 왜 그 남편은 그런 불륜 행각을 벌였던 걸까요? 그에 대한 해명은 기사에서도 아주 짧게 기록되어 있었습니다.

"결혼 후 이 남편은 부부관계에 잘 응해 주지 않는 아내 때문에 스트레스를 받아오다가 사업차 만난 한 여자와 관계를 갖게 되었고, 그때부터 걷잡을 수 없이 섹스 중독에 빠져들게 되었다."

저는 기사를 읽으면서 바람난 남편 때문에 상처 받은 아내도 가엾지만 섹스 중독에 빠지게 된 그 남편 또한 딱했습니다. 외도한 남편의 죄는 크지만, 그가 그 지경까지 가게 된 배경에 대해서도 우리가 한 번쯤은 생각해 봐야 한다는 뜻입니다.

남자들은 결혼 적령기에 이르기까지 폭발적으로 끓어오르는 성적 욕망을 절제하기가 매우 어렵습니다. 그 어려움을 헤치고 결혼까지 이르렀기 때문에 결혼생활에서 남자는 성적 불만족의 스트레스를 제어하기가 더 힘이 듭니다. 그런 상황에서 아내가 성관계를 갖는 데에 수동적일 뿐더러 그런 남편을 짐승 취급까지 한다면 남편은 갈 데가 없습니다. 스트레스를 해소할 길도, 성적 욕망을 잠재울 길도 찾을 수가 없었을 겁니다. 그렇다고 해서 외도의 길을 택한 남편이 잘했다는 뜻은 결코 아닙니다. 끝까지 아내와 함께 문제를 풀어갔어야 했습니다.

하지만 아내 역시 결과적으로 남편이 잘못된 길을 택하도록 방조한 셈이 되고 말았습니다. 남편은 외도하기 전까지만 해도 자신이 여성 편력이 있고 섹스 중독의 여지가 있는 사람이라곤 생각지도 못했을 것입니다. 각종 중독자들은 다 그렇습니다. 마약 중독, 알코올 중독, 게임 중독에 빠지기 전까지는 자신이 그런 사람이 되리라고는 상상조차 안 합니다. 그러나 중독증에 걸리는 사람들 대부분이 그럴 만한 이유가 있었다는 사실을 우리는 기억해야 합니다. 중독 자체가 주는 쾌락과 달콤함에 빠져 사는 것은 잘못이지만, 그 원인을 제공한 주변 사람들의 실수는 없는지를 살펴봐야 한다는 것입니다.

제가 전 세계를 다니며 부부세미나를 해 보면 아직도 신앙심이 깊은 많은 아내들이 성에 대해 얼마나 왜곡된 자세를 취하고 있는지를 알게 됩니다. 남편이 자꾸만 밤에 추근대면 '요즘 우리 남편이 큐티도 안 하고 성경도 안 읽더니 사람이 금방 티가 나네. 성령충만해야 할 사람이 완전 성 충만해졌어.' 이렇게 생각한다는 것입니다.

그러나 아내는 알아야 합니다. 믿음 좋은 남편일수록 아내에게 더 많이 추근댄다는 사실을…. 믿음이 좋을수록 다른 여자한테는 시선을 안 돌리기에 아내에게 더 추근댈 수밖에 없지 않겠습니까? 그런데 정작 아내는 남편이 달려들면 "사탄아 물러가라"든지, "그럴 시간 있으면 성경이나 더 읽으세요"라고 면박을 줍니다. 그럴 때 남편은 완전히 고난 중에 빠져드는 것이지요.

이런 태도는 성경에서 말씀하는 '성'에 대한 올바른 태도라고 하기 어렵습니다. 하나님께서는 태초에 인간을 창조하시고 이렇게 말씀하셨습니다.

"이러므로 남자가 부모를 떠나 그 아내와 연합하여 둘이 한 몸을 이룰지로다"(창2:24).

둘이 한 몸을 이룬다는 표현은 마음과 영의 하나 됨을 뜻하기도 하지만 가장 깊은 뜻은 육체적으로 하나가 되라는 의미입니다. 성적 관계를 뜻하는 말씀이지요. 남편이 아내의 가장 깊은 곳에 들어가 남성의 능력을 발휘하며 둘이 하나 됨을 이루라는 것입니다. 그렇게 몸과 몸이 가장 밀착된 상태에서 서로가 하나 됨을 느끼며 "당신과 나는 하나다!"라고 고백할 때 크리스천 부부의 성관계는 육적인 결합의 의미만이 아니라 영과 혼이 결합하는 의미까지도 지닌다고 말할 수 있습니다.

왜 그렇습니까? 성경에서는 남자가 아내가 아닌 다른 여자와 성관계를 맺으면 그것은 다른 범죄와는 다른 차원의 큰 범죄로 취급하고 있기 때문입니다. 창기와 몸을 섞으면 그것은 그 자체로 창기와 한 몸을 이루는 것이기 때문에 창기의 몸이 됩니다. 성경에서는 성관계를 그만큼 중요하게 말씀합니다. 단순한 쾌락, 오르가즘이 성관계의 목표가 아닙니다. 성관계를 갖는 궁극적인 이유, 그것은 한 몸 됨, 하나 됨을 이루는 것입니다.

따라서 크리스천 부부의 성관계는 하나 됨을 이루는 아름다운 축복 그 자체입니다. 우리는 이 하나님의 축복을 단순한 육체적인 쾌락으로 추락시켜서 터부시하거나, 오르가즘을 느끼는 하나의 수단으로만 취급하고 맙니다. 이것은 성을 창조하신 하나님을 모독하는 일입니다.

그럼에도 불구하고 많은 크리스천 아내들은 유교적인 관습에 영향을 받아 남편의 성적 요구를 거부하거나 적극적으로 응해 주지 않습니다. 그러면 남편은 어떻게 되겠습니까? 아내가 거부하는 대로 얌전하게 성욕을 중지시키는 게 아니라 성적 욕구가 축적되고 축적되어 나중에는 모든 치마 입은 여자들이 다 예뻐 보이기 시작합니다. 시선이 자꾸만 여자의 다리 쪽에 머물면서 머릿속은 음란한 상상으로 얼룩이 져 갑니다.

이런 면에서 본다면 남편과의 성관계를 계속 거부하는 아내는 이기적인 사람입니다. 남편의 필요에 대해 눈을 감아버린 셈이 되기 때문입니다.

이와 달리 아내와 만족스런 성관계를 하고 난 남편은 얼마 동안 어떤 유혹이 들어와도 눈 하나 깜빡이지 않게 됩니다. 거기다 존경심과 신뢰까지 받는 남편은 더욱 굳세게(?) 자신을 지켜나갑니다.

그러다 얼마의 시간이 지나면 남자의 정액이 고환에서 만들어지면서 정낭이라는 곳에 머뭅니다. 그곳은 일종의 정류소와 같은 곳으로 그곳에 계속 정액이 쌓이면 마음속에서 "빵빵"거리는 신호가 들려옵니다. 출발을 해야 한다는 신호이지요. 일종의 배설 욕구입니다. 그래서 남자들은 주기적으로 성관계를 하고 싶은 겁니다. 20대에는 정낭에 정액이 차는 속도가 초스피드라면 30대, 40대로 갈수록 그 속도는 차츰 느려집니다. 정액이 차는 속도에 따라 성적 욕구의 빈도가 결정된다고도 할 수 있습니다.

그렇게 욕구가 찾아오면 남편은 아내에게 관계를 요구합니다. 그러나 아내가 만약 남편의 요구를 들어 주지 않으면 남편은 할 수 없이 자위행위를 통해 정액을 배설하거나 다른 여자를 찾아가거나 또는 아내에게 괜히 시비를 걸게 되며 아내가 미워집니다.

"반찬이 이게 뭐야?"

"옷이 이게 뭐야?"

그럴 때 아내는 얼른 알아차려야 합니다. '아, 찼구나!' 이렇게 생각하고 그에 따른 반응을 얼른 취해 주면 되는 것입니다.

그런데 대부분 어떻게 처리합니까? "왜 맨날 신경질이야?"라며 서로 치고 받는 싸움을 하고 맙니다. 고린도전서에서는 부부관계를 이렇게 말씀하고 있습니다.

"아내가 자기 몸을 주장하지 못하고 오직 그 남편이 하며 남편도 이와 같이 자기 몸을 주장하지 못하고 오직 그 아내가 하나니 서로 분방하지 말라 다만 기도할 틈을 얻기 위하여 합의상 얼마 동안은 하되 다시 합하라 이는 너희의 절제 못함을 인하여 사단으로 너희를 시험하지 못하게 하려 함이라"(고전7:4-5).

이 말씀의 뜻은 무엇입니까? 남편의 몸은 아내가 주관하고, 아내의 몸은 남편이 주관하라는 것입니다. 남편이 요구할 때 아내는 거절하지 말고, 아내가 요구할 때 남편도 거절하지 말라는 말씀입니다. 특별한 이유 없이 계속 남편이나 아내를 거절하는 것은 사단에게 내 배우자를 시험하도록 내어 주는 결과를 낳기 때문입니다.

그러므로 아내나 남편은 성관계를 통해 서로 상대방을 배려하고 기쁘게 해줄 수 있도록 적극적으로 기술과 실력을 쌓아야 하며 노력해야 합니다. 그럴 때 비로소 (성관계를 통해) "둘이 한 몸을 이루라"고 하신 하나님의 마음을 알게 됩니다. 이러한 사랑의 기술, 성관계를 아름답고 조화롭게 가져가는 서로의 노력과 배려에 대해서는 5장에서 자세히 다루도록 하겠습니다.

칭찬과 존경에 녹는 사람

　남편이 결혼생활을 통해 얻고 싶은 두 번째 필요는 칭찬과 존경입니다.
　모든 사람은 역시 존경과 사랑을 받을 때 자신의 존재감을 확인합니다. 더군다나 남자는 여자의 도움이 절대적으로 필요한 존재이기 때문에 아내가 남편에게 칭찬과 존경을 표현하여 힘을 실어 주는 일은 남편에게 날개를 달아 주는 것과 같습니다. 평생 날아보지 못하던 남자가 결혼과 함께 멋있게 비상하는 모습을 우리는 종종 보지 않습니까? 아내를 잘 만났기 때문입니다. 남편에게 꼭꼭 숨겨져 있던 장점을 발견하여 칭찬해 주고 격려해 줌으로써 남편은 이제껏 한 번도 펴보지 못했던 어깨를 펴게 되는 것입니다.
　그런 면에서 남자는 돈이 많거나 똑똑한 여자를 만날 때보다 칭찬과 존경의 말을 표현할 줄 아는 여자를 만났을 때 가장 수지가 맞습니다. 남자가 돈 많은 여자를 만나면 게을러지고, 똑똑한 여자를 만나면 주눅들지만, 존경과 칭찬을 건네는 여자를 만나면 삶에 활력이 넘치고 재미를 느끼기 때문입니다. 그런 남편은 능동적으로 변하기 때문에 일도 더 열심히 잘하게 되어 있습니다.
　보통 사람들은 남편의 단점을 보면 고쳐 주려고 애를 씁니다. 그러다보니 가정 내에서 남편이 자주 듣는 이야기가 잔소리가 될 수밖에 없습니다.
　"당신은 그게 문제예요."
　"당신 왜 그렇게 사람이 둔해? 좀 알아서 잘 해 주면 안돼?"

"미리미리 준비해야지, 왜 그렇게 일을 닥쳐서 해요?"

이런 이야기를 아내로부터 매일 듣는다면 과연 그 남편에게 '변화'라는 게 일어날까요? 변화가 일어나긴 일어납니다. 아내의 말을 한 귀로 듣고 한 귀로 흘려보내는 변화. 틀림없이 그런 변화가 일어납니다. 그것은 살아남기 위한 본능적인 자기 보호와 방어의 결과입니다. 그렇게 대응하지 않으면 스스로가 못 견뎌서 도저히 살 수가 없기 때문입니다. 이것은 마치 잔소리를 매일 듣는 아이들이 오히려 부모의 말에 순종하지 않고 반항하는 이치와 비슷합니다. 그래서 아내로부터 칭찬과 존경을 받지 못하는 남편들은 밖에 나와서도 수동적이며 방어적인 자세로 살아가게 됩니다. 타인의 말을 적극적으로 받기보다는 일단 자신을 방어하고부터 보는 것입니다.

그러므로 배우자에게 꼭 해 줘야 하는 충고나 조언이 있다면 "열 번 칭찬한 후에 한 번 조언하라"는 말도 있습니다. 그것은 단순히 충고를 받는 상대방을 먼저 얼레주기 위해서가 아닙니다. 진심어린 격려는 자존감을 높여주기 때문에 어떤 어려움도 헤쳐 나갈 수 있는 마음의 내성을 키워 줍니다. 또한 칭찬을 자주 해 주면 조언을 하는 상대방에 대해서도 신뢰감이 생깁니다. 그래서 열 번 칭찬한 후에 한 번 권면을 하면 그 권면을 권면으로 받아들일 수 있는 것입니다.

그러나 많은 사람들은 대부분 결혼과 함께 '남편 단점 고치기 5개년 계획'에 들어갑니다. "고마워요." "잘하셨어요." "당신 존경스러워요." "자랑스러워요." "참 믿음직스러워요." "당신은 잘할 거예요." 등등의 천국 방언을 냉장고에 붙여 놓고 하루에 한 가지씩이라도 실천하면 가정에 웃음꽃이 필 텐데, 대부분은 "오늘은 이 단점을 고쳐 주세요." "내일은 저 단점을 고쳐 주세요"라는 단어를 냉장고에 붙여 놓고 삽니다. 그래서 더 악순환의 고리가 끊어지지 않습니다.

결혼한 지 15년 된 한 부부가 있었습니다. 신혼기에는 부부도 남들처럼 서로 사랑하며 행복하게 살았습니다. 아내도 남편 말에 순종하고, 남편도 아내를 잘 도와주었습니다. 그런데 언제부터인가 남편은 아내에게 무척이나 무심한 태도를 보였습니다. 아내가 어떤 이야기를 해도 즉각적인 반응을 보이지 않는 것이었습니다.

"여보, 부엌 형광등이 또 고장 났어. 아이 짜증 나. 형광등 좀 바꿔 줘."

신혼 때 같으면 고장 났다는 말이 나오기도 전에 미리미리 살펴서 도와주던 남편. 그 남편이 이제는 아내의 그 말에도 꼼짝을 안 합니다. 보던 신문만 열심히 쳐다봅니다.

"왜 대답을 안 해? 형광등 좀 고쳐 달라니까?"

"알았어. 내일 고쳐 줄게."

마지못해 대답하는 남편은 여전히 아내가 힘들어 하는 부분에 대해서는 관심도 없어 보입니다.

'미쳐, 미쳐! 내가 저 인간 때문에 살 수가 없어. 내가 저런 인간하고 계속 살아야 해?'

답답한 아내는 속을 끓이다가 다음날을 기다려 보았습니다. 그러나 퇴근하고 돌아오는 남편 손에는 아무것도 들려 있지 않았습니다.

"내가 형광등 고쳐 달라고 몇 번을 얘기했어? 내가 정말 못 살아, 못 살아."

아내의 그런 모습에 남편은 잠시 머쓱해 하더니 이내 안방에 들어가 벌렁 드러누운 채 텔레비전을 보고 있습니다. 그 다음날부터 아내는 치사한 마음이 들어 형광등 얘기는 꺼내지도 않았습니다. 대신 남편이 언제 형광등을 고치는지 두고 보자는 심사로 매일 남편을 예의 주시했습니다. 그러나 예의 주시한들 뭐가 달라지겠습니까? 남편은 그저 '이 사람이 점점 더 눈 꼬리가 올라가네'라고 생각할 뿐, 행동의 변화는 전혀 보여주지 않았습니다.

결국 아내는 그 동네의 상담가를 찾아갔습니다.

"우리 남편이요, 언젠가부터 내 말에 귀를 기울이지를 않아요. 도대체 이런 결혼생활을 계속 이어가야 합니까, 말아야 합니까?"

부인의 얘기에 상담가는 다른 아무 말도 없이 그저 이런 처방을 내려 주었습니다.

"오늘부터 내가 숙제를 내줄 테니 1주일 동안 숙제를 푼 다음에 다시 나를 찾아오세요. 오늘부터 하루에 한 가지씩 남편의 좋은 점을 칭찬해 주는 겁니다. 칭찬만 해 주고 절대 바가지는 긁지 마세요. 그리고 날마다 오늘은 어떤 점을 어떻게 칭찬했는지를 노트에다 기록하시고, 그 노트를 1주일 후에 내게 가져오세요."

숙제를 받아든 아내는 상담가의 의도는 잘 모르지만 일단 숙제를 해 가보기로 결심합니다. 그래서 그날 저녁, 밥상머리에 앉은 채 식사하는 남편의 얼굴을 물끄러미 바라보면서 생각에 잠깁니다. '도대체 이 인간의 뭐를 칭찬해 줘야 하나?' 하는 생각에 남편 얼굴을 자세히 바라보다가 남편의 이발한 모습이 눈에 들어왔습니다. '옳지, 이걸 칭찬해 줘야 되겠구나' 다른 때 같으면 이발을 했는지 안 했는지도 모를 판국에 그날은 아내가 입을 열어 남편을 칭찬해 줬습니다.

"당신, 오늘 퇴근길에 이발했군요. 아주 산뜻하고 젊어 보이네요."

칭찬을 하자마자 가장 힘든 반응을 보인 사람이 누구였을까요? 다름 아닌 아내였습니다. 아내는 막 닭살이 돋아나는 걸 느끼고는 얼른 물 꺼내는 척하며 냉장고 쪽으로 가버렸습니다. 그리고 속으로 말합니다. '아이고, 닭살 돋아!' 그래도 어쨌든 아내는 그날 저녁, 상담가가 내준 숙제를 무사히 마치고 노트에다 "첫째 날, 이발하고 온 남편을 칭찬했다"고 기록할 수 있었습니다.

다음날이 되었습니다. 다음날 저녁에도 퇴근하고 돌아온 남편을 보자 아내는 입이 근질근질했습니다. 아내가 보기에 한심스러운 모습이 한두 가지가 아니라서 바가지를 긁고 싶었던 것입니다. 그러나 1주일 동안은 상담가의 숙제를 충실히 하기로 했기에 꼭 입을 다문 채 칭찬거리를 찾기 위해 남편의 행동을 주시했습니다.

그런 아내의 속도 모르고 식사를 마친 남편은 무심히 거실로 향했고, 여느 때처럼 아이들이 어질러 놓은 장난감이 남편 발에 걸려들었습니다. 그런데 다른 때 같으면 십중팔구 발로 툭 차버릴 남편이 그날따라 무슨 심산인지 어질러진 아이들의 장난감을 한쪽으로 밀어 놓고 가는 것이었습니다. 그 모습을 본 아내는 이때다 싶어 얼른 칭찬을 해 줬습니다.

"어머나! 당신, 애들 장난감도 한쪽으로 치워 주다니. 여보, 고마워요."

그 순간, 아내는 다시 마구 돋아나는 닭살을 감당하지 못해 얼른 설거지를 하기 시작했습니다. 그리고 노트에다 이렇게 기록했습니다. "아이고, 오늘은 애들 장난감 치워 줘서 고맙다고 칭찬했다. 오늘도 숙제 완료!"

그리고 셋째 날. 퇴근하고 돌아오는 남편 손에는 전에 없이 뭔가가 들려 있었습니다. 무엇이었을까요?

꽃이라고요? 천만의 말씀입니다. 그것은 바로 형광등이었습니다. 남편은 형광등을 들고 성큼성큼 부엌으로 향하더니 의자 위로 올라가 형광등을 딱 갈아 끼웠습니다. 그러더니 이번엔 차고로 가서 몇 달째 고장 나서 너덜거리는 문의 나사못을 바꿔 주는 것이었습니다. 그리고 돌아서서 하는 말, "여보, 뭐 더 고장 난 거 없어?" 이 말에 아내는 너무나 감격해서 진심어린 감사를 표했습니다. "여보, 고마워요."

그 고백을 함과 동시에 아내에겐 깨달음이 왔습니다.

'내가 두어 번 칭찬했더니 남편이 이렇게 달라지는구나. 남편은 그동안 칭찬에 목이 말랐었구나.'

어떻습니까? 이 이야기가 그저 남의 집 이야기로만 들리십니까?

기억하시기 바랍니다. 남편은 칭찬과 존경을 받을수록 아내가 원하는 사랑 어린 보살핌을 베풀 수 있다는 사실을. 존경받고 칭찬받는 만큼 그만큼 넉넉한 사랑의 소유자가 된다는 사실을.

'홈 스위트 홈'을 꿈꾸는 사람

우리가 일반적으로 '행복한 가정' 하면 떠오르는 이미지들이 있습니다. 열심히 일한 남편이 돌아올 때 "수고하셨죠?"라며 반갑게 맞아 주는 아내, "아빠" 하고 와락 달려드는 사랑스러운 아이들, 보글보글 끓는 된장찌개 냄새, 잘 정돈된 쾌적한 집안, 함께 나누는 식탁에서의 위로, 조용히 마시는 따뜻한 차 한 잔, 잠자리에서 사랑스럽게 응해 주는 아내….

일반적으로 남편들이 '홈 스위트 홈'을 꿈꾸는 이미지들입니다. 이런 분위기를 남편이 갈망하는 것은 기가 세어 보이는 남편이라 할지라도 사실은 그 내면에 많은 걱정과 불안을 안고 있기 때문입니다. 살아남기 위해 치열한 생존경쟁의 사회에서 잔뜩 긴장하며 숨 죽였던 자신이 가정이라는 울타리 안에서 만큼은 마음 놓고 숨쉬고 싶은 것입니다.

그래서 남자는 아내가 자신의 가장 열렬한 팬이길 바랍니다. 자신을 위해 적극적으로 응원해 주고 안식과 기쁨을 주는 베스트 치어리더를 원하는 것입니다.

그런데 요즘은 맞벌이 부부가 많은 까닭에 이런 분위기를 연출하기가 상당히 어렵습니다. 아내 또한 집안에 들어올 때 남편처럼 심한 과로에 짓눌려 있습니다. 문제는 그런 아내를 이해하면서도 남편은 자신을 위해 아내가 치어리더가 되어 주기를 원하는 욕구가 사라지지 않는다는 점입니다. 그러므로 맞벌이 부부의 아내는 일과 가사노동, 자녀교육에 대한 자신의 부담을 남편과 솔직하게 상의하면서 어떻게 해야 행복한 가정 분위기를 연출할 수 있을지 지혜를 모을 필요가 있습니다. 남편은 남편대로 따뜻한 보살핌을 받기 원하는 아내의 욕구를 잘 수용할 줄 알아야 합니다.

결론적으로, 아내나 남편이 언제나 빨리 들어가고 싶은 마음의 안식처와 같은 집을 가꾸는 일이야말로 가장 가치 있는 일일 것입니다. 그러므로 기왕 청소할 거라면 되도록 남편의 퇴근 시간 전에 해 놓고, 낮에 힘든 일이 있더라도 퇴근하는 남편을 일단 반갑게 맞아 주는 게 지혜로운 아내의 내조법입니다. 아이들에게도 아빠를 반갑게 맞이할 수 있도록 교육해야 합니다.

맞벌이 부부 같은 경우는 먼저 퇴근한 사람이 나중에 들어오는 배우자에게 이런 분위기를 제공해 주면 됩니다. 이것은 서로가 대화를 통해 그런 합의를 보는 것도 좋지만, 배우자 중 한 사람이 먼저 실천하면 됩니다. 전업주부처럼 완벽하게 청소를 해 놓진 못하더라도 찌든 냄새 제거를 위해 공기청정제를 뿌려 놓을 수도 있고, 미소로 반갑게 퇴근하는 배우자를 맞아줄 수도 있습니다.

이처럼 퇴근하고 돌아오는 남편이 조금이라도 더 빨리 집에 들어가고 싶도록 스위트 홈을 열심히 가꿔 가는 아내의 적극적인 모습이 이 땅에 더 많아지기를 기대합니다. 그런 분위기가 많이 연출될수록 남편과 아이들은 가정의 행복이 무엇인지를 느끼며 건강하게 성장해 나갈 것입니다.

외모를 잘 가꾸는 아내에게 감동하는 사람

　남자들은 청각적 자극에 예민한 여자와 달리 시각적 자극에 매우 예민합니다. 그래서 예쁜 여자를 보면 눈이 자연스럽게 따라가고, S라인 몸매를 지닌 연예인을 보면 침을 질질 흘리게 됩니다. 물론 인격이 성숙할수록 사람의 내면적 아름다움을 소중한 가치로 바라볼 수 있는 눈이 생겨나지만, 육신을 지닌 남자가 여자의 내면적인 아름다움만으로 온전히 만족하기는 거의 불가능합니다.

　생각해 보십시오. 아무리 내면의 향기가 가득 피어오르는 여자라 한들 머리는 산발해서 오래 된 꽃다발처럼 너저분하고, 입에선 입 냄새를 펄펄 풍기며, 옷에는 김치 국물이 잔뜩 묻어있다면 누가 그 여자 곁에 오래 머물고 싶겠습니까? 사람은 내면세계의 아름다운 모습조차도 질서가 잡혀 있지 않은 채 표출되면 거북한 반응을 보이게 되어 있습니다. 아름다운 생각, 아름다운 마음씨를 가졌다면 그 내면세계는 아름다운 언어나 행동과 옷을 입는 것으로도 표출될 때 진가를 발휘합니다. 앉은뱅이 걸인에게 다가가 빵을 손수 먹여 준 빵집 아가씨의 모습이 인터넷에서 화제가 되었던 것도 그런 이유입니다. 남을 도울 수 있는 마음이 아름다운 행동으로 표출될 수 있는 인격, 그 인격에 사람들은 열광하는 것입니다.

마찬가지로 하나님께서는 우리 각 사람에게 각각의 외면적 아름다움도 다 주셨다고 저는 믿습니다. 그렇다면 외면을 얼마나 매력적으로 가꾸어 표출하느냐 하는 것도 매우 중요하겠습니다. 어떤 향기가 나는 매력적인 옷으로 우리 자신을 표현하느냐의 문제도 시각적인 남편을 관리하는 데 있어 매우 중요하다는 사실입니다.

적어도 이 땅의 거의 모든 아가씨들은 이런 점에서는 매우 충실히 행동하는 편입니다. 비만이 되지 않기 위해 열심히 운동도 하고, 식사도 조절합니다. 값싸면서도 내게 어울릴 만한 옷들도 잘 골라서 입습니다. 말투는 최대한 매력적으로 하고, 자신의 외적인 매력을 돋보이게 하기 위한 노력도 열심히 합니다.

그런데 문제는 그런 모습에 남편이 반해서 결혼을 했는데 결혼해서 보니 완전히 다른 여자가 집에서 튀어나오더라는 것입니다. 대부분의 남편들은 이 사실에 매우 실망합니다. 겉으로는 "아직도 당신이 제일 예쁘지"라고 말하는 남편들조차도 속으로는 "웬만하면 눈곱은 좀 떼고 다니지"라고 말합니다. 결혼과 동시에 자신을 가꾸는 걸 완전히 잊고 사는 아내에게 남편은 여자로서의 감동과 재미를 잃어버립니다.

그러면 아내들은 항변할 말이 많을 겁니다. 애를 낳아 키워 봐라, 뻔한 살림에 피부 관리며 옷 관리를 어떻게 하냐, 어디 잘 차려 입고 나가려면 옷에다 신발에다 가방까지 우리 집 반달 생활비가 들어가야 장만할 수 있다 등등….

물론 여자들이 자신을 가꾸기 위해서는 많은 비용과 시간을 들여야 합니다.

그러나 남편은 그 정도까지 기대하는 게 아닙니다. 주어진 여건을 최대한으로 활용해서 매력을 가꾸라는 것이지, 여건을 넘어서서 도에 지나치게 해 버리면 남편은 그런 아내를 보고 감동을 받는 게 아니라 쓰러져 버릴 겁니다. 또한 생각보다 많은 사람들이 적은 비용으로 자신을 잘 가꾼다는 사실도 기억해야 합니다.

앞서도 말씀드렸지만 제 아내는 선물 받은 옷 외에 아직까지도 명품 옷이라곤 없습니다. 60이 다 되어가는 나이에 백화점에서 쇼핑 한 번 안 해 본 사람은 아내와 저 외에 별로 없을지도 모릅니다. 그러나 아내는 아직까지 어디를 다녀도 반짝반짝 빛이 납니다. 적어도 제 눈에는 그렇게 보입니다. 아내도 자신을 열심히 가꾸고, 저도 그런 아내를 열심히 도와줍니다.

비교적 젊었을 때의 일입니다만, 한번은 외출했다가 일찍 돌아와 보니 자다가 일어난 아내의 모습이 기가 막혔습니다. 머리는 풀어 헤치고 옷은 무슨 '몸뻬바지' 비슷한 걸 입고 있는데 갑자기 제 정신이 멍해지는 느낌이었습니다. 그래서 다음날 당장 옷을 몇 개 사왔습니다. 그리고 하나씩 입어보게 했습니다.

"어, 이게 제일 예쁘다. 당신한텐 이게 제일 잘 어울리네. wonderful!"

"그래요? 그렇게 예뻐요?"

그 옷은 제가 사온 옷 중에서 가장 값싼 옷이었습니다. 나머지 옷은 매장에 가서 돌려줄 요량이었지요. 그러나 그런 옷도 고맙게 받아서 기쁘게 입는 아내의 모습은 매력 그 자체였습니다. 무엇보다 밝고 화사하고 깨끗하게 정돈된 얼굴 모습과 아내의 몸가짐은 값싼 옷도 값비싸 보이게 했습니다.

　이런 남편의 마음을 아는지 아내는 그 후로 더욱 열심히 자신을 관리해 나갔습니다. 남편이 돌아오는 시간에 맞춰 헤어스타일도 정갈하게 하고, 복장도 다른 남자들 앞에 보일 때보다 더욱 신경 써서 입었습니다. 그런 아내의 꾸준한 노력이 지금의 매력적인 아내 모습을 만들어 놓은 것입니다.

　이렇게 자신을 가꾸기 시작하면 남편뿐만 아니라 아내 역시 생활의 활력과 자신감을 얻게 됩니다. 또한 남편과 아이들이 근사하고 화사하게 보일 때 아내가 기쁜 것처럼, 우리 가족들은 예쁘고 매력적인 엄마의 모습을 보며 기쁨을 누린다는 사실을 기억하시기 바랍니다. 자신을 열심히 가꾸는 것, 그것은 일석이조의 효과를 가져다 줍니다.

함께 놀 수 있는 **짝꿍**을 원하는 사람

　남편이 아내에게 취미생활의 짝이 되어 주길 원한다는 사실은 별로 중요하게 부각되지 않는 부분입니다. 그러나 의외로 많은 남편들이 이 부분에 갈증을 느낀다는 사실을 알아야 합니다. 부부는 사랑하는 연인이자, 더 깊게 들어가면 영혼의 친구입니다. 따라서 자신이 가장 즐거워하고 좋아하는 것을 함께하고 싶은 마음이 당연히 있습니다. 직장에서 일하는 것 외에 남편이 가장 즐기는 것에 아내가 동참해 줄 때 남편은 친구로서 아내의 존재를 확인합니다.

그러나 부부간에 취미활동을 공유하지 못하면 남편은 밖으로만 돌게 됩니다. 다른 여타의 친구들을 만나서 그 만족감을 대신 채워 넣는 것입니다. 함께 운동을 하거나 함께 차 문화를 즐기거나 함께 서점엘 가거나 함께 텃밭을 가꾸는 등, 남편과 공유하는 문화가 있으십니까? 만약 이런 문화가 전혀 없다면 지금부터라도 한 가지씩 만들어 보도록 하십시오. 하다못해 부부가 함께 앉아 오목이라도 둬 보면 취미생활의 짝꿍이 되는 게 왜 중요한지를 깨닫게 될 것입니다.

어떤 부부는 월급날 월급 갖다 주고, 밥 먹고, 자고 하는 것 외에 전혀 부부 사이의 대화거리가 없는 경우도 있습니다. 서로가 정서적으로 공감대를 가질 수 있는 부분을 못 찾기 때문입니다. 부부로 사는 것이 얼마나 즐겁고 신나는 일인지, 내 인생의 파트너가 어떤 사람인지를 확인하려면 취미생활을 같이 해 보면 쉽게 알 수 있습니다. 함께 산보를 하거나 함께 영화를 보거나(남편이 액션영화를 좋아한다면 당분간은 액션영화를 보러 가자고 졸라 보십시오), 함께 여행을 떠나 보십시오. 부부 사이에 놀라운 활력이 솟아날 것입니다.

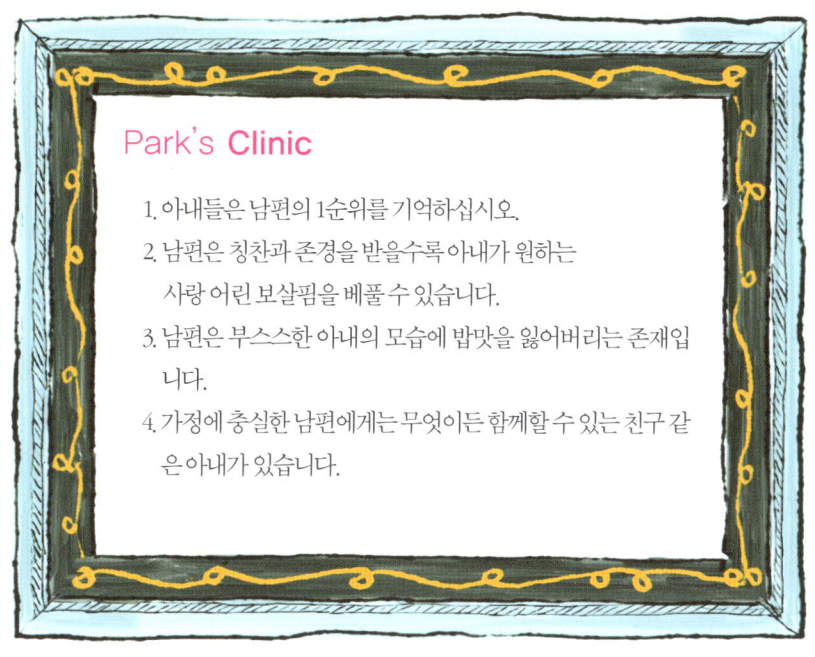

Park's Clinic

1. 아내들은 남편의 1순위를 기억하십시오.
2. 남편은 칭찬과 존경을 받을수록 아내가 원하는 사랑 어린 보살핌을 베풀 수 있습니다.
3. 남편은 부스스한 아내의 모습에 밥맛을 잃어버리는 존재입니다.
4. 가정에 충실한 남편에게는 무엇이든 함께할 수 있는 친구 같은 아내가 있습니다.

4. 하나 됨의 물꼬, 대화

부부의 침묵은 예고된 화다.
수다스러운 부부는 절대 헤어지지 않는다.

🌸 문제를 푸는 본질은 **언제나 사랑**

저는 세계를 다니며 수많은 가정을 보아 왔습니다. 그리고 그 가정마다에 한 가지 공통점이 있다는 사실을 발견합니다. 그것은 아무리 좋아 보이는 가정에도 염려가 있다는 것과, 아무리 힘들어 보이는 가정에도 희망이 있다는 사실입니다. 겉으로 보면 눈물만 가득할 것 같은 그런 가정 안에도 사실은 희망의 미소가 파릇하게 살아있음을 봅니다. 그러므로 겉모습이나 환경만을 가지고 '저 가정은 행복한 가정' '저 가정은 불쌍한 가정'이라 판단할 수 없습니다. 우리 스스로도 이 사실을 기억해야 합니다. 오늘 우리 가정에 큰 어려움이 닥쳤다 해서 스스로를 '불행한 가정'이라 못 박지 말라는 것입니다.

다만 우리 가정이 하나님이 "하나 되라"고 하신 뜻을 얼마만큼 따라가고 있는가, 사랑하고 있는가, 기도하고 있는가, 소망하고 있는가를 봐야 합니다. 이것이 우리 가정의 정체성을 결정짓는 기준이기 때문입니다. 물론 현재 우리 가정이 처한 환경이나 안고 있는 문제는 우리를 고통스럽게 하기도 하지만, 그것이 궁극적으로 우리가 행복하고 불행하고를 결정짓지는 못합니다. 환경이나 문제는 잠시 후면 곧 달라질 것들이기 때문입니다.

저는 한국에 들어와 고향에 한번씩 가보면 이러한 사실을 쉽사리 접할 수 있었습니다. 옛날의 산천도 완전히 달라져 있고 각 가정의 사는 형편도 매우 달라져 있습니다. 환경은 이렇듯 달라지는 것임을 실감합니다. 제 어린 시절, 동네 부자였던 누구네는 하루 벌어 하루 먹고 사는 처지가 되어 있고, 찢어지게 가난해서 하루 한 끼도 제대로 못 먹던 어떤 집은 땅 부자가 되어 떵떵거리며 살고 있었습니다. 그러나 그렇게 부자가 되었다고 해서 집안에 옛날과 같은 소박한 웃음과 사랑이 살아있는 건 또 아니었습니다. 그렇게 우애가 좋았던 동기간의 사랑 어린 모습은 사라지고, 서로 남보다 못하게 으르렁거리느라 남들의 손가락질은 다 받고 있었습니다.

결국 가정 안에는 여러 회오리가 교차하게 되어 있습니다. 돈이 들어올 때가 있고 나갈 때가 있으며, 아플 때가 있고 건강할 때가 있습니다. 합격할 때가 있고 불합격할 때가 있으며, 꿀 때가 있고 꾸어 줄 때가 있습니다. 웃을 때가 있고 울 때가 있습니다.

그러므로 가장 어리석은 사람은 이런 환경 자체가 영구적인 것인 줄 알고 한없이 교만하거나 한없이 절망하는 사람입니다. 또한 환경 자체를 우상으로 여겨 본질을 놓쳐 버리는 사람입니다. 갑자기 돈이 들어왔다고 해서 형제 우애를 놓쳐 버리면 본질을 놓쳐 버리는 것입니다. 부자로 산다고 해서 성실하게 땀 흘리는 근검절약하는 삶을 던져버리면 그 또한 본질을 놓치는 인생입니다.

반면 가장 지혜로운 사람은 어떤 사람이겠습니까? 환경에 구애받지 않는 사람입니다. 울어야 할 때 웃을 날을 기대하며 본질에 충실한 사람, 꾸어줄 때도 꿀 날이 있는 게 인생임을 알고 겸손한 사람, 고통 중에도 웃음의 여유를 지니는 사람, 비가 오나 바람이 부나 한결같이 사랑이 최고의 가치임을 알고 서로 사랑하며 사는 그런 사람입니다.

그래서 저는 여기에서 가정의 본질적인 문제에 집중하라고 적극 권유합니다. '어떻게 돈을 벌까. 어떻게 재테크를 할까, 어떻게 아이를 성공시킬까'가 아니라 '어떻게 가족이 하나 됨을 이루어 하나님의 축복에 이를 수 있는가'에 집중하라는 것입니다. 우리가 힘써야 할 부분은 바로 이것입니다. 하나님께서 의도하신 하나 됨에 이를 수 있다면 결국 환경의 문제도 풀리게 되어 있고, 하나님께서 주신 축복도 지켜낼 수가 있는 까닭입니다.

사소한 말 한마디가 **천리장성을 쌓는다**

거듭 말씀드리지만 가정을 이루게 하신 하나님의 첫 번째 목적은 '하나 됨'입니다. 그러므로 가정의 본질적인 흐름은 이 '하나 됨'을 향해 흘러가야 합니다.

그렇다면 하나 됨은 어디에서 확인할 수 있을까요? 저는 그것을 '대화'에서 찾습니다. '하나 됨을 위한 사랑의 대화가 가정에 살아 있는가. 이를 위해 얼마만큼 대화 실력을 키워 가는가'가 그 가정의 미래를 보장하는 중요한 열쇠입니다.

매사에 진취적인 성격인 저와 보수적인 성격의 아내가 만나 결혼했을 때 우리는 서로 다른 대화법에서 가장 많은 문제점을 발견했습니다. 아내가 제게 무슨 얘기를 하면 저는 급한 마음에 이런 식으로 이야기를 맺었습니다.

"알았어, 그만 얘기해. 내가 다 알아서 할 테니깐 당신은 밥이나 해."

제 쪽에서 보자면 그 말은 "뒷처리는 내가 다 알아서 잘 할 테니까 당신 너무 걱정하지 말라"는 뜻이지만 아내 쪽에서 보자면 그 말은 자존심이 상할 수 있는 말이었습니다. "당신은 어차피 식순이니까 밥이나 해라"는 뜻으로 받아들여지는 것입니다. 만약 우리 부부 사이의 대화가 교정되지 않은 채 그대로 지금까지 흘러왔다면 우리 부부는 어떻게 살아가고 있을까요? 아마 저는 퇴직하자마자 제게 복수의 칼날을 갈던 아내에게 붙잡혀 숨도 제대로 못 쉬며 살고 있을지도 모릅니다. 그러나 저는 지금 너무나도 행복하게 아내와 동행하고 있습니다. 하나님의 은혜로 저에겐 변화가 찾아왔고, 제가 변하고 나서 우리 부부는 하나가 되었으며, 지금까지 축복이 넘치는 삶을 살아 올 수 있었던 것입니다.

어떤 부부는 결혼 50년이 넘도록 하나 됨을 경험해 보지 못할 뿐더러, 날이 갈수록 부부관계가 더 나빠지기도 합니다. 그런데 그런 부부의 아내 쪽 이야기를 가만히 들어보면 남편의 대화 스타일에 가장 많은 불만을 품고 있음을 알게 됩니다.

"내가요 많은 걸 바라는 게 아니에요. 그저 말 한마디 좀 잘 건네 주면 어디가 덧나나요?"

"저 인간이요 툭하면 저더러 뭐라고 하는지 아세요?"

"남편이란 사람이 어떻게 그런 말을 할 수가 있어요?"

"왜 꼭 그런 식으로 말하는지 모르겠어요."

남편 쪽의 불만 역시 이와 크게 다르지 않습니다.

"저 사람은 뭐가 그리 불만인지 사사건건 퉁퉁거려요."

"아니, 아내란 사람이 어떻게 그렇게 평생 남편을 무시할 수가 있어요? 말을 해도 꼭 그렇게 사람 무시하는 말만 한다니까요."

황혼이혼을 결심하는 부부와 평생 해로하는 부부의 차이점을 아시겠습니까? 부부 사이에 틈이 생기느냐, 하나가 되느냐 하는 것은 바로 사소한 말 한마디에서 비롯됨을 알 수 있지요. 사소한 말 한마디 때문에 승리와 실패를 경험한다는 것입니다.

그래서 저는 부부가 나누는 사랑의 대화를 '하나 됨을 위한 물꼬'라고 표현합니다. 시골에 사시는 분들은 이 말 뜻을 더 잘 이해하실 겁니다. 가물었던 논에 물꼬를 터 놓으면 수로에서 물이 쏟아져 들어오면서 논 전체가 살아나지 않습니까? 사랑의 대화도 이와 같습니다. 사랑의 대화가 가정에 울려 퍼지기 시작하면 그동안 가정을 팍팍하게 했던 여러 문제들도 더 이상 우리를 짓누르지 못합니다. 문제를 헤쳐 나갈 힘과 지혜가 사랑의 대화를 통해 그 능력을 발휘하는 까닭입니다.

부부관계가 어려우십니까? 아니면 부부관계가 어렵다고 느끼지 못할 만큼 삶의 여러 문제들이 우리 가정을 짓누르고 있습니까? 그렇다면 그럴수록 더 다음과 같은 사랑의 말을 서로에게 실천해 보십시오. 어느덧 문제가 우리 가정에서 떠나는 것을 경험하실 수 있을 겁니다.

서로의 언어, 반드시 학습하라

여기 두 남녀가 있습니다. 그들은 사랑해서 결혼했습니다. 결혼하는 사람치고 "우린 정말 서로를 사랑해요"라고 말하지 않는 사람은 거의 없습니다. "이 사람이 원수 같아서 원수를 갚기 위해 결혼한다"고 말하는 사람 보셨습니까? 모두 사랑하기 때문에 결혼을 합니다. 때론 양가 부모의 극심한 반대조차 물리치면서까지 용감하게 결혼합니다.

그러나 막상 결혼하고 나서 두 남녀는 원수가 되어 버립니다.

"아니, 원수도 이런 웬수가 없어요. 내가 저 인간하고 안 살고 싶은데 예수 님께서 원수를 사랑하라 하셔서 할 수 없이 같이 살아 주는 거예요."

이렇게까지 나오는 분들도 계십니다. 왜 이런 일이 벌어집니까?

"아, 글쎄요. 결혼해서 보니까 이 사람 집안이랑 나랑은요 정말 안 맞더라고요. 이해할 수 없는 구석이 한두 가지가 아니예요. 도대체 말이 통해야지요, 말이."

맞습니다. 막상 결혼해서 보면 상대방의 집안과 내가 잘 맞을 턱이 없습니다. 맞지 않는 게 당연합니다. 그러나 맞지 않는다고 해서 상대방 집안을 비난하는 것은 올바른 행동이 아닙니다.

서로 다른 두 남녀가 결혼하기까지 그들은 완전히 다른 문화, 다른 환경에서 자랐습니다. 그러니 서로 마음과 행동과 언어 전달법이 다를 수밖에 없습니다. 시골에서 자란 남자 쪽 집안은 여전히 재래식 화장실을 써도 별로 불편함을 못 느끼지만, 서울 강남에서 자란 여자 쪽 집안은 방마다 화장실이 딸려 있어서 수세식 화장실도 따로 써야 마음이 편한 사람이라고 칩시다. 그런데 결혼을 해서 인사차 시댁에 내려가 보니 시댁의 사는 모습이 불결해 보여도 이렇게 불결해 보일 수가 없습니다. 화장실은 재래식인데다 문도 제대로 달려 있지 않습니다. 그럴 때 새댁은 얼마나 당황스럽겠습니까? 그러나 그렇다고 해서 남편을 향해 이렇게 말한다면 남편은 어떤 반응을 보이겠습니까?

"당신 엄마는 그 더러운 화장실 갔다 와서 손도 안 씻더라. 그 손으로 밥을 하고, 그 밥을 나한테 먹으라고 하는데 하마터면 토할 뻔 한 거 알아? 자기 엄마 왜 그렇게 더럽냐? 자기야, 나 너무 힘들어. 빨리 서울 올라 가자."

"뭐라고? 그래. 너네 엄마는 깨끗하고 우리 엄마는 더럽다, 그래. 내가 이렇게 더러운 곳에서 자랐다. 왜? 어쩔래?"

"아니, 당신 결혼했다고 벌써 변했어? 내가 뭘 잘못했다고 나한테 화를 내고 그래? 당신이 어쩜 나한테 이럴 수가 있어?"

남편이 왜 기분이 상했는지, 아내는 자신이 무슨 실수를 했는지 끝까지 모르고 있습니다. 결혼 전에 자신을 공주처럼 받아 주며 너그럽게 이해해 주던 사람이 왜 하루아침에 아무것도 아닌 일로 화를 내는지 모를 일입니다.

그러나 결혼해서 오래 사신 분들은 남편의 행동을 이해하실 겁니다. 아내는 남편에게 무엇보다 남편이 자라온 문화적 환경에 대한 정죄감을 심어주었습니다. 시골집, 시골 화장실, 늙고 촌스러운 부모님. 그것은 지금의 남편을 만들어 낸 소중한 터전이었습니다. 그런데 그 터전을 향해 아내가 내뱉은 말은 '더럽다'는 단어였습니다. 그것은 곧 남편을 향해 '더럽다'고 말하는 것과 같습니다.

많은 부부들은 결혼 뒤 이런 모욕감을 상대방에게 안겨 주곤 합니다. "자기는 그것도 못 배우고 자랐어?" "자기네 집안은 참 이상하다. 왜 그걸 이해하지 못하지?" 나와 다른 상대방의 문화적 차이를 이상한 것으로 규정지어 말하는 것입니다. 그럴 때 상대방은 심한 모멸감을 느끼게 되어 있습니다. 결혼을 했으면 상대방이 자라온 문화, 살아온 방식을 존중하고 귀하게 볼 줄 알아야 합니다. 처음엔 물론 낯설고 어색하지만 적극적으로 그 문화를 내 문화로 받아들이려는 노력이 있어야 합니다.

많은 선교사님들이 선교지로 가서 그 지역의 언어를 배우고 풍습을 익히는 것이 다 이와 같은 원리입니다. 만약 아프리카로 선교하러 간 선교사님이 그곳 문화를 미개하다고 손가락질하며 한국문화를 강요한다면 그 지역 사람들은 절대로 복음을 받아들이지 않습니다. 자신들 문화 속에 녹아 들어와서 자신들을 섬기고 사랑해 주는 선교사들의 모습에 마음 문이 열리고, 그러다가 복음을 받아들이게 되며, 더 시간이 지나면 그들 스스로 미개한 문화들을 버리고 선진 문화를 적극적으로 택하게 되는 것입니다. 결혼이 이와 다른 것이라고 말할 수 있을까요?

서울을 고향으로 둔 어떤 자매는 신혼 초에 제주도 시댁에 갔다가 처음 보는 음식들에 적지 않게 당황했다고 합니다. 미역국에도 된장을 넣고, 자리회국이라는 음식에는 생선이 머리채로 나와 씹어 먹으라고 하고, 또 한번은 갈치를 국에 넣어 끓인 '갈치국'이라는 게 나왔다고 합니다. 만약 그때마다 며느리가 음식을 젓가락으로 휘휘 저으며 "어머, 이런 걸 어떻게 먹어요? 비린 갈치를 어떻게 국에다 넣어 먹어요?"라고 말했다면 시댁 식구들은 며느리가 진짜 이방인처럼 느껴졌을 겁니다. 그런데 며느리는 이렇게 말했다고 합니다.

"우와, 맛있겠다. 말로만 듣던 '갈치국'이 이런 거네요. 음, 정말 맛있네요. 싱싱한 갈치여서 그런지 하나도 비린내가 안 나요. 서울 가서도 한 번씩 이이

한테 해 줘야겠어요. 어머님, 이거 어떻게 끓이는 거예요?"

어떤 면에서 모든 문화는 맛을 들이기 나름입니다. 제주도 갈치국이 비릴 거라는 생각은 하나의 편견일 뿐, 그 지역 사람들이 주어진 재료를 가지고 얼마나 기가 막히게 맛있는 음식을 만들어 내는지는 맛을 보면 압니다. 그런데 맛도 보기 전에 맛이 가는(?) 말을 해 버리면 그 말 때문에 틈이 벌어지는 것입니다.

또한 결혼과 함께 두 사람은 "자기네 엄마 어쩌고 저쩌고" "당신네 집안이 말이야"라는 말은 되도록 삼가야 합니다. 이미 결혼했으면서 '자기네 엄마' 라든지, '당신네 집안' 이라고 표현하는 것부터가 상대방에게 선을 그어놓는 행동입니다. '우리 어머님이요' 라든지, '우리 장모님 댁은' 이란 표현을 쓰면 됩니다. 이런 단어 하나만 바꿔도 부부 사이의 벽은 허물어질 수 있음을 기억하시기 바랍니다.

그러므로 결혼과 함께 우리는 상대방의 언어와 문화를 내 것으로 받아들이는 노력이 필요합니다. 시골의 가난하고 촌스러운 장모님이 이제는 내 어머님이 되셨다는 사실을 지적하기보다는 있는 모습 그대로 받아들이고 보살펴 드리는 태도를 갖추시기 바랍니다.

또한 결혼과 함께 배우자는 그 집으로 이민을 온 것과 다름없기 때문에 처음엔 꿔다 놓은 보릿자루처럼 느껴질 수밖에 없습니다. 서로가 서로를 잘 안내해 주라는 말입니다. 시댁 식구들끼리 깔깔거리며 웃을 때 아내 혼자 소외되게 하지 말고, 친정식구들끼리 좋아서 히히덕거릴 때 남편 혼자 소외되지 않도록 각별한 배려가 필요합니다. 이런 배려와 안내는 두 배우자가 함께 해 가야 합니다. 그럴 때 두 사람은 좀 더 빠른 시간 내에 양가의 문화를 습득할 수 있을 것입니다.

열심히 듣고 **맞장구**치라

앞서 말씀드린 대로, 저는 매사에 적극적이고 급한 성격입니다. 반면 아내는 소극적이면서 차분한 성격이지요. 그래서 저는 아무 문제없었습니다. 차분한 성격의 아내가 제 말을 잘 들어 주었으니까요. 그런데 문제는 아내였습니다. 아내도 자신의 말을 잘 경청해 주는 남편의 모습을 갈망했던 것입니다. 그런데 저는 아내가 이야기를 계속하려고 하면 "알았어. 대충 알았으니깐 내가 알아서 할게"라며 아내의 말을 끊기 일쑤였습니다. 그럴 때 아내는 얼마나 속으로 열을 받았겠습니까? 아주 많은 시간이 흐른 뒤에야 저는 대화를 잘하는 사람의 제1원리는 '상대방의 말을 경청하면서 공감하는 것'임을 알게 되었습니다. 아내는 이 원리에 충실한 사람이었지만 저는 그렇지 못했던 것이죠.

그러다 처음으로 아내의 말에 귀를 기울이게 된 사건이 있었습니다.

그날 아내와 제가 차를 타고 가는데 아내가 다정하게 이런 부탁을 해 왔습니다.

"여보, 내가 당신한테 5분 동안 얘기할 게 있거든요. 중간에 끊지 말고 끝까지 들어 줘요. 무슨 일이 있어도 절대로 끊지 말고 끝까지 들어 줘야 해요. 그러면 당신이 나한테 말할 수 있는 시간을 10분 드릴게요. 10분 동안 아무 말 없이 들어 줄게요."

아내의 말을 5분 들어 주면 내가 10분 동안 말해도 된다는 그 제안은 얼핏 생각해도 제 쪽에 이익이었습니다.

"OK! 얘기해."

그때부터 시작된 아내의 얘기를 가만히 듣고 있자니 도저히 더 이상 들을 수가 없었습니다. 가만 보니 아내 이야기의 논리는 남편이 잘못하고 있다는 것이었습니다.

"가만, 가만 있어봐. 내 얘기 좀 들어봐. 그건 내가 해명을 해야 돼."

아내의 말을 더 이상은 들을 수 없어 그렇게 아내의 말을 막았습니다.

"아니, 남자가 한번 약속했으면 지켜야지요. 아직 1분밖에 안 지났어요. 5분 동안 들은 다음에 10분 얘기하세요. 그땐 내가 끝까지 들을게."

"그래? 좋아. 그럼 더 얘기해 봐."

저는 속으로 분을 삭이며 아내의 말을 들었습니다. '다 듣고 난 후에 두고 보자. 내가 아주 당신 혼내줄 거야.' 그런데 1분을 더 들으니까 더 이상은 도저히 듣고 있을 수가 없었습니다. 아내는 말도 안 되는 논리로 나를 몰아세우고 있었으니까요.

"아니, 그건 당신이 잘못 생각한 거지. 그건 그렇게 생각해선 안 된다니까."

"남자가 한번 약속했으면 무슨 일이 있어도 지켜야지요. 5분 동안 들어 주기로 했잖아요."

"아, 알았어. 마저 이야기해."

옛날 같으면 진작 끝났을 이야기를 저는 미리 한 약속 때문에 5분 동안 인내하며 들어 주고 있었습니다. 그러면서도 제 나름대로 결론을 내리고 있었습니다. '그래, 결론은 뻔하지 뭐. 그럼 나는 이렇게 반박해야겠다.'

그렇게 생각하는 동안 마침내 아내가 작정한 이야기는 끝이 났습니다. 그런데 뜻밖에도 아내가 내린 이야기의 결론은 제가 짐작했던 A가 아닌 B였습니다. 그렇게 뜻밖의 결론을 듣고 나자 저는 더 이상 할 말이 없었습니다.

"이제 나한테 얘기하세요. 10분 동안 들어 주겠습니다."

아내의 그 말에 저는 단 한마디 말밖에는 할 말이 없었습니다.

"여보, 내가 잘못했어."

그때 저는 한 가지 사실을 깨달았습니다. '아, 나는 아내 말을 끝까지 들어 준 적이 없구나. 끝까지 듣고 나면 아내도 나도 이렇게 마음이 달라지는 것을. 내가 참 잘못했구나.'

상대의 말을 끝까지 경청해 주면 일단 상대의 마음에 아픔이 안 쌓입니다. '저 사람은 내 입을 막는 사람이야. 난 항상 할 말도 못하고 살아.' 이런 피해의식에서 벗어나게 됩니다. 부부 사이에 막혔던 담이 허물어지는 순간입니다.

또한 말을 끝까지 듣다 보면 상대방의 마음을 진심으로 이해하게 됩니다. '아, 아내 마음이 아팠겠구나. 아내가 힘들었겠구나. 아내가 나를 참 많이 배려했구나. 아내의 생각이 더 옳구나.'

그러나 많은 남편들은 끝까지 공감하며 이야기를 들어줄 줄 모릅니다. 결론을 내 줘야 한다는 사명감을 타고났는지 이야기 중간에 찬물을 확 끼얹습니다. 다음의 대화를 보십시오.

"아니, 오늘 모임에서 영수 엄마는 왜 자꾸 나한테 생트집을 잡는지 몰라? 사사건건 시비야, 시비가. 얼마나 화가 나는지 나중엔 뛰쳐나오고 싶더라니까. 그 사람 참 이상한 것 같아."

"에이, 내가 보기엔 교양머리만 넘치더구만. 당신이 뭔가 잘못했으니까 그 여자가 그랬겠지. 괜히 당신한테 그랬겠어?"

남편이 이렇게 나오면 영수 엄마에게로 향하던 아내의 분노가 갑자기 남편에게 쏟아집니다.

"당신 그 여자를 좋아하는 거야, 나를 좋아하는 거야? 당신 도대체 왜 그래?"

"아니 내가 뭘 잘못했는데 나한테 화풀이야."

여러분 보시기엔 어떻습니까? 남편이 무엇을 잘못했을까요?

맞습니다. 공감을 안 해 준 것입니다. 그럴 땐 그저 공감을 해 주며 들어주면 아내가 알아서 결론을 내립니다.

"아, 그랬어? 힘들었겠네. 왜 당신처럼 착한 사람한테 그랬을까? 그 여자 나쁜 여자 아니야?"

"아니 뭐, 그렇게까지 볼 건 없어. 나도 사실 잘한 거는 별로 없거든."

아직도 부부 사이에 어떻게 대화해야 하는지 모르시겠다고요? 그렇다면 무조건 들어 주십시오. 열심히 들어 주고 한 번씩 고개를 끄덕거려 주십시오. 그러면 놀랍도록 생기 있는 배우자의 모습을 발견하게 될 것입니다.

분노가 쌓일 땐 **말보다 편지로**

어떤 부부는 서로 가슴에 쌓인 골이 너무 깊어 대화를 나눌 엄두조차 못 냅니다.

"저는요 남편이 퇴근하고 들어올 시간만 되면 가슴이 두근두근해요. 집안 여기저기를 다니며 안절부절 못하는 제 모습을 보면 '나는 왜 이렇게 사나?' 싶으면서도 해결이 안 돼요. 남들은 하고 싶은 말 있으면 당당하게 말을 하라 그러는데 막상 남편 얼굴을 대하면 숨이 콱 막히는 게 심장이 떨려서 말이 안 나와요. 중요한 이야기일수록 남편하고는 대화가 안 돼요. 남편이 하는 말 한 마디 한마디가 저를 찌르는 듯해서 대화하고 싶은 마음도 이젠 솔직히 없어요. 하지만 어떨 땐 너무 억울하고 세상에 나 혼자 버려진 느낌마저 들어요."

이 부부는 20년을 함께 산 부부입니다. 완고하고도 완벽주의인 남편과 순하면서도 살림 잘하는 아내는 겉으로 보기엔 매우 잘 어울려 보였습니다. 그러나 함께 살아가는 세월이 많아질수록 두 사람은 부부간에 대화의 벽이 더 높아지는 것을 실감했습니다. 특히, 군림하려는 남편에게 무조건 순종했던 아내는 세월이 흐를수록 가슴속에 돌덩어리가 더 얹어지는 느낌이었습니다.

"다른 사람들 사는 거 보면 그렇지가 않은데 우린 왜 이렇게 사는지 몰라요.

무슨 말을 하려고 하면 호통부터 치고, 제가 그동안 실수했던 것들을 들먹거리면서 '당신이 잘해 온 게 뭐 있냐?' 그러면 말문이 콱 막혀 버려요. 그때마다 이 판사판 남편하고 한판 붙고 싶은데 그랬다가는 남편이 가만히 안 있을 테고 더 나빠지면 나빠졌지 좋아질 리는 없을 거 같아 그냥 참고 말아요. 하지만 그럴수록 저는 화병처럼 가슴에서 뭔가 울컥울컥 올라와요. 이러다 쓰러질 것만 같아요. 그러다 보면 남편한테 터 놓고 말하지 못하니까 자꾸 우회적으로 돌려 짜증을 부리게 되고, 그런 저를 보며 남편도 많이 스트레스를 받는 줄은 알지만 고쳐지지가 않아요. 우리 부부도 드라마에 나오는 다정한 노부부처럼 다독거려 주며 그렇게 늙어가고 싶은데 그게 어려울 것 같아요."

이 부인은 다른 사람에게 말할 때는 자신의 생각을 너무도 잘 표현합니다. 그러나 유독 남편에게는 자신의 마음을 표현하지 못합니다. 오랜 세월 동안 군림하려는 남편에게 억압되어 왔기 때문입니다. 남편에게 당해왔던 거듭되는 거절감의 상처가 있어서 아내는 남편에게 다가서지 못했던 것입니다. 그렇다면 이 부부는 더 이상 소망이 없는 걸까요? 드라마에 나오는 노부부처럼 다정하게 늙어 가고 싶다는 소망을 아예 접어야 할까요? 아닙니다. 절대로 절대로 포기하지 마시기 바랍니다. 하나님께서 허락하셔서 만난 부부 관계입니다. 아무리 문제가 엉켰어도 일단 풀리기 시작하면 문제가 많았던 부부일수록 노년에는 더 사랑하고 아껴 주며 살아가기 마련입니다. 그리고 그렇게 어려운 문제를 풀게 되면 그 가정 안엔 더 큰 하나님의 축복이 임합니다.

제가 볼 때 가정의 남편 역시, 대놓고 바가지는 긁지는 않지만 점점 신경질적으로 반응하는 아내 때문에 적잖이 당황하고 있습니다. 자신의 의사표시를 명쾌하게 할 줄 모르는 아내에게 답답함도 느낍니다. 그러나 아내가 그렇게 소심하게 되기까지가 자신 때문이라는 사실은 깨닫지 못합니다. 남자들은 단순하기 때문에 그저 외적인 현상만을 보고 '옛날엔 꼬박꼬박 순종하던 아내가 왜 저렇게 점점 드세지는 걸까?' 라고 생각합니다. 그래서 남편은 아내보다 더욱 드세게 나옴으로써 기선 제압을 하려고 합니다.

저는 아내에게 먼저 권합니다. 자신의 마음을 한번 편지로 적어서 남편에게 보내 보라고요. 그러면 첫째, 화병처럼 올라온다는 분노감을 다스리며 이야기를 풀어갈 수 있습니다. 남편과 대화가 안 되는 이유는 남편 얼굴을 보면 이 분노감이 끓어오르기 때문 아닙니까? 남편에 대한 두려움과 함께 화가 치밀어 오르기 때문에 말문이 막혀버리는 것이지요. 편지를 쓰면 이런 부분을 조절할 수 있습니다.

둘째는, 편지를 쓸 때 절대로 남편을 비방하지는 말라는 것입니다. "당신은 나쁜 남자야. 난 매일 당신이 일찍 죽는 날을 꿈꾸고 있어." 이렇게 쓰면 안 된다는 것입니다. 그보다는 먼저 자신의 실수와 약점을 인정해야 합니다. 그것이 하나님 앞에서도 옳은 태도고, 남편의 마음도 녹일 수 있는 지혜의 길입니다.

"여보, 생각해 보면 당신도 나처럼 부족한 사람을 아내로 만나서 얼마나 힘들겠어요? 그런 걸 생각하면 당신한테 참 미안하고, 나 스스로도 나에 대해 절망감이 들어요. 하지만 나도 많이 노력하고 있어요. 당신 마음을 밝고 빛나게 해 주는 아내가 되려고 나름대로는 많이 애쓰고 있어요. 그렇게 나는 '아직도 공사 중'이에요. 공사 중이라 불편하겠지만 조금만 기다려 줘요. 언젠가는 당신 마음에 꼭 드는 좋은 아내가 될 거예요."

이런 식으로 자신을 반성하는 글로 서두를 시작하면 쓰는 사람 스스로가 감정이 정화되는 것을 느낍니다. 만약 정화되지 못한 채 글을 쓰면 그 글은 공격적인 글이 되어 문제의 본질을 흐리고, 상대방의 마음 문을 열기가 어렵습니다. 편지이지만 일기를 쓰듯이 자신을 먼저 돌아보고 난 후에 본격적으로 하고 싶은 말을 간곡하고도 절제하며 써 내려가시기 바랍니다.

"여보, 그런데 한 가지 당신에게 부탁할 게 있어요. 내가 마음이 소심해서 그런지 몰라도 당신이 나를 몰아세우거나 여전히 나를 가르치려고만 할 때면 마음속에서 눈물이 울컥울컥 솟고, 그러다가 나도 나를 어떻게 하지 못할 정도로 화가 올라오곤 해요. 옛날엔 안 그랬는데 왜 점점 그렇게 되 가는지 모르겠어요. 오늘 아침에도 애들 앞에서 당신이 나보고 '낮에 시간 되면 백화점 같은 데나 돌아다니지 말고 책이나 좀 읽어'라고 말하셨지요. 그 말을 들은 나는 애들 학교 보내고 나서 얼마나 울었는지 몰라요. 적어도 애들 앞에선 성실한 엄마로 비춰지고 싶었는데…. 게다가 당신도 알겠지만 내가 사치를 하진 않잖아요. 그저 동네 아줌마들하고 이따금씩 가서 아이쇼핑이나 하고 오는 것뿐이에요. 그런데도 당신이 그렇게 말하니까 '이이는 아직도 나를 무시하는 구나' 하는 생각이 들더라고요. 당신은 못 느낄지 몰라도 당신은 너무나 엄격하고 냉정한 말투로 말하기 때문에 당신이 그런 식으로 말할 때마다 나는 꼭 학교 선생님 앞에서 혼이 나는 기분이에요. 그런 피해의식이 점점 쌓이다 보니 당신이 퇴근하고 돌아오면 나 역시 당신한테 툴툴거리게 돼요. 그럴 때마다 당신도 많이 화가 나셨죠? 미안해요. 내가 왜 당신한테 툴툴거리는지 말도 안 해 준 채 그랬으니 그때마다 당신도 얼마나 황당했겠어요? 여보, 이제부터 우리 조금만 더 서로를 불쌍히 여기고 너그럽게 대해 주도록 해요. 원래 당신은 참 좋은 사람이잖아요. 나도 당신에게 더 좋은 아내가 되도록 할게요."

적절한 자기반성이 들어 있는 고백과 함께 자신이 받은 상처를 간곡하게 표현해 주면 그 편지는 부부간의 대화에 효과적인 작용을 합니다. 그러나 분노감을 너무 리얼하게 표현하거나 자신을 일방적인 피해자인양 묘사해 버리면 편지는 오히려 역효과를 낼 수 있습니다. 또한 편지를 쓸 때 모든 부부문제를 한꺼번에 뿌리 뽑으려 하지 말고 한 번에 하나씩 문제를 해결하려는 태도를 가져야 합니다. 모든 문제 중에서도 부부문제는 장기전이라는 사실을 알고 여유 있게 하나씩 풀어갈 때 문제의 실마리는 결국 풀리게 되어 있습니다.

상대의 수준에 맞춰 대화하라

부부 대화가 원활하게 이루어지지 않는 이유 중에는 '부부 수준이 안 맞아서'라는 이유도 들어가 있습니다. 부부 중 한 사람은 존 칼빈의 '기독교강요'에 관해서 이야기를 하는데 다른 한 사람이 "누가 기독교 믿으라고 강요한대요? 강요하면 안 돼지. 그러면 더 믿기 싫지."라고 말한다면 두 사람의 대화가

더 이상 이어지기 어렵습니다.

이처럼 부부가 살아가다 보면 수준이 안 맞을 때가 있습니다. 서로 관심 분야가 다르고 배운 분야가 다르기에 수준 차이가 생겨날 수도 있습니다. 그러나 그렇다고 해서 부부 대화를 포기할 필요는 없습니다. 다소 수준 차이가 나더라도 그것은 얼마든지 극복할 수가 있기 때문입니다.

그 이유는 수준으로 따지자면 하나님과 우리처럼 서로 수준을 논할 수 없을 정도의 관계도 예수 그리스도를 통해 하나가 되었기 때문입니다. 하나님의 아들 예수님께서 낮고 천한 우리의 수준으로 내려오셔서 우리처럼 육신을 입으시고 배고픔을 느끼시며 우리처럼 고통을 느끼시는 존재가 되셨다는 사실을 아십니까? 우리와 대화하시기 위해서 그 높고 높은 주님께서 친히 낮아지셨다는 것입니다. 우리는 개미와 대화하려고 개미가 되지는 않습니다. 그럴 만한 가치가 없다고 생각하기 때문입니다. 그러나 주님께서는 우리를 사랑하시기 때문에 그 수준을 비할 데 없이 낮추시고 우리처럼 이 땅에 오셔서 우리와 대화하셨습니다. 이것이 사랑입니다.

그러므로 부부간에도 나보다 낮은 상대방의 수준을 탓하며 마음 문을 닫아 버리는 사람은 자신의 부족한 사랑을 먼저 탓해야 합니다. 정말 수준 있는 사람은 어린아이와도, 할머니와도 어느 누구와도 잘 어울려 놀 줄 안다는 사실을 아십니까? 자신이 수준을 낮췄다는 사실조차 인식하지 못한 채 어울려 함께 즐길 줄 압니다. 사랑하는 마음 때문에 그 사실을 전혀 억울해하지 않습니다. 아이를 사랑하는 부모를 보십시오. 아이 수준에 맞춰서 대화하면서 차츰 수준을 끌어 올립니다. 다섯 살 때는 다섯 살에 맞추어 대화하면서 그때의 기쁨을 누리고, 스무 살 때는 그에 맞춰 대화하면서 진지한 대화의 기쁨을 누립니다.

부부는 평생을 함께하라고 하나님께서 주신 동역자이자 동행자입니다. 평생에 단 하나밖에 없는 나의 동행자를 약간 수준 차이가 난다고 비난하거나 무시해 버리면 참된 동행의 기쁨은 맛볼 수 없습니다. 먼저 조금만 눈을 낮추십시오. 낮추어 대화하면서 함께 격려하다 보면 어느덧 수준이 점점 맞춰져 가는 걸 체험할 수 있습니다. 혹 내 기대치만큼 빨리 못 따라오더라도 조급해하거나 보채지 마십시오. 그럴 때 내가 상대방의 약점을 채워 주고 보완해 주면 됩니다. 그러다 보면 어느 순간엔가 느낄 수 있습니다. 내가 상대방의 약점을 보완하는 게 아니라 상대방이 내 약점을 보완해 주고 있음을, 내가 상대방을 돕고 있는 게 아니라 상대방이 있어서 내 인생이 너무나 풍요로워지고 있음을….

잔소리는 절대 사람을 변화시키지 못한다

우리들 대부분은 혀를 쓰기 좋아합니다. 그런데 문제는 혀 속에 가시를 달고 사용한다는 것입니다. 가시를 단 혀를 무절제하게 사용하면서 그 가시의 열매를 먹고 고통스럽게 살고 있다는 사실입니다.

"죽고 사는 것이 혀의 권세에 달렸나니 혀를 쓰기 좋아하는 자는 그 열매를 먹으리라"(잠 18:21).

특히 아내들은 물리적인 힘을 사용하지 못하다 보니 혀 근육이 더욱 강화되었는지 혀끝의 힘이 놀랍습니다. 남편이 힘으로 탁자를 내리치거나 한대 때릴 때 아내는 혀로 남편을 공격합니다. 남편은 물리적인 폭력, 아내는 언어폭력을 행사하는 것입니다.

어떤 폭력이든 폭력은 단절되어야 합니다. 특히 언어폭력은 폭력을 가하는 당사자는 그 심각성을 잘 모르지만 당하는 사람은 영혼이 병들기도 합니다. "뭐 하나 제대로 하는 게 있어야지." "꼴에 남자라고…" "당신이 이날 이때껏 나한테 해 준 게 뭐 있어?" "어디 가서 당신이 내 남편이라고 말하기도 창피해." "이것도 월급이라고 받아왔냐?"

혹 이 글을 읽는 분 중에 이와 같은 말을 내뱉는 분은 없으십니까? 그러나 이렇게 듣는 사람이 자존감이 흔들릴 정도의 강펀치를 날리는 사람들이 너무도 많다는 사실에 놀라울 따름입니다. 물리적인 폭력을 가한 사람은 눈에 보이는 상처를 남기기에 자신이 얼마나 잔인한 짓을 저질렀는지 확인이라도 한다지만, 언어폭력을 가하는 사람은 오히려 상처받는 상대방을 향해 나무랍니다. "뭘, 그까짓 거 가지고 소심하게 그래? 난 벌써 잊어버렸어."

아니, 때린 사람이 맞은 사람한테 '때린 사실을 잊어버렸다'는 걸 자랑하는 게 말이 됩니까? "당신은 남자가 돼 가지고 그 정도 말도 못 받아 주냐?" 실컷 잔소리를 해 놓고는 "그 정도 말에 화를 내냐?"고 또 다시 확인사살을 합니다.

대부분 자신에게 있는 분노의 감정을 실어 표현하거나 했던 말을 되풀이하는 말들은 거의 이런 종류의 잔소리에 해당합니다. "내가 귓구멍이 뚫어지도록 말했어, 안 했어? 당신 제발 공과금은 제때 내라고 그랬잖아. 이래가지고 살림을 어떻게 하려고 그래?" 이런 식의 잔소리를 하는 사람의 심리 저변에는 "내가 이렇게라도 말을 해야 저 인간이 변화된다"는 확신이 도사리고 있습니다.

그러나 기억하십시오. 잔소리로는 절대로 사람을 변화시키지 못합니다. 오히려 잔소리하는 사람에 대한 거부감만 계속 쌓이게 되어, 정작 중요하고 진실하게 표현한 말조차도 잔소리로 받아들이는 경우가 발생할 수 있습니다.

혹시 이런 이야기 들어보셨습니까? 어떤 죄수가 새벽에 감옥에서 탈출을 했다고 합니다. 그러자 모든 방송과 신문에서는 흉악범이 탈출했다고 난리가 났습니다. 그런데 어찌된 일인지 그날 밤 12시가 넘어 죄수가 감옥으로 다시 돌아왔습니다. 마음을 졸이던 간수는 죄수를 보자 너무나 감동해서 물었습니다.

"돌아와 줘서 너무너무 고맙다. 그 사이 개과천선이라도 했냐? 어떻게 감옥에 돌아올 생각을 다 했냐? 난 하마터면 너 때문에 해고될 뻔했다. 어떻게 그 사이 마음이 변해서 네 발로 이렇게 감옥에 찾아왔냐?"

간수의 물음에 죄수는 하루 동안 있었던 일을 이렇게 털어놓았습니다.

"새벽에 탈출해서 곧바로 집 근처에 잠복해 있다가 밤 12시쯤에 집에 들어갔더니 아내가 뭐라 그러는 줄 아세요?"

"뭐라 그랬는데?"

"아니, 새벽에 탈출한 사람이 왜 이제야 나타났냐고 바가지를 긁어대는 거예요. 그 말을 듣는 순간, 감옥이 훨씬 낫겠다 싶더라고요."

배우자의 잔소리, 그것은 탈옥범조차 치를 떨게 한다는 사실, 기억하시기 바랍니다.

고치려 하지 말고 **격려하라**

잔소리의 주된 내용 중에는 상대방의 단점을 지적하는 내용들이 많습니다. 그리고 그 지적 속에는 종종 인간의 죄가 들어가 있기도 합니다.

"당신은 남자가 돼서 그런 일도 하나 똑 소리 나게 해결 못하냐? 내가 했어도 그만큼은 했겠다. 앓느니 차라리 죽지. 당신 같은 사람을 남편이라고 믿고 사는 나도 문제다. 내가 뭐가 부족해서 당신하고 결혼해서 이렇게 생고생하며 사는지 몰라."

대안도 없는 이런 공격성의 잔소리 속에는 나를 높이고 상대방을 깔아뭉개려는 죄성이 깊게 자리 잡고 있습니다. 결혼을 자신의 잘못된 선택이라고 말하는 저변에는 배우자에 비해 자신이 무척이나 우월하다는 교만이 깔려 있다는 것입니다.

또한 상대방의 단점을 빨리 고쳐 주려는 조급함도 알고 보면 우리의 죄성에서 비롯된 마음입니다. "당신 이런 점은 너무 안 좋으니까 빨리 고치도록 해. 그거 안 고치면 내가 너무 불편하고 창피하기도 하거든." 사실 이런 마음으로 상대의 약점을 지적할 때가 얼마나 많습니까? 자신이 영광을 받고 싶은 생각 때문에 상대방에게 변화를 강요하는 것입니다. 완벽주의적인 성향을 지닌 사람일수록 배우자의 약점에 대해서 끈질기게 늘어집니다. "형제를 있는 그대로 용납하라" 하신 주님의 말씀은 실천하지 못한 채 어떻게든 내 힘으로 상대방을 뜯어 고쳐서 내 입맛에 맞게 살아가려는 자세입니다.

이렇게 우리 마음이 높아지면 높아질수록 배우자에 대한 우리의 말은 거칠어지고 폭력적이 됩니다. 그리고 마귀는 그런 죄성의 말을 사용해서 서로의 마음에 틈을 만들어 놓습니다. 그 때문에 거친 말, 지적하는 말, 잔소리하는 말은 절대로 상대방을 변화시키는 하나님의 선한 도구가 될 수 없습니다. 선한 영향력을 끼치지 못하는 것이지요.

반면 격려하고 칭찬하는 말 속에는 형제의 존귀한 형상을 존귀하게 높여 주는 그리스도의 선하신 마음이 녹아 들어 있습니다. 그 때문에 격려의 말은 상대방의 영혼을 살리고 상대방을 아름답게 변화시키는 힘이 있는 것입니다.

제가 어느 날 세미나를 마치고 돌아올 때의 일입니다. 그날도 저는 돌아오는 차 안에서 기분 좋은 상태였습니다. 모두들 "장로님, 오늘 참 은혜 받았어요. 많은 것을 깨달았어요." 하는 말씀들을 들려 주시며 받은 은혜를 나누었습니다. 그런데 아내는 차 안에서 갑자기 이런 말을 하는 것이었습니다.

"여보, 당신 말이야 말할 때 왜 그렇게 손을 많이 흔들어요? 손은 계속 흔들고 사투리는 너무나 심하고… 손 좀 가만히 두고, 사투리 좀 안 쓸 수 없어요?"

평소 사랑의 말을 잘 구사하던 아내가 그날따라 왜 그렇게 느닷없이 지적을 해대는지 제 마음이 점점 화가 나기 시작했습니다.

"내가 그렇게 사투리가 심했어?"

"그래, 심했고말고. 손까지 정신없이 흔들어 대니까 듣는 사람도 정신없었어요."

그때 제가 아내에게 뭐라고 그랬는지 아십니까?

"다음부터는 니가 해라. 니가 해."

물론 아내는 저를 너무도 사랑합니다. 사랑하기 때문에 빨리 잘못된 모습을 가르쳐 주려고 지적했다는 것을 저도 압니다. 그러나 조급한 마음은 화를 부르게 되어 있습니다. 우리가 조급하게 말할 때 그 말은 틀림없이 마귀에게 종노릇하게 된다는 사실을 아내는 익히지 못했던 것입니다.

그 뒤 아내는 사랑의 말을 할 수 있는 실력을 양성해서 강의까지 하고 다녔습니다. 그리고 제게도 다르게 접근해 왔습니다.

"여보, 당신이 하는 세미나는 내가 몇 번을 반복해서 들었는데도 들을 때마다 좋아요. 오늘은 특별히 더 좋았던 것 같아. 당신이 얼마만큼 가정에 헌신적인 사람인지, 가족들을 얼마나 사랑하는 사람인지 내가 누구보다 잘 알잖아요. 그렇기 때문에 더 당신 강의에 은혜를 받나 봐. 내가 이렇게 은혜를 받는데 다른 분들은 얼마나 은혜를 받았겠어요."

아내가 칭찬해 주면 저는 금방 어깨가 으쓱해집니다. 그러나 '교만은 패망의 선봉'이라는 사실을 우리는 누구보다 잘 알지 않습니까?

"아니야, 아직도 난 부족한 게 많아. 모든 게 하나님의 은혜지 뭐."

이렇게 말하면서 저는 벌써 마음이 넉넉해집니다. '가정을 세우는 일에 부족한 내가 쓰임 받고 있다니 너무 감사하다. 더 열심히 해야겠다.'는 마음이 들면서 겸손한 자세가 되어갑니다. 보십시오. 우리는 얼핏 격려나 칭찬을 해 주면 교만해 질 거라고 염려하지만, 오히려 적절한 격려는 사람을 더욱 겸손하고 성실하게 합니다.

아내는 이 사실을 알고 있었나 봅니다. 격려를 통해 저를 세워 준 아내는 이번엔 한 가지 권면을 간곡하게 표현합니다.

"근데 여보, 딱 한 가지만 고치면 금상첨화겠더라."

"응? 그게 뭔데?"

"당신 강의할 때 손을 조금만 덜 흔들었으면 좋겠어요."

"아, 맞아. 내가 여전히 손 흔드는 버릇이 남아 있지? 말이 빨리빨리 안 나오니까 어떤 때는 손부터 나가더라고. 아, 이거 조심해야겠네."

어떻습니까? 똑같은 말을 했는데도 어떤 경우는 잔소리로 작용했고, 어떤 경우는 권면으로 작용했습니다. 서로 다른 결과를 낳았습니다.

왜 이렇습니까? 지난 번에는 무조건 제 약점부터 건드렸다면 두 번째 대화에서는 저를 격려부터 해 주었습니다. 그 조그만 차이 하나가 말을 듣는 상대방을 이렇게 다르게 반응하도록 이끈 것입니다.

그렇다면 격려한다는 것은 무엇일까요? 우리는 어떻게 해야 격려의 말을 자연스럽게 표현할 수 있을까요?

　우리가 진심으로 격려하고 싶다면 배우자의 마음에 먼저 공감을 해야 합니다. 마음을 공감하고 배우자의 관점에서 세상을 보며, 배우자의 필요가 무엇이고 배우자에게 중요한 가치가 무엇인지를 아는 것입니다. 그것을 알면 배우자를 어떻게 세워 줄지, 어떻게 격려해 줄지가 자연히 보입니다.

　가령, 한 달에 백만 원 월급을 받는 서민 가장을 격려하려면 어떻게 해야 할까요? 먼저 그의 애달픈 심정부터 공감해야 합니다. 그가 한 달 내내 가족을 위해 열심히 일하고도 그 월급을 받고 돌아올 때의 심정, 그 심정을 공감한다면 절대로 "겨우 쥐꼬리만한 월급 갖다 주고 큰소리야?" 하는 말은 뱉을 수가 없습니다. 직장 구하기가 하늘의 별따기인 이 시대에 월급이 적다고 해서 당장 직장을 때려치울 수도 없고, 그렇다고 그 월급만으로 처자식 먹여 살리자니 너무 힘이 들고…. 그러면서도 한편, 가족들 앞에서는 초라한 자신의 모습을 비추고 싶지 않은 서민 가장의 뼈아픈 심정을 공감한다면 어떻게 격려해야 할지 마음에 그려집니다.

　먼저는 기뻐해야 할 것입니다. 월급을 내미는 그 어깨가 으쓱해지도록 아내 얼굴에 함박웃음을 잠시라도 지어 보십시오. "어머, 벌써 월급날이구나. 와, 너무 좋다. 당신 수고 많았어요." 당장 내일 그 월급으로 공과금 내고 카드 값 갚고 나면 수중에 돈이 얼마 안 남더라도 오늘만이라도 함께 웃을 수 있는 여유를 가져 보라는 것입니다. 그리고 나서 차분하고도 밝은 톤으로 현실적인 이야기를 함께 나눠 보십시오.

"여보, 아무리 알뜰하게 써도 당신 월급만으로 계속 가정경제를 이어가기가 무리인 것 같은데 어떻게 하는 게 좋을까요?"

"글쎄 말이야, 당신 생각은 어때?"

"일단은 나도 부업거리를 찾아야 할 것 같아요. 좋은 일거리가 나오도록 같이 기도했으면 좋겠어요. 당신도 서두르지는 말고 다른 직장을 좀 알아보는 건 어떨까? 어때요, 당신은? 그 직장이 비전이 있을 것 같아요?"

그런 식으로 머리를 맞대고 문제를 함께 풀어가야 합니다.

만약 배우자에게 충분히 격려하지 않은 채 무작정 돈 못 벌어온다고 나무란다면 코너에 몰린 배우자는 결국 나를 물어뜯게 되어 있습니다. 문제의 본질은 해결하지도 못한 채 부부관계만 악화되는 것입니다.

더 쉬운 예로 김치찌개를 매우 좋아하는 남편이 있다고 칩시다. 그분은 1주일에 두 번 정도는 김치찌개를 먹어야 밥을 잘 먹었다고 생각하는 사람입니다. 그런데 그 주간 따라 아내가 굉장히 바빴나 봅니다. 김치찌개를 안 해 주고 매일 같은 반찬만 올라옵니다. 며칠을 참던 남편은 다음 날 잔뜩 기대를 하고 저녁상에 앉았습니다. '오늘은 설마 김치찌개를 해 주겠지?' 그런데 그날도 여전히 김치찌개가 안 올라오고 냉동실에 얼렸던 곰국만 끓여서 올라오는 것입니다. 그럴 때 여러분 같으면 어떤 반응을 보이시겠습니까?

첫째는 이런 반응이 있습니다.

"당신, 요새 나한테 관심이 있는 거야, 없는 거야? 나 김치찌개 좋아하는 줄 뻔히 알면서 며칠 째 곰국에다 마른반찬만 계속 올라오잖아!"

그러면 아내는 십중팔구 이렇게 나옵니다.

"당신은? 내가 노느라고 그랬어요? 당신도 알잖아. 내가 이번 주에 얼마나 바빴어? 남자가 째째하게 마누라가 차려 주는 대로 아무거나 좀 먹으면 어때? 밥상머리에서 투정이나 하고 있어요, 그래."

또 하나의 반응이 있습니다.

"여보, 당신이 만드는 김치찌개는 이 수원시내 어느 한식집의 김치찌개보다 맛있는 거 알아? 난 당신 김치찌개 말고는 다른 데선 먹고 싶지도 않더라. 근데 그 맛있는 김치찌개를 먹어본 지가 참 오래됐다. 너무 먹고 싶어."

이렇게 애교도 섞어 가며 표현해 보십시오. 그러면 정상적인 아내라면 틀림없이 미안한 마음을 갖습니다. 그리고 속으로 생각합니다. '내일은 하늘이 두 쪽이 나도 김치찌개를 꼭 끓여 줘야겠다.'

전자는 비난을 했다면 후자는 격려를 했습니다. 비난과 격려는 이토록 다른 결과를 가져온다는 것입니다. 아내에게, 혹 남편에게 요구사항이 있으십니까? 그렇다면 오늘 당장 격려를 먼저 해 주십시오. 달라지는 배우자의 모습을 눈으로 확인할 수 있을 겁니다.

안 그래도 아픈 상처, **더 이상 찌르지 마라**

앞장에서 우린 이미 내적치유에 대한 말씀을 나눴습니다만, 여전히 많은 부부들이 이 문제에 대한 이해가 부족하기에 대화를 나누다가도 여기에 걸려 넘어지는 예가 많은 것 같습니다. 특히나 부부는 살면서 서로를 비난하게 될 때가 있는데, 그 비난의 말이 배우자의 치유되지 않은 상처와 연관된 경우, 배우자는 심각한 아픔을 겪게 됩니다.

예를 들어 어떤 부부 모임을 다녀오다가 남편이 아내에게 이런 말을 했다고 칩시다.

"당신은 말하는 게 왜 그 모양이냐? 모였다 하면 무식한 티를 팍팍 내고 다니고 말이지, 당신 학교 다닐 때 공부 못했을 거란 생각은 했는데, 사람들 모였을 때는 좀 교양 있게 행동하면 안 돼? 내가 아주 창피해 죽겠어. 김 과장네 아내처럼 그저 조용히만 있어도 중간은 가잖아. 다음부턴 그냥 가만히 좀 있어라, 제발. 그게 날 도와주는 거야."

남편이 홧김에 뱉은 이런 종류의 말. 그러나 그 말이 아내의 가슴에는 대못을 박는 것과 같아서 평생 남편에게 분노감을 분출할 수도 있다는 사실을 아십니까? 왜냐하면 그 아내는 어려서부터 공부도 잘하고 얼굴도 예뻤던 동생과 끊임없이 비교당하며 자란 상처를 지녔기 때문입니다. 똑똑한 동생은 늘 아버지의 자랑거리이자 긍지여서 부모님은 어디를 가도 꼭 동생만 데리고 다녔습니다. 때로는 언니인 자신의 존재는 생각조차 안 하시는 듯 보였습니다. 그러다보니 먼 친척들도 언니가 있는지 조차도 잘 몰랐습니다. "어머, 큰 애가 있었군요. 왜 한 번도 말씀을 안 하셨어요?" 있는 듯 없는 듯, 아니 있으나 마나한 존재가 자신이라 여겨질 만큼 부모는 자신에게 관심을 기울여 주지 않았습니다. 그러다 보니 이 부인은 언젠가부터 자신의 존재를 알리기 위해 사람들이 모인 곳에서는 자동적으로 오버하게 되었습니다. "나, 여기 이렇게 존재한다. 내게 관심을 기울여 달라"는 몸부림이었던 셈입니다. 그런데 남편은 그런 자신에게 "무식한 티 내지 말라"고, "누구네 아내처럼 그저 숨죽인 채 가만히 있으라"고 말합니다. 그 말을 들은 아내는 남편의 말 자체에도 화가 났지만 과거의 상처가 무의식중에 떠오르면서 걷잡을 수 없는 분노감에 휩싸이고 맙니다.

부부가 대화를 하다가 상대방이 필요 이상으로 분노를 표출할 경우, 십중팔구는 이와 같이 어린 날의 상처와 연관된 일일 수 있음을 기억하시기 바랍니다.

그래서 우리는 가까운 부부 사이일수록 비난하는 말은 피해야 합니다. 비난은 상대의 영혼을 찌르는 것이기에 영혼 깊숙이 내재되었던 상처가 튀어 올라올 수 있기 때문입니다.

특별히 남편들은 자신의 억양이 비난조의 억양은 아닌지 점검해 보시기 바랍니다. 보통 우리가 사람들과 대화할 때 의사 전달의 수단으로 언어 자체는 7% 정도의 역할밖에는 하지 않는다고 합니다. 언어는 7%, 억양이 38%, 몸짓과 표정 등의 비언어가 55%를 차지한다는 것입니다. 대답 대신 고개 한 번 끄덕여 주고, 마음에 든다는 말 대신 웃음 한 번 지어 주고, 마음에 안 든다는 말 대신 눈살을 찌푸리는 모습들이 우리의 대화법입니다. 그러므로 말 자체를 잘하지 못해도 좋은 표정과 좋은 억양을 지니고 있으면 상대방에게 얼마든지 호의를 줄 수 있다는 것입니다. 그러나 아무리 논리정연하게 말을 잘해도 억양이 비난조의 억양인 경우는 자주 오해를 불러옵니다. 똑같이 "오늘 반찬이 김치찌개야?"라고 말을 해도 억양에 따라 "김치찌개여서 너무 좋다"는 뜻으로 들리기도 하고, "김치찌개여서 마음에 안 든다"는 뜻으로 들리기도 한다는 것입니다. 실제로 어떤 사람은 말투만 들어도 정이 폭 가는 사람이 있고, 어떤 사람은 그 반대인 경우도 있습니다.

그러므로 혹시 나의 억양이나 표정이 배우자에게 비난으로 작용하고 있지는 않는지 살펴보고 이 부분에 대해서 많은 노력을 해야 합니다. 내 맘은 안 그런데 억양 때문에 상대방이 자신을 비난하고 있다고 오해한다면 나도 괴롭고 상대방도 괴롭지 않겠습니까? 또한 상대 배우자도 '저 사람 말투는 늘 나를 혼내고 비난하는 말투야'라고 혼자 끙끙 앓지 말고, '나에게 조금만 더 부드러운 말투, 부드러운 표정으로 대해 줬으면 좋겠어'라고 말할 수 있기를 바랍니다. 모든 문제는 함께 풀어갈 때 쉽게 풀리게 되어 있습니다.

그래서 부부는 많은 이야기를 나눠야 합니다. 대화를 통해 배우자의 상처가 무엇인지도 서로 발견하고, 그럼으로써 서로 상처를 싸매 주고, 나의 화법에 어떤 문제가 있는지도 깨달아 알면서 부부 사이의 대화는 원만하면서도 깊이 있게 변해가는 법입니다.

유(you) 메시지보다 아이(I) 메시지를 사용하라

대화를 잘하는 사람의 말을 가만히 들어 보면 결코 상대방을 공격하는 법이

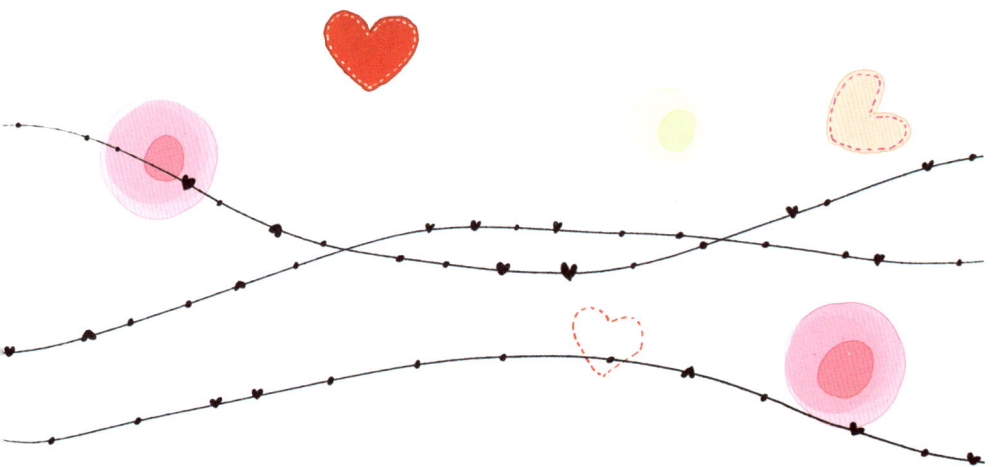

없습니다. 어떤 일을 강요하지도 않습니다. 그러나 상대방은 말하는 사람이 무엇을 필요로 하는지 다 알아듣고 그 필요를 채워 주는 걸 봅니다.

그렇다면 대화에 능숙한 사람은 어떤 식으로 자신의 의사표시를 하고 있을까요? 그가 택한 대화법은 '아이 메시지(I message)'였습니다. 그러나 우리는 흔히 '유 메시지(you message)'를 사용해서 말합니다.

"당신이 요즘 나한테 관심이 있기나 해요? 내가 어머니 수발드느라 꼼짝을 못하는데도 당신은 나한테 수고한다는 말 한마디 안 해 주잖아요?"

"오늘도 반찬이 이게 뭐야? 당신 도대체 집에서 뭐 하는 사람이야?"

"당신은 애들 교육에 관심이나 둬 봤어? 그래놓고 이제 와서 왜 날 탓해?"

우리가 하는 말 속에는 늘 당신(you)에 대한 내용이 주로 표현되어 있습니다. 그러다보니 우리가 하는 말은 당신에게 공격적으로 나가고 마는 것입니다. 공격하는 게 주목적이 아니라 "내가 이만큼 힘이 드니까 당신이 나를 좀 도와주었으면 좋겠다"는 게 본심인데도 상대방은 본심보다는 자신에게 공격을 가한다는 데 상처를 받아 맹렬히 반격을 하고 나서는 것입니다. 공격을 받으면 반격을 가하는 게 인간의 자기 방어 본능이기 때문입니다.

이제는 '니'와 '내'가 아니라 '우리' **155**

이처럼 유(you) 메시지는 상대방에게 자기 방어 본능을 일으키므로 별로 좋은 대화법은 아닌 것 같습니다. 특히, 자신의 필요를 상대방에게 알릴 때일수록 아이(I) 메시지는 상대방을 움직이는 데 효과를 발휘합니다. 위에서 소개했던 세 가지 대화를 아이 메시지로 바꾸어 표현해 보겠습니다.

"여보, 나도 이제 많이 늙었나 봐. 어머님 수발을 잘 들고 싶은데 매일 집안에서만 살다 보니까 가슴이 갑갑하고 때로는 괜히 혼자서 눈물만 흘리게 돼. 인생이 허망하게 느껴지기도 하고. 점점 의욕이 없어져 가는 게 건강도 점점 안 좋아지는 것 같아. 나 왜 이러지? 왜 이렇게 사람이 부족한지 몰라."

"여보, 요새 내가 입맛이 깔깔한 게 밥이 잘 안 먹히네. 환절기라서 그런가? 특히 식당 밥은 정말 못 먹겠어. 점심때는 두어 수저밖에 못 먹겠더라. 그래서 그런지 퇴근길엔 얼마나 배가 고픈지 당신이 끓여 주는 맛있는 된장찌개 생각이 굴뚝같더라고. 왜 멸치 넣고 칼칼하게 끓이면 입맛이 확 돌아오잖아."

"애들이 점점 커갈수록 애들한텐 역시 아빠 역할이 중요한 것 같아요. 민수는 아빠 말이라면 아직도 잘 듣지만, 엄마 말은 잔소리로만 듣는 것 같아. 민수 마음을 잘 알아주는 사람도 역시 아빠인 것 같고. 난 역부족을 많이 느껴. 더군다나 얘가 요새 학교생활에서 뭔가를 힘들어하는 것 같은데 나한테는 잘 얘기를 안 하네. 너무 속상해. 어떻게 얘를 도와줘야 할까?"

나를 표현해 주되, 내가 처한 어려움, 내가 처한 상황, 내가 원하는 것들을 표현하다 보면 상대방은 저절로 무엇을 도와줘야 할지 깨닫게 됩니다. 물론 어떤 이는 이렇게 간곡하게 표현하는 데도 "그래서 나보고 어쩌라고?" 하는 식의 황망한 대답을 하기도 하겠지만, 지혜를 모으고 사랑을 모아 아이 메시지를 계속적으로 보내다 보면 틀림없이 부부의 대화는 이전보다 훨씬 원활하게 이루어질 것입니다.

가끔은 '선물'로 커뮤니케이션하라

실질적인 대화는 아니더라도 선물을 주고받는 것은 부부간에 대화를 터 주는 윤활유와 같은 작용을 합니다. 좋은 선물은 자연스러운 대화를 유도하고, 때론 그 선물 자체가 하나의 메시지가 되어 배우자에게 감동을 선사하기도 합니다.

그런데 많은 사람들 특히, 남편들은 좋은 선물의 기준을 잘 모릅니다. 값비싼 선물을 해야만 아내가 좋아하는 줄 알고 아예 선물 주기를 포기하거나, 선물을 바라는 아내의 마음을 무시해 버립니다.

그러나 아내들은 의외로 아주 작고 소박한 선물에 감동하는 사람들입니다. 값이 싸고 비싸고의 문제가 아니라 마음의 정성이 얼마나 깃들어 있느냐가 중요하다는 것입니다. 그런 마음을 발견할 때 부부는 팍팍한 삶 가운데 한 줄기 샘물을 발견한 것과 같은 감동을 받습니다. 적절한 타이밍에 맞춘 적절한 선물로 오늘, 이런 감동을 한번 배우자에게 선물해 보시기 바랍니다.

무엇보다 선물은 선물하는 이의 마음을 표현하는 것이기에 실용적인 것보다는 감동적인 것을 해 줘야 합니다. "40주년 생일을 축하하면서. 빨래비누 한 박스!" 그러면 아내가 감동하겠습니까? "뭐야. 나보고 옷이나 빨라는 거야? 이게 무슨 선물이야?" 선물을 받고도 아내가 이렇게 화를 낼 수 있다는 것입니다.

언젠가 제 아내 생일에 특별한 선물을 할 여건이 안 되어 퇴근길에 팬시점에 들렀습니다. 영어로 쓰인 여러 엽서들 중 제 마음을 가장 비슷하게 표현한 엽서를 골라 거기에 제 마음을 몇 자 보태어 적었습니다. 그리고 그걸 아내에게 건넸더니 그렇게 좋아하는 것이었습니다. 나중에 아내 말을 들어보니 아내는 그 엽서를 받고, 바쁜 남편이 아내를 위해 엽서를 고르는 모습만 상상해도 감동되었다고 합니다. 아내를 향한 남편의 마음이 전달된 것입니다.

이처럼 선물은 진심어린 마음을 담는 게 중요합니다. 정 선물할 여건이 안 될 때는 길가에 핀 들꽃 한 송이라도 들고 가서 마음을 표현해주면 됩니다. "우리 형편에 무슨 선물이야, 선물은? 당신도 이해하지?" 이렇게 말하지 말고, 편지 한 장이라도, 이메일 하나라도 써서 들꽃 한 송이와 함께 내민다면 그 자체가 큰 선물이 되고, 부부간에 살아가는 큰 기쁨이 됩니다.

또한 선물할 때 남편이 알아야 할 한 가지 사실은 천 원짜리 선물이든, 천 만 원짜리 선물이든 그 효력의 시간은 똑같다는 것입니다. 다이아반지를 선물해 줘도 효과는 하루, 립스틱 하나를 선물해 줘도 효과는 하루입니다. 그러나 단순한 남편들은 이 계산을 할 줄 몰라서 비싼 선물을 무리하게 해 주고는 '이제 1년 내내 편하겠거니' 생각합니다. 그러나 기억하십시오. 천 만 원짜리 생일선물을 받았어도, 천 원짜리 생일선물을 받았어도 며칠 후 결혼기념일이 되면 아내는 또 다른 선물을 요구한다는 사실을.

따라서 가장 영리한 남편은 비싼 선물 한 번으로 끝내고 아내에게 구박받는 게 아니라 그 돈을 몇 년으로 쪼개서 조금씩 자주 해 주는 사람입니다. 저는 이 노하우를 지금도 써 먹고 있습니다.

고난 중에는 위로가 최선의 대화다

이 부분에 대해서는 2부에서 자세히 말씀드리겠지만, 부부 대화의 가장 정점이라 하면 저는 위로의 대화라고 생각합니다.

결혼생활 중에 불가피하게 건너야 할 강이 있다면 그것은 고난의 강일 것입니다. 경제문제나 건강문제, 관계의 문제, 자녀문제 등 결혼생활을 하다 보면 심각한 고통과 고난이 찾아올 때가 있습니다. 그럴 때 부부가 그 문제를 어떻게 풀어 가느냐에 따라 고난이 축복으로 변하기도 하고, 더 깊은 수렁으로 빠지기도 합니다.

사실 '고난은 축복의 또 다른 얼굴'이라는 말이 있듯이, 하나님께서 우리 가정에 복을 주시기 위한 하나의 숙제와도 같은 것이라고 저는 믿습니다. 그래서 우리는 최선을 다해서 이 숙제를 하나님 앞에서 하나님의 방법으로 풀어가야 합니다.

그러나 실제로 이 숙제를 푼다는 것이 그렇게 쉬운 일은 아닙니다. 무엇보다 고난의 기간이 길면 길수록 숙제를 풀던 가족들은 심신이 지쳐 버립니다. 처음에 의욕적으로 헤쳐 나가려던 마음도 차츰 사라지고 절망의 나락으로 떨어져 갑니다.

그럴 때 가족을 일으켜 세워 주는 말이 '위로의 말'입니다. "힘들지? 조금만 더 힘을 내자. 우리에겐 하나님이 계시잖아." 고난을 겪어본 분들은 알 것입니다. 부부는 서로를 의존하는 존재가 아니라 서로를 섬기는 존재로 부름 받았다는 사실을. 고난 중에 부부는 서로를 섬겨야 합니다. 그렇게 서로를 섬겨 주면서 서로를 세워 나가야 합니다. 그러면 고난의 강을 건너 가기가 훨씬 수월합니다.

그러나 서로를 의존하면 의존할수록 서로에 대한 실망만 커집니다. 배우자가 문제를 해결할 아무런 능력이 없다는 사실에 실망하고, 고난 앞에서 힘들어하고 이기적이 되어가는 모습에 실망합니다. 고난이 깊을수록 인간은 나약한 실존을 드러내기 마련입니다. 인간은 본래 약하고 악하기 때문에 그럴 수밖에 없습니다.

따라서 부부는 서로를 의존하지 말고 하나님만 의지해야 합니다. 서로에 대해서는 그저 사랑하고 섬기며 살아야 합니다. 그래서 고난 중에 나눌 수 있는 최고의 위로는 하나님을 높이는 일입니다. 부부가 함께 하나님이 어떤 분이신지를 묵상하고, 최고의 것을 주시기를 원하시는 하나님을 선포하는 일입니다. 그러면 문제는 지나갑니다. 반드시 고난의 강은 건너가게 될 것입니다.

그러나 많은 부부들은 고난이 오면 "네 탓, 내 탓"을 말합니다. 누구 때문에 이 일이 벌어졌고, 누가 더 잘못했고를 따집니다. 그렇게 물고 물리다가 결국 깨어지는 가정들이 얼마나 많습니까? 고난의 문제를 헤쳐 나가지 못하고 마귀의 계략에 그대로 걸려들고 맙니다.

오늘 당신의 가정에 고난이 있습니까? 하나님을 높이십시오. 배우자에게 하나님의 사랑을 전하십시오. "하나님께서 당신을 사랑하시잖아요. 이 일을 통해 당신을 결국 높이실 거예요. 당신은 하나님의 존귀한 자녀잖아요." 이런 위로의 대화가 선포되는 가정에 하나님께서는 속히 그 말대로 응답해 주실 것입니다.

"사람은 입의 열매로 인하여 복록을 누리거니와 마음이 궤사한 자는 강포를 당하느니라"(잠13:2).

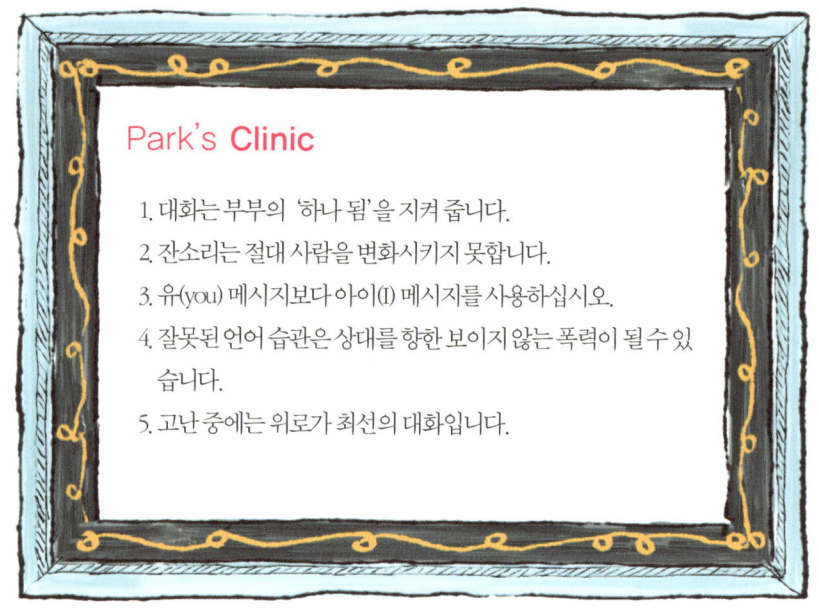

Park's Clinic

1. 대화는 부부의 '하나 됨'을 지켜 줍니다.
2. 잔소리는 절대 사람을 변화시키지 못합니다.
3. 유(you) 메시지보다 아이(I) 메시지를 사용하십시오.
4. 잘못된 언어 습관은 상대를 향한 보이지 않는 폭력이 될 수 있습니다.
5. 고난 중에는 위로가 최선의 대화입니다.

5. 마음껏 성(性)의 축제를 누리라

'부부의 성'은 하나님이 허락하신 '유일한 성'이다

'치유 받은 성'이 아름답다

부부관계에서 성(性)을 이야기하려면 무엇보다 성을 바라보는 태도부터 점검해 봐야 합니다. 부부의 성을 대하는 태도가 어떠한가에 따라 부부가 누리는 성의 양상이 그만큼 달라지는 까닭입니다. 태도는 곧 결과를 낳는 중요한 잣대인 것입니다.

우리들 대부분은 결혼하면 부부의 성생활은 대체로 원만하게 이루어질 거라고 생각합니다. 그러나 많은 부부들이 부부 성생활에서 어려움과 참담함을 겪으며 살아가고 있는 것이 현실입니다. 그러면서도 원만치 못한 성생활을 교정하지 않습니다. 교정할 생각조차 못합니다. 아직도 한국사회는 성을 가르치고 성을 이야기하는 것을 터부시하는 까닭입니다. 특히나 교회 안에서는 부부의 성에 대해 일체 침묵합니다. 알아서 다들 잘 할 거라는 믿음 때문인지, 부부의 성 문제는 가정 행복의 중요 요소가 아니라는 믿음 때문인지는 모르겠습니다.

그러나 부부가 성의 축복을 마음껏 누리지 못하면서 행복을 말하기란 어렵습니다. 욕구불만으로 가득 차 있고, 고통으로 얼룩져 있는데 어떻게 하나 됨의 행복을 말할 수 있겠습니까? 하나님께서는 하나 됨의 행복을 누리라고 '성'이라는 선물을 허락해 주셨습니다. 성을 통해 부부가 하나가 되는 "이 비밀이 크도다"라고 말씀하실 만큼 성은 부부에게 허락하신 큰 선물입니다. 그런데도 우리는 잘못된 인식 때문에 선물을 마음껏 기뻐하지도 못하고 쓰지도 못하며 살아가고 있습니다. 왜 그럴까요? 왜 우리는 이렇게 성에 관해 잘못된 인식을 갖게 된 것일까요?

첫째는 유교적인 문화 속에서 잘못된 성 역할을 은연중에 교육받으며 자라왔기 때문입니다. 남존여비사상이 성문화에도 강하게 작용해서 여성은 성적 즐거움과 기쁨을 누리는 존재가 아니라 남성의 성적 즐거움을 위한 하나의 수단적 존재라는 인식이 아직도 남아 있습니다. 그래서 얌전하게 자란 여성들은 결혼 후에도 부부생활에서 성의 축제를 위해 마음 문을 활짝 열기보다는 자녀를 생산하기 위한 수단으로만 부부의 성을 생각한다거나 남자의 성욕을 잠재

우기 위해 어쩔 수 없이 응해 줘야 하는 걸로 생각합니다. 성에 대한 매우 수동적인 태도가 은연중에 자리 잡고 있는 것입니다. 만약 이런 수단으로서가 아니라 성의 기쁨을 누리기 위해 여성이 적극적으로 성생활을 원한다면 오히려 그것은 매우 부끄러운 일이라고 생각하면서 결국 부부는 풍성한 성의 기쁨을 제한해 버립니다. 성에 관해 솔직하게 대화하거나 좀 더 큰 기쁨을 누리기 위해 부부가 노력하는 모습 자체를 터부시하는 것입니다.

둘째로 성에 관한 잘못된 태도를 가지게 된 원인은 왜곡된 교육에 있습니다. 오늘날 성은 각종 매체가 다 점령해 버렸습니다. 영화, 드라마, 잡지, 성인 사이트 등 많은 매체에서 보여 주는 성은 부부의 성생활을 심각하게 오염시키고 있습니다. 성의 진정한 목적은 오르가즘과는 한층 차원이 다른 '하나 됨'에 있음에도 불구하고, 각종 매체들은 성의 목적을 쾌락과 쾌감으로만 보기 때문에 오늘날 세상은 쾌락 지상주의에 빠져 버렸습니다. 영화나 포르노그라피에서 보여 주는 모습들이 다 그렇지 않습니까? 그런 영상을 보고 자란 부부들은 실제 부부 성생활을 통해서도 만족을 누리지 못합니다. 실망하거나 원망합니다. 서로 노력하려는 마음보다는 음욕을 품고 이미 상상 속에서 자리 잡은 성의 파라다이스를 찾아 방황합니다. 짜릿한 쾌감을 줄 수 있는 다른 이성을 찾거나, 의상도착증, 수간증, 여성물건애, 노출증, 관음증, 소아 기호증 등 비정상적인 성적 관계에 사로잡히는 예들이 이런 왜곡된 성교육의 결과입니다.

사실 크리스천의 성은 신혼기가 절정기가 될 수 없습니다. 결혼 전에 성을 절제했다면 신혼기에는 서로 성적 마찰이나 갈등이 생기는 게 어떤 면에서는 자연스러운 현상입니다. 그러나 함께 노력하기만 하면 부부의 성생활은 그 기쁨과 만족도가 수직상승을 하게 되어 있습니다. 점점 더 좋아지고 점점 더 풍성해집니다.

반면, 왜곡된 성 관념으로 시작된 잘못된 성생활은(외도 등) 처음엔 짜릿한 쾌감을 줄지 몰라도 점점 더 수렁에 빠져들게 합니다. 점점 더 만족이 없어지고 점점 더 큰 자극을 찾아 방황하게 합니다. 성을 누리는 게 아니라 성의 사슬에 매어 변태적인 사람이 되어 갑니다. 성에 관해 좋은 태도가 아닌 변태적인 태도를 갖게 되는 것입니다.

성에 관한 잘못된 태도를 갖게 되는 세 번째 이유는 이미 많은 사람들이 성에 관한 상처를 경험한 후 부부생활을 시작한다는 데 있습니다. 그런 경험은 자신도 모르는 사이에 성생활을 즐기지 못하게 하고 움츠리게 합니다. 어린 시절, 외도하는 부모님의 성생활을 목격했거나 사촌오빠로부터 성추행을 당했거나 누군가 자신의 성기를 만졌거나, 성적 호기심으로 들여다 보던 책이나 던진 질문 앞에서 모욕감을 느낄 만큼 야단을 맞았거나 하는 등의 모든 경험들이 무의식중에 남아 있다가 '성은 더럽고 추한 것', '성은 숨겨야 하는 것'으로 인식해서 부부 성생활을 할 때도 매우 방어적인 태도를 보인다는 것입니다.

실제로 어떤 아내는 남편이 손만 댔다 하면 본능적으로 자신을 방어하려고 하는 바람에 질이 잘 열리지도 않고 부부관계가 힘들어서 결국 파탄 위기까지 간 적도 있습니다. 나중에야 아내에게 어린 시절에 성적 상처가 있었음을 기도하는 중에 깨닫게 되었습니다. 그 사실을 알기 전까지 남편은 계속해서 성관계를 거부하는 아내로부터 심한 모욕감과 애정결핍을 느낀 나머지 복수심으로 외도를 한 적도 있었고, 아내는 아내대로 남편이 외도했다는 사실에 또 다른 상처를 받아 날마다 눈물로 밤을 지새우기도 했습니다. 그래서 인간은 내적 치유가 필요합니다. 아내는 어느 날 기도 중에 전혀 생각지 못했던 아주 어린 날의 그 상처(친척오빠가 자신의 성기를 만지려 했던)를 떠올림과 동시에 자신이 왜 그렇게 성에 대해 방어적인 태도를 지니게 되었는지를 이해하게 되었습니다. 그리고 곧바로 남편에게 이 사실을 알리면서 함께 울고, 함께 기도했습니다. 그 후 부부는 새로운 부부생활을 맞게 되었습니다. 함께 노력해 가는 부부의 성생활을 통해 아내와 남편은 치유와 회복을 경험했던 것입니다.

이 외에도 많은 사람들은 결혼 전의 성 경험이 현재의 부부생활을 가로막는 장애요인이 된다고 털어 놓습니다. 원하든 원치 않든 갖게 되었던 다른 이성과의 성 경험. 그 경험은 현재의 부부 성생활을 왜곡시키는 노릇을 합니다. 비교하거나 혹은 죄책감에 사로잡히게 해서 성을 통해서 부부가 하나 되는 것을 가로막아 버립니다. 최상의 성적 오르가즘을 지나치게 지향하거나, 그 반대로 성적 쾌감을 지향하는 걸 죄라고 여기게 하고 죄책감에 빠지게 하여 부부가 성생활에 마음 문을 열 수 없게 만드는 것입니다.

이처럼 우리는 거친 세상에서 많은 것들을 경험한 이후 결혼에 이릅니다. 그리고 성에 관한 잘못된 태도로 인해 정작 부부가 누려야 할 벅찬 축제에 들어가지 못하고 있는 것입니다.

하나님이 주시는 **최고의 결혼 선물**

지금까지 말씀드린 대로, 우리는 숱한 사연을 안고 결혼을 합니다. 그러나 일단 결혼했으면 우리는 새로운 마음으로 과거의 모든 잘못된 생각과 가치관과 행동과 상처를 주님의 십자가 앞에 내려놓고 씻음 받은 후 주님께서 성경에서 말씀하시는 부부의 성적 축제 안으로 들어가야 합니다. 왜곡된 성 가치관과 경험과 생각이 있었던 우리였지만, 그럼에도 불구하고 주님께서는 우리에게 결혼선물로 '부부의 성'이라는 아름답고도 풍성한 선물을 허락해 주셨습니다. 그래서 교회는 부부생활 세미나, 가정생활의 행복, 부부의 하나 됨을 계속해서 가르쳐야 한다고 저는 믿습니다. 교회가 이것을 가르치지 않으면 세상의 왜곡된 성문화 속에 우리의 가정들이 하나님께서 주신 부부생활의 참 기쁨을 누리지 못하며 또한 부부의 하나 됨의 비밀을 발견하지 못하기 때문입니다.

성경에서는 성을 결코 죄악시하거나 무관심하게 내버려두지 않았습니다. 오히려 이것은 하나님의 선물이기에 선하고 감사함으로 받아야 한다고 말씀합니다(딤전4:1-5). 하나 됨에 이르게 하는 가장 긴밀한 관계요, 사랑의 표현이라고 말씀합니다(창2:24-25). 그런데 거기에는 한 가지 조건이 있습니다. "하나님께서 허락하신 부부관계 안에서" 그 울타리 안에서 성이 이루어질 때 "두 사람이 벌거벗었으나 부끄러워 아니하는 관계"가 성립된다는 것입니다. 마귀가 참소하지 못하게 하고, 죄책감에 사로잡히지 않는 유일한 관계, 그 관계가 바로 부부관계입니다. 생육하고 번성하며(창1:26-28), 성의 기쁨과 쾌락을 즐길 수 있는(잠:18-19) 단 하나의 관계입니다. 하나님께서는 이 관계를 통해 음행을 방지하시고(고전7:2), 섬김을 훈련하시며(고전7:3-4), 정욕을 제어하고 절제를 훈련하길(고전7:2-5) 원하십니다.

하나님께선 이토록 부부의 성생활에 대한 자세한 지침들을 말씀하셨습니다. 왜 그렇습니까? 그 속에 부부의 하나 됨에 이르게 하는 하나님의 비밀이 숨겨져 있기 때문입니다. 하나님이 주시는 최고의 결혼선물이기 때문입니다.

그러므로 우리는 결혼을 했으면 부부관계에 전심을 다해야 합니다. 그 관계 속에서만 성으로 대화할 수 있습니다. 하나님께서는 하나 된 대화의 기쁨을 부부가 누리길 바라십니다. 그래서 성경에선 부부의 성관계를 자세히 묘사합니다.

"너는 네 우물에서 물을 마시며 네 샘에서 흐르는 물을 마시라 어찌하여 네 샘물을 집 밖으로 넘치게 하겠으며 네 도랑물을 거리로 흘러가게 하겠느냐 그 물로 너만 있게 하고 타인으로 더불어 그것을 나누지 말라 네 샘으로 복되게 하라 네가 젊어서 취한 아내를 즐거워하라 그는 사랑스러운 암사슴 같고 아름다운 암노루 같으니 너는 그 품을 항상 족하게 여기며 그 사랑을 항상 연모하라"(잠5:15-19).

여기서 '샘'은 여자의 성기를 의미합니다. 깊이 파여 있고 물이 있는 그곳, 남편은 그 샘에서만, 그 우물에서만 물을 마시라고 합니다. 당연한 말씀입니다. 그리고 우리는 이 말씀을 윤리적 차원으로만 이해하는 경향이 있는데, 실제로 본문은 윤리적 차원을 넘어 부부가 성생활을 하는 데에 적극적인 지침까지도 말씀해 주고 있는 것입니다. "네 샘으로 복되게 하라 네가 젊어서 취한 아내를 즐거워하라" 아내가 성생활을 통해 기쁨과 행복을 누리도록 하라는 뜻입니다. 성관계를 통해 남편은 아내를 즐거워하고 아내는 남편을 통해 사랑의 환희를 누리라는 것입니다. 보십시오. "항상 너는 그 품을 족하게 여기고 연모하라"고까지 말씀하고 있지 않습니까? 열렬히 사모하는 것, 그것이 연모입니다. 아내의 품, 남편의 품을 그렇게 사모하라는 것입니다. 왜 그렇습니까? 그 품 안에서 부부는 하나 됨의 대화를 나누기 때문입니다. 쾌락을 지향하는 음녀와의 성관계에서는 결코 누릴 수 없는, 하나님께서 의도하시고 원하시는 거룩한 하나 됨을 부부관계 안에서는 누릴 수 있기 때문입니다.

이 거룩한 하나 됨의 대화, 부부의 성관계의 비밀을 맛볼 수 있으려면 부부는 항상 노력해야 합니다. 사실 어떤 대화인들 처음부터 딱 맞아 떨어지는 대화가 어디 있겠습니까? 서로 다른 문화, 다른 사연 속에 자라온 두 사람이 공감을 느끼는 대화를 나누려면 시간이 필요하고 노력이 필요합니다. 그 문제에 대해서는 저희 부부도 예외가 아니었습니다.

배우자의 '러브 코드'를 읽으라

「우리… 사랑할까요?」에서 고백한 대로, 저는 대화가 참 잘 통하는 아내를 만나 결혼에 골인했습니다. 아내와 저는 신앙과 비전과 가치관이 비슷한 데가 많아서 대화를 하면 시간이 가는 줄 몰랐습니다. 그렇게 우리는 잘 통하는 커플이었습니다.

그런데 결혼을 하고 보니 한 가지 커뮤니케이션이 잘 안되는 부분이 있었습니다. 그것은 서로에게 사랑을 전하는 언어 전달법이었습니다.

아내는 항상 저를 위해 봉사하기를 쉬지 않는 사람이었습니다. 늘 부지런하게 움직이며 저를 위해 그리고 가족들을 위해 끊임없이 봉사를 했습니다. 그게 아내 식의 사랑의 표현법이었습니다. 어느 정도로 아내가 부지런한지 아침 6시가 되기도 전에 일어나는 아내는 그때부터 남편의 모든 출근준비를 다 해 놓습니다. 석간신문도 남편인 제가 가장 보기 좋도록 제가 제일 좋아하는 스포츠란을 펴서 밥상 위에 올려 놓고 건강을 위해 생식을 준비해 놓으며 양말과 손수건과 가방까지 다 챙겨 놓습니다. 그리고는 저를 깨웁니다. 제가 퇴근할 때도 아내의 그런 모습은 변함이 없습니다. 6시든 9시든 11시든 "여보, 나 이제 집에 들어갈게"라고 전화하면 제가 들어감과 동시에 식사를 할 수 있도록 모든 식사 준비를 다 해 놓습니다. 제가 식사하는 동안에도 아내는 과일을 깎고 주스를 준비하며 끊임없이 제 주변을 뱅뱅 돌며 움직입니다. 집안도 너무나 깔끔하게 정리하기 때문에 머리카락 하나 날리는 법이 없습니다. 그런데 그런 아내를 보는 제 마음이 흡족했을까요?

아내에겐 미안하지만 저는 별로 흡족하지 않았습니다. 저는 무엇보다 제가 밥을 먹을 때 "맛있죠? 이것 좀 드셔 보세요"라고 말하며 아내가 좀 곰살맞게 대해 주기를 바라는데, 아내는 늘 제 주변을 돌며 집안일만 하고, 저는 늘 혼자 앉아 밥을 먹기가 태반이었습니다. 그래서 어느 날 아내에게 말했습니다.

"도대체 당신이 식모야? 제발 그런 거 안 해도 좋으니까 내 옆에 앉아서 애교도 좀 부리고 하루 있었던 일도 좀 얘기해 주고 그래 봐."

그러면 아내는 제 요청을 간단하게 거절합니다,

"가만 좀 있어 봐요. 배 좀 깎고요."

저는 사실 퇴근하고 오면 어떻게든 아내와 정다운 시간을 갖고 싶어서 부엌에서 일하는 아내에게 다가가 허리를 딱 껴안습니다. 그러면 아내는 몸을 움츠리면서 손을 뿌리칩니다.

"아니, 왜 그래요? 그럴 시간 있으면 저기 쓰레기라도 버리고 저기 좀 닦아 줘요."

집안일을 해야 하는 아내, 정겹게 같이 놀고 싶은 남편. 이것이 우리 부부가 엇갈리는 사연이었습니다. 아내는 가족을 사랑하기 때문에 열심히 봉사하면서 봉사로 사랑을 전달하고, 남편은 아내를 사랑하기 때문에 스킨십으로 사랑을 전달하고 싶어 했습니다. 그래서 아내는 "왜 우리 남편은 청소도 잘 안 해 주고, 쓰레기도 잘 안 치워주는 거야?"라고 말해 오고, 남편은 "왜 우리 아내는 스킨십을 안 해 주는 거야?"라고 말해 왔습니다.

그런 생활 속에서 어느덧 제가 욕구불만이 생겼나 봅니다. 어느 날부턴가 저는 하루 일과를 마친 뒤 쉬고 있는 아내를 불러 요청하기 시작했습니다. "다리 좀 주물러 줘." 그런 제 요구에 말없이 응해 주던 아내는 어느 날부터 이렇게 말해 왔습니다. "당신 아내 이름이 '다리 주물러'예요? 가만히 좀 쉬려고 하면 다리 주물러, 다리 주물러, 이렇게 매일 부르잖아요?" 아내는 내심 그게 속상했는지 교회에 가서 또래 부인들에게까지 물었다고 합니다. "집사님 남편도 퇴근하면 그렇게 매일 다리 주무르라고 하세요?" "아니요. 그런 적이 없는데요." 아내는 아무리 생각해도 남편이 왜 그러는지 알 길이 없었다고 합니다. 남들보다 건강하고 운동도 좋아하는 사람이 왜 아내만 보면 온갖 힘든 표정 다 지으며 다리를 주물러 달라고 하는지 알 수가 없었겠지요.

지금 생각하면 아내에게 미안한 일이지만, 당시 저는 제 사랑의 언어법인 '육체적 접촉'이 잘 이루어지지 않으니까 다리라도 주물러 달라고 해서 스킨십을 받고 싶었던 것 같습니다. 남자란 존재가 바로 이런 것이지요.

오랜 시간이 지난 후에야 우리 부부는 각자가 바라는 사랑의 언어가 무엇인지를 깨닫고는 서로의 필요를 채워 주려고 노력하게 되었습니다. 자신이 원하는 사랑의 언어를 구사하는 게 아니라 상대방이 바라는 사랑의 언어를 구사하게 된 것입니다. 아내는 아내대로 제가 요구하지 않아도 저를 많이 안아 주고 입맞춰 주며, 심지어는 아침에 저를 깨울 때도 다리를 주물러 가면서 "여보, 이제 일어날 시간이에요"라고 말해 왔습니다. 그러니 남편인 제가 어떻게 아내의 필요를 채워 주지 않을 수 있겠습니까? 식사 후에 반찬뚜껑을 덮어 냉장고에 갖다 놓거나 쓰레기를 치우는 일쯤은 자발적으로 할 수 있게 되었습니다. 처음엔 안하던 짓을 하려니 너무 닭살이 돋아서 한마디씩 너스레를 떨며 아내를 위해 사랑의 봉사를 했습니다.

"요즘도 밥 먹고 나서 반찬을 냉장고에 갖다 넣지 않는 간 큰 남자가 있는지 모르겠어?"

"나는 왜 요새 밥만 먹고 나면 밥 그릇, 국그릇을 씽크대에 갖다 넣고 싶은지 모르겠어?"

이렇게 우리 부부 사이에 스킨십이 풍성하고도 자연스럽게 이루어지면서 부부간에 성생활도 당연히 만족스럽게 높아졌습니다. 일반적으로 일상적인 스킨십은 남성보다는 여성들이 더 좋아합니다. 시각적인 것을 좋아하는 남자보다 촉각적이고 청각적인 것을 좋아하는 여자는 직접적인 성관계보다는 일상 속에서 이뤄지는 스킨십을 더 중요하게 생각하는 측면도 있습니다. 앞서 말씀드린 일종의 '보살핌(affection)'을 아내는 스킨십을 받음으로 느끼는 것입니다. 머리를 쓰다듬어 주고 안아 주고 입맞춰 주고 다독여 주는 이런 행위를 통해 아내는 성으로 가는 마음의 길을 한 발짝 뗀다고도 볼 수 있습니다. 어떤 남편은 이런 과정을 일체 생략한 채 평소 등 한 번 다독여 주지 않다가 밤에 갑자기 와락 달려들곤 합니다. 어떤 남편은 술 취한 채 새벽에 들어와 아내에게 성관계를 요구하기도 합니다. 그럴 때 아내는 몸은 허락할지 몰라도 마음이 열리지 않기 때문에 만족스런 성관계를 느끼지 못합니다. 오히려 준비 되지 않고 마음이 열리지 않은 상태에서 성관계를 하면 할수록 불쾌감만 쌓여 갑니다. 사랑하는 행위로서의 성관계가 아니라 농락당하는 심정으로 관계를 갖게 되는 것입니다.

기억하시기 바랍니다. 성적 하나 됨으로 가는 길은 단계를 밟아야 합니다.

평소 다정하고도 사랑스런 스킨십으로 먼저 걸음을 떼십시오. 그리고 그 단계 단계를 즐기십시오. 그 자체가 사랑스러운 하나 됨의 모습입니다.

'불꽃'을 지피는 말 VS '불꽃'을 끄는 말

많은 경우, 남편들은 아내가 성관계에 잘 응해 주지 않는다는 불만을 호소해 옵니다. 특히 임신기부터 수유기를 거치면서 아내는 부부관계에 아예 담을 쌓아 버립니다. 하루 종일 양육과 가사에 시달리느라 심신이 지쳐 버린 아내는 남편과 성관계를 갖는 것이 또 하나의 고달픈 일과로 여겨지는 까닭입니다. 그러나 남편은 그와는 정반대입니다. 안 그래도 임신기에 절제하고 절제했던 터여서 더 이상 기다린다는 것이 남편들에게는 생리적으로도 매우 힘든 상태가 되어 있습니다. 그래서 자신을 귀찮아하는 아내와, 어떻게든 합방을 이루고 싶은 남편 사이에는 묘한 심리전이 전개됩니다. 이럴 때 부부는 함께 노력해 가는 모습을 보여 줘야 합니다.

첫째, 남편은 아내와의 성관계를 위해 지극 정성을 쏟으십시오. 이것은 잠자리에서 성적 테크닉을 잘하라는 뜻이 아닙니다. 평소 아내가 무엇을 필요로 하는지 알아내어 그 필요를 채워 주라는 뜻입니다. 아이들 양육과 가사노동에 시달린 아내는 심신이 지쳐 있는 상태입니다. 그런 아내를 다독거려 주고 도와줄 수 있는 사람은 남편밖에 없습니다. 퇴근하고 와서 쉬려는 생각보다는 아내

를 도와주는 것에서 기쁨과 보람을 찾으려고 해 보십시오. 왜냐하면 그 시기는 아내나 남편이나 하루 종일 쉴 새 없이 움직이는 시기이기 때문입니다. 피곤하기로 치자면 똑같이 피곤할 수 있다는 뜻입니다. 그러므로 아내가 저녁을 준비하는 동안 남편이 빨래를 개 주거나 방을 치워 주는 등의 자상한 배려의 모습을 보여 준다면 아내는 어느 덧 마음 문을 반쯤은 열어놓고 있을 것입니다. 세상에서 제일 열기 힘든 문이 바로 아내의 마음 문이란 사실을 아십니까? 이 문이 열려야 성으로 가는 문도 열리게 되어 있습니다.

게다가 저녁 시간에 남편이 던지는 한마디는 아내의 나머지 반의 마음 문을 열게 하는 관건이 됩니다.

"아휴 신경질 나. 애를 낳고 나니까 자꾸 똥배만 나오네. 옷이 맞는 게 없어."

"그러게 운동 좀 해. 남들은 애 낳고도 살만 잘 빼더만. 자기는 뭐 드럼통이냐? 완전 타원형 몸매가 되가는 거 알아 몰라?"

이런 싸늘한 말을 던져 놓고도 밤에 잠자리를 요구하는 간 큰 남자들이 존재한다는 사실을 아십니까?

"아니야, 아직도 자기는 매력적이야. 애를 낳았으면 배도 좀 통통해야 만지기도 좋지. 그게 얼마나 영광의 표시인데 그래?"

여자는 선천적으로 청각이 예민한 존재이기 때문에 자신을 향해 던지는 따뜻한 말 한마디에 마음이 흔들리는 사람입니다. 자신을 향해 던지는 남편의 권위 있고도 따뜻한 말 한마디, 아내를 향한 자상한 마음 씀씀이가 느껴지는 말 한마디, 그런 말 한마디에 아내는 대부분 남편을 향해 마음 문을 열어 놓습니다.

그런데 남편이 이런 사실은 전혀 외면한 채 "야, 니들 지금 몇 시야? 밤 10시가 넘었어. 빨리빨리 방에 들어가서 자!"라고 호통치며 애들을 일찍 재우면 아내가 잠자리에서 남편을 향해 뜨겁게 응해 줄까요? 부부 잠자리에서 만족스런 성의 하나 됨을 경험할 수 있을까요? 아내는 아이들을 향해 퉁명스럽게 내뱉는 남편의 말에서도 마음 문을 닫아버릴 수 있는 사람입니다.

먼저 아내의 마음을 녹이는 사랑의 언어를 구사하십시오. 처음에는 의도적으로 해야겠지만, 그러다가 무의식중에도 그런 사랑의 언어가 나올 수 있도록 끊임없이 아내를 사랑해 주십시오. 배려해 주십시오. 그러면 부부의 성생활은 훨씬 만족스러워질 것입니다. 남편을 향해 적극적으로 다가 오는 아내의 몸을 느낄 수 있을 겁니다.

아내들 또한 남편만을 탓하지 말고 남편에게 먼저 사랑의 언어를 구사할 수 있어야 합니다. 잠자리를 요구하는 남편의 욕구를 매정하고도 모욕적으로 거절해 버리면 남편은 엄청난 상처를 받습니다. "싫어. 당신은 맨날 이런 거나 원하지? 짐승 같애."

실제로 제가 아는 어떤 남편은 아내로부터 이런 말을 들은 뒤 그 수치감에 치를 떨다가 그만 7개월 동안이나 불감증에 걸린 적도 있었습니다. 성기가 발기가 안 되었던 것입니다. 사람이 얼마나 심리적인 존재인 줄 아십니까? 남자가 여자에 비해 육체적인 존재라고는 하나, 남자도 똑같이 상처를 받을 수 있는 사람입니다. 사랑하는 아내에게 자신의 가장 은밀한 부분인 성을 노출한 채 관계를 요구하는데 거기에 대고 "짐승 같은"이라고 말하는 것은 남자의 수치심을 적나라하게 자극하는 언행입니다. 정 마음이 안 내킬 때는 "여보, 미안한데 내가 오늘은 너무 피곤해서 어떻게 할 수가 없다. 우리 내일 즐거운 시간 보내자." 이렇게 말하면 남편은 내일에 대한 기대감으로 얼마든지 기다릴 수 있습니다.

그렇게 서로가 뜻이 맞을 때 이루어지는 부부의 성관계는 평소보다 더 큰 쾌락을 서로에게 주기도 하지만, 그보다 더 의미 있는 것은 성관계를 통해서 하나님께서 의도하신 '하나 됨'의 기쁨을 맛볼 수 있다는 것입니다. 남편의 발기된 성기가 아내의 깊은 우물 속에 힘차게 들어가 완전한 일체를 이룰 때, 부부는 "내 뼈 중의 뼈요 살 중의 살"이라는 고백을 자연스럽게 토해 낼 수 있습니다. 육체가 원하고 마음이 원해서 이루어지는 부부의 하나 됨, 그 하나 됨 속에서 부부는 자신들을 하나 되게 하신 하나님을 찬양할 수 있습니다. 더불어 영적 하나 됨의 거룩한 기쁨까지도 성관계를 통해 발견할 수 있을 것입니다.

때로는 쉼터가 되어 기다려 주라

남편은 원하지만 부인이 응해 주지 않아 성적인 호흡이 안 맞는 경우도 있지만, 요즘은 그 반대인 경우도 적지 않습니다. 심한 스트레스로 남성이 자꾸만 부부 잠자리를 피하게 되는 경우입니다. 밤이 두려운 남자, 아내의 바뀐 잠옷을 보면 두려움에 떠는 남자, "여보, 보약 좀 먹어야겠어요"라며 몸을 챙겨

주는 아내만 보면 부담을 느끼는 남자가 어느덧 많아졌습니다. 실제로 극심한 스트레스에 시달리는 현대인들은 스트레스 때문에 그 비상구로서 성을 갈급하기도 하지만, 반대로 점점 성관계를 회피하기도 합니다. 사람의 에너지는 한계가 있어서 낮 동안에 정신적으로나 육체적으로 에너지를 소모해 버리면 밤에는 탈진 상태에 들어가고 맙니다. 그러다 보니 이르면 30대 중반, 일반적으로 40대 초반에서 중반을 넘기면서 부부간 성관계에 열정을 잃어버리는 남자들이 많아지고 있습니다.

반면 여자는 어떻습니까? 자녀를 양육해야 하는 30대 초반을 넘기고 나면 비로소 여자의 성욕은 활발해집니다. 처음엔 관계를 가져도 아프기만 했던 것이 점점 좋아지면서 나중엔 짜릿한 쾌감을 느끼고 때마침 찾아오는 시간적인 여유와 함께 성에 대한 눈을 활짝 뜨게 됩니다. 그럴 때쯤 남편은 오히려 성에 대해 움츠러들고 아내와의 잠자리를 피하려 하기 때문에 이 즈음해서 부부의 대화가 솔직하게 이루어지지 않으면 갈등은 깊어질 수밖에 없습니다.

직장 내에서도 이 시기는 남편을 매우 옥죄어 오는 시기입니다. 평생직장의 개념이 사라진 한국사회에서 중견사원으로 살아남느냐, 아니면 치고 올라오는 젊은 후배들에게 발목을 잡히느냐가 결정되기 때문에 바짝 긴장하지 않을 수 없습니다. 보장된 미래로 가느냐, 도태된 채 가시밭길로 들어서느냐를 결정짓는 갈림길에 서 있다 보니 마음은 중압감으로 날마다 작아져만 갑니다. 어느덧 많아진 살림살이와 처자식들, 단칸 월세방에서 신혼을 시작할 때와 달리 이때쯤에는 이미 자신을 바라보는 눈망울의 기대치가 높아져 있기에 여차하면 다시 시작할 수 있는 배짱조차 사라집니다. 어떻게든 버텨내야 하고 살아남아야 한다는 현실이 무겁게 자신을 짓누릅니다. 그런 스트레스 때문에 체력조차 떨어져 조금씩 건강에도 적신호가 나타납니다. 그리고 약해진 자신을 보면서 남편은 더 스트레스를 받습니다. 이렇게 스트레스가 악순환을 되풀이하는 것입니다.

이럴 때 남편에게는 절대적으로 위로와 격려가 필요합니다. 그런데 미련한 남편은 자신의 이런 상황과 필요를 아내에게 알리지 못합니다. 나약해 보이는 게 싫어서, 또 가족들에게 괜한 걱정거리를 안겨 주는 게 싫어서 혼자 끙끙 짐을 지고 갑니다. 문제는 그런 남편을 보며 아내와 가족들이 오해를 한다는 것입니다. 집에만 오면 말수가 없어지는 남편, 퇴근 시간은 점점 늦어지는 남편, 예전과 달리 밤에도 아내를 멀리하는 남편, 뭔가에 예민해져서 작은 일에도 자주 짜증을 내는 남편…. 이런 남편을 보면서 아내는 실망을 합니다. '이 사람이 사랑이 식었구나. 나에게 싫증을 느끼는구나. 원래 이렇게 속이 좁은 남자였구나.' 그래서 아내는 아내대로 외로워하면서 남편만 보면 바가지를 긁습니다. 서로 불필요한 상처를 주고받으면서 이때 이혼 얘기도 터져 나오게 됩니다. 이혼이 이때쯤 가장 많은 것도 이런 이유들 때문입니다.

그래서 부부는 항상 대화가 필요한 관계입니다. 대화를 나누지 않으면 사람은 늘 자기중심으로 생각하고 판단하기 때문에 관계가 비틀어질 수밖에 없는 것입니다.

대화를 나눠야 합니다. 각자 정말로 간절히 필요로 하는 것이 무엇인지를 나누면서 현재 내 남편과 아내를 어떻게 섬길 것인지 지혜를 모아 보시기 바랍니다. 위의 경우에는 절대적으로 남편에게 위로와 격려와 쉼이 필요합니다. 이것은 가정에서 공급 받아야만 합니다. 즉 남편은 가정 안에서 이러한 필요를 공급 받을 때 속히 회복될 수 있습니다. 그리고 지쳐 있는 남편의 심신 상태를 읽었다면 아내는 될 수 있는 한 밝고 명랑한 집안 분위기가 되도록 이끌며 긍정적이고 낙관적인 말로 남편을 격려해 주십시오. 또한 부부 성생활에서도 남편이 부담을 느끼도록 강요하는 분위기는 내지 않는 게 좋습니다. 대신 매일 마사지를 해 준다거나 따뜻한 스킨십을 해 주는 것은 아주 좋습니다. 안마를 해 준 뒤에도 노골적으로 성관계를 요구하기보다는(남편이 거절할 경우, 아내의 상처도 깊어지고 남편은 남자로서의 자존심에 상처를 입습니다) 오래된 친구처럼 편안하게 그냥 잠을 자는 게 좋습니다. 기다려 주는 것입니다. 남편을 위해 쉼터가 되어 기다려 주다 보면 어느 날 남편은 아내의 따뜻한 보살핌 속에서 마음이 하나가 됨을 느끼고, 그것은 몸이 하나가 됨을 느끼고 싶게 하는 강렬한 동기부여가 됩니다. 그때 남편은 마사지해 주는 아내의 손목을 잡다가 가슴을 더듬다가 마침내 아내의 깊은 샘물가로 들어가게 됩니다. 그리고 그곳에서 부부는 뜨겁게 해후하는 것입니다. 이때 우리는 알게 됩니다. 부부의 성생활은 횟수가 중요한 게 아니라 단 한 번을 하더라도 얼마만큼 몸과 마음의 일치감을 느끼는가가 매우 중요하다는 사실을.

   배우자가 방황을 하고 있는 시기에 우리는 그렇게 횟수보다는 **깊은 하나 됨**을 열망하면서 기다려 주고 보살펴 주는 사랑을 발휘해야 합니다. 그것이 진정한 부부애입니다. 부부가 성의 축제를 누릴 수 있는 시간은 아직도 얼마든지 남아 있다는 사실을 기억하면서 상대방을 여유 있게 기다려 주는 것입니다. 그러면 잠깐의 성적 문제가 있었을지라도 곧 환상적인 성의 축제로 바뀌게 될 것입니다. 그 속에서 진정한 하나 됨의 축복을 누릴 것입니다.

'고개 숙인 성'은 치료가 최선이다

현대인들이 받는 스트레스는 너무나 다양해서 위의 경우처럼 성적 욕구가 생기지 않아 문제가 되기도 하지만, 더한 경우에는 발기 자체가 안 되거나 불감증에 시달리기도 합니다. 이른바 '고개 숙인 성'이 되는 것입니다.

남성들의 발기부전은 주로 스트레스와 신체의 다른 병 때문일 경우가 있는데, 어느 쪽이든 원인을 찾아 치료를 해야 합니다. 당뇨와 같은 병이 깊어지면 신경이 차단되어 발기가 안 되고, 미네랄이 부족해서 발기부전이 생기는 경우도 매우 많습니다. 그러므로 고른 영양소의 섭취도 건강한 성생활을 위해서는 필수적이라 하겠습니다. 요즘 같은 경우는 불의의 사고로 인해 발기부전의 고통을 겪는 이들도 적지 않습니다. 하반신마비나 전신마비 환자들이 점점 많아지는 시대입니다. 이런 사람들을 위해서는 남자성기에 인공 보조물을 집어넣어 수술을 하는 '피나일프로스테시스(penileprosthesis)'라는 방법도 있습니다. 필요할 때 바람을 집어넣어 인공적으로 발기를 시키는 방법입니다. 그런 방법을 쓰면 본인이나 상대방 모두 성적 흥분을 하는 데 큰 무리가 없습니다. 다만 마음으로 흥분하면 성기가 저절로 발기가 되는 보통사람들과 달리 그런 기능을 인공적으로 해야 한다는 단점이 있습니다.

제게 이메일을 보내온 한 부부는 신혼 몇 개월이 지나도록 성관계를 갖지 못한 일도 있었습니다. "살려 달라"는 남편의 이메일을 받고 부부를 만나보니, 이 부부의 경우엔 아내 쪽에 심각한 문제가 있었습니다. 성관계를 갖는 것에 너무나 긴장한 나머지 무의식중에 질 근육이 열리지 않아 남자의 성기가 들어갈 수 없었던 것입니다. 질은 유사시에 아기도 나올 수 있는 곳입니다. 그런데도 사람이 긴장하면 아주 좁아져 그 문을 꼭 닫아 버리는 성격이 있습니다. 사람의 신체가 이렇게 오묘한 것입니다. 저는 아내를 향해 남자와 여자의 연합이 얼마나 아름다운지, 그리고 부부의 성관계는 하나님께서 계획하신 하나 됨의 계획 가운데 이루어지는 일임을 설명하며 남자와 여자의 성적 일치를 위해 특강을 두 시간에 걸쳐 해 드렸습니다. 그러자 마음이 열린 아내는 드디어 남편과 합방을 했습니다.

그런데 이번엔 그 병이 남편에게로 옮겨가고 말았습니다. 마음 문이 열린 아내의 질로 들어간 남편의 성기는 들어가자마자 수축되고 말았습니다. 너무나 오랫동안 성적 스트레스에 시달린 남편이 강박증에 걸려 발기부전이 되어 버린 것입니다.

"자유해라. 성관계를 가지려고 강박관념을 갖지 말고 이제부터는 서로를 즐겨라."

그때 저는 이런 제안을 해 드렸습니다. 아파트에서 어차피 둘만 사니까 아예 둘이 옷을 벗고 살라고. 그냥 서로의 몸을 보며 즐기라고. 젊은 아내의 벗은 모습을 보고 있으면 젊은 남편은 어느 순간 흥분하게 될 것임을 예상한 저의 제안이었습니다. 아니나 다를까요. 어느 시기가 되니 남편의 눈에 불이 확 붙고 말았습니다. 그때는 애무고 뭐고 할 것 없이 얼른 시도해야 합니다. 그렇게 극복을 해 가는 것입니다.

결국 부부는 금세 회복이 되었습니다. 남편의 발기부전도 완전히 치료되었고, 아내의 긴장감도 완전히 해소되었습니다.

사실 부부의 성관계에서 남자의 발기부전을 많이 문제 삼지만, 여자의 질 수축의 문제도 세심하게 다뤄져야 합니다. 결혼 후 아이를 둘, 셋 나으면서부터 여자는 질 근육이 약해져서 소변이 세어 나오는 경우가 있습니다. 재채기를 하거나 줄넘기를 할 때 의도하지 않았는데도 소변이 줄줄 세어 나오는 경우입니다. 이른바 '요실금' 증세가 온 것입니다. 그런데 이런 상태가 되면 소변이 자꾸 지린다는 것만이 문제가 아니라 부부 성관계에서도 남편의 만족도가 매우 떨어진다는 사실을 알아야 합니다. 질 근육이 남편의 성기를 조여 줘야 하는데 그 역할을 못 해 주니까 남편은 사정을 하기에도 힘이 들고 점점 재미를 잃어갈 수밖에 없습니다.

그래서 저는 많은 여성들에게 '케겔운동(kegel exercise)'이라는 걸 권유합니다. 선 자세에서 다리를 1미터쯤 벌려 보십시오. 그리고 소변이 찼을 때 그 자세로 소변을 보는 것입니다. 소변을 보는 중간에 약 3초 동안 질 근육에 힘을 주어 조이고 자체적으로 소변이 못 나오도록 막아 보십시오. 그런 다음 다시 3초 간 소변을 보다가 다시 3초 동안 멈추기를 10번 하는데 이 운동을 하루에 6차례 이상 하는 것입니다. 마치 항문 운동을 하듯이 괄약근에 힘을 주며 소변이 나왔다 못 나왔다 하도록 반복하면 pc근육(pubococcygeus 근육)이 매우 강화됩니다. 실제로 어떤 분은 이 운동의 효과에 대해 제 아내에게 이렇게 말씀하셨습니다.

"저는 사실 여자의 질 근육이 남자의 성 만족도를 좌우할 수 있다는 사실은 생각조차 못했어요. 남자의 성기 사이즈에 대한 얘기는 들어 봤어도 여자가 그 부분을 관리해야 한다는 얘기는 금시초문이었어요. 얼핏 이쁜이 수술이니 요실금 수술이니 하는 말은 들었지만 그런 걸 왜 하나 싶었어요. 근데 부부세미나에서 케겔운동을 소개 받고는 바로 제가 이 운동을 해야 할 사람임을 알았어요. 저는 두 아이를 낳은 뒤부터 자주 소변이 샜거든요. 부부관계 역시 두 아이 출산 이후 매우 소홀해졌어요. 전과 달리 남편이 부부관계에도 별로 흥미를 안 보이는 것 같았고요. 혹시나 하는 마음에 남편에게 '내가 아이를 낳은 후로 좀 달라진 것 같아?'라고 물었지만, 남편은 전혀 그런 거 없다고 예전과 똑같이 부부관계를 하면 좋다고만 말하더라고요. 하지만 남편은 확실히 전과는 달라졌어요. 그런 남편을 보며 밖에서 스트레스를 많이 받아서 그런가 보다라고만 생각했지요. 그런데요, 케겔운동을 한 지 몇 달 후, 확실히 소변 새는 게 확 줄었고요, 더 중요한 것은 어느 날 밤 남편이 이런 얘기를 했다는 거예요. '당신 요새 달라진 것 같아. 왜 이렇게 좋아졌지? 굉장히 섹시해졌어.' 그러면서 얼마나 좋아하는지요. 세상에, 그동안 남편은 제게 거짓말을 했던 거예요. 여자가 아이를 낳은 후 헐거워진 질을 관리해야 한다는 사실을 저는 이제야 확실히 알게 되었어요. 그리고 저 자신의 성감도 아주 좋아졌어요."

부부관계에서 많은 사람들은 남자의 성기 크기가 만족도를 좌우한다고 생각합니다. 그러나 여성의 질은 남자의 사이즈에 따라 수축 정도를 자유롭게 조절할 수 있기에 발기만 된다면 남자의 사이즈는 큰 문제가 되지 않습니다.

그러므로 아내들은 외모에 정성을 들이는 만큼 이런 보이지 않는 부분도 관리해 줄 필요가 있습니다. 다른 사람 아닌, 바로 내 남편과의 만족스런 성생활을 위해, 또 요실금을 예방하기 위한 차원으로라도 케겔운동과 같은 운동을 열심히 할 필요가 있습니다. 그러면 어느 날 내 남편이 이런 말을 해 올 것입니다. "당신, 갑자기 섹시해졌어!"

유혹의 결말은 파라다이스가 아니라 파멸이다

사랑해서 결혼했든, 조건을 보고 결혼했든 일단 결혼을 하면 모든 사람이 하나님 앞에서 약속하는 게 한 가지가 있습니다. '검은머리 파뿌리 될 때까지 오직 이 사람만을 사랑할 것' 하나님과 사람 앞에서 서약합니다.

그러나 간단해 보이는 이 서약을 지키기가 얼마나 힘이 드는지 많은 사람들이 외도 문제로 가슴앓이를 하거나 이혼을 결심합니다. 어떻게 보면 이런 모습이 극히 자연스럽게 보일 수도 있습니다. 평생 한 사람만을 사랑한다는 것이 사실은 어렵게 느껴지지 않습니까? 나이 30에 결혼했어도 80세가 될 때까지 사랑하려면 50년 동안 한 사람만을 바라 봐야 한다는 결론입니다. 50년 동안 한결같이 한 사람만을 여자로서 혹은 남자로서 사랑하며 산다는 일이 얼핏 생각해도 쉽지만은 않을 것 같습니다.

그러나 이것은 죄악 된 인간의 생각일 뿐, 평생 한 사람을 사랑하고 섬긴다는 것만큼 아름답고도 즐거운 일은 없습니다. 평생을 동행하며 우리는 사랑의 참된 의미를 깨닫게 되기 때문입니다. 헌신이라는, 희생이라는 말로도, 동행이라는 말로도 다 표현할 수 없는 한 사람과의 끝없는 사랑! 그 사랑을 주님께선 부부라는 이름 안에서만 맛보도록 허락하셨습니다.

그런데 많은 사람들은 이것을 굴레로 생각한다는 데 문제가 있습니다. 서로 연애만 한다면야 50년 동안도 사랑할 수 있지만, 인생의 크고 작은 문제를 헤쳐 나가면서 볼 거 안 볼 거 다 보면서 어떻게 서로 50년 동안 사랑할 수 있느냐는 것입니다. 그런데 이것은 사랑의 참 의미를 모르는 데서 비롯된 생각입니다.

사랑은 단지 호감이 아닙니다. 남편의 고린내 나는 발은 비호감이지만 그런 남편을 구박하면서도 남편을 얼마든지 사랑할 수 있습니다. 아내의 덜렁거리는 모습은 비호감이지만 그런 아내를 도와주면서 얼마든지 사랑할 수 있습니다. 사랑은 보완이고 섬김이며 용납이고 동행입니다. 버리지 않고 끝까지 함께 가는 것입니다. 이 얼마나 재미있습니까? 이 재미나는 사랑을 왜 도중에 포기하려 하십니까? 한 사람이 병들면 한 사람이 업어서 낑낑대며 걷다가, 그 사람이 나으면 도중에 물가에 앉아 서로 발도 씻어 주고, 꽃이 있으면 꽃을 꺾어 머리에다 꽂아 주고, 이리가 달려들면 둘이 손잡고 줄행랑을 쳤다가, 모처럼 평안한 밤엔 오두막에서 사랑도 나누다가, 그러다 고요한 밤엔 흰머리도 뽑아 주다가 그렇게 두 손 잡고 주님 앞에까지 가면 그 얼마나 주님께서 예쁘다고 머리를 쓰다듬어 주시지 않겠습니까?

"니네들, 사이좋은 동무처럼 잘 지내다 왔구나."

병든 한 사람 잠시 업고 가는 게 싫어서, 이리에게 쫓기는 그런 시간이 싫어서, 더러운 발 냄새가 맡기 싫어서 주님께서 짝지어 주신 내 짝을 버리고 다른 사람을 택한다면 우아하고 아름답게 천국까지 갈 수 있을까요? 천만의 말씀입니다. 또 다른 고통이, 이전과는 비교할 수 없는 고통이 찾아올 수 있다는 사실을 기억하십시오.

이미 주님께서는 주님과 우리의 관계가 '신랑과 신부'의 관계로 만났음을 말씀하셨습니다. 그만큼 애틋하고 그만큼 변함없고 그만큼 끝까지 동행하는 관계가 신랑신부의 관계라는 것입니다. 신랑 되신 주님 앞에 나아가는 시간이 많아지면 많아질수록 사랑이 더 깊어지고 깊어짐을 말씀해 주셨습니다.

마찬가지입니다. 이 땅에서 신랑과 신부로 만난 부부의 관계는 세월이 흐르면 흐를수록 사랑이 깊어질 수밖에 없습니다. 50년 동안 사랑하는 것, 100년 동안 사랑하는 것이 가능하다는 것입니다. 왜냐하면 사랑 그 자체이신 하나님께서 우리 두 사람을 부부로 맺어 주시고 그 사랑을 지켜가길 원하시기 때문입니다.

"그러므로 하나님이 짝지어 주신 것을 사람이 나누지 못할지니라 하시더라"(막10:9).

문제가 있으면 함께 풀고, 이해가 안 되면 용납하고, 고통이 있으면 함께 기도하면서 끝까지 사랑을 지켜나가라는 것입니다.

부부관계에서 정말 신기한 것은 한 문제를 넘을수록, 한 장애물을 넘을수록 부부의 사랑은 깊어진다는 것입니다. 그것이 신랑신부의 관계입니다. 그러므로 배우자와 동행하다가 문제가 생겼다는 사실에 두려워하지 마십시오. 더 깊은 사랑으로 나아가는 디딤돌로 삼으면 됩니다. 골치 아팠던 문제가 결국엔 동행의 기쁨과 재미를 더해 줄 것입니다.

그러나 문제를 회피하기 위해 다른 도피처를 찾으면 동행의 관계는 크나큰 상처를 입습니다. 권태감의 문제, 성의 문제, 물질의 문제, 성격 차이의 문제, 자녀교육의 문제…. 이런 문제들 속에서 시선을 다른 곳에 돌려 보면 그곳에 파라다이스가 펼쳐져 있는 것처럼 보입니다. 그러나 사실은 가정을 허무는 여우의 손짓인 줄 모르고 그곳에 가서 안식을 누리려고 합니다. 이 문제를 함께 풀자는 하나님의 손짓은 외면하고, 이리로 오면 고통도 없고 행복만 있다고 속삭이는 여우의 손짓을 따라갑니다. '저 여자랑 살면 내 팔자가 필 것 같다.' '저 남자는 어쩜 저렇게도 여자 마음을 잘 헤아릴까? 나도 한번 저 남자랑 살아봤으면….' 이런 죄 된 생각 속에 죄가 찾아와 또아리를 틉니다. 그리고 가정을 파괴하고 결국 내 인생을 파괴합니다.

어떤 부부는 서로 깊이 사랑함에도 불구하고 어느 날 찾아온 유혹의 여우를 뿌리치지 못해 문제를 일으키기도 합니다. 그러나 일반적으로 부부간의 솔직한 대화와 원만한 성관계와 사랑의 대화가 오가는 부부라면 그 유혹을 이겨내기가 훨씬 쉽습니다. 그런 유혹에 무너졌더라도 다시 일어서기가 훨씬 수월합니다. 그러므로 유혹을 이겨내도록 서로 도와주고 섬겨 줘야 합니다. 그것이 나를 지키는 길이기도 합니다.

요즘은 여자들의 경우에도 외도하는 사람들이 참 많습니다. 특별히 여자는 상상력이 풍부한 사람들이기 때문에 누군가 자신에게 호의를 베풀어 줄 때 마음이 잘 흔들립니다. '어머, 저 사람이 이렇게 친절하다니, 틀림없이 사는 모습은 이러이러 할 거야. 같이 산다면 나에게 이렇게 대해 줄 거야.' 이런 상상의 또아리를 틀면서 애정전선은 깊어만 갑니다.

그러나 그럴 때는 단호하게 "사탄아 물러가라!" 하고 정신을 차려야 합니다. 괜한 멜로적 상상에 빠져 아름다운 러브스토리를 그려보지만, 그것은 러브스토리가 아니라 마귀가 써 가는 스캔들임을 기억하십시오. 스캔들은 잠시 잠깐은 달콤하지만, 그 달콤함 뒤에 무서운 마귀의 계략이 숨어 있다는 사실을 알아야 합니다.

엎치락뒤치락 문제가 있어도 지금 부부가 견디며 가는 길은 하나님이 보시

기에 아름다운 동행의 길입니다. 때론 이리에게 쫓겨 다니는 시간이더라도, 때론 한 사람을 업고 가는 시간이더라도 하나님께선 그 모습을 보시며 우리 머리를 쓰다듬어 주십니다. 그리고 그런 길의 어느 한 시점에는 반드시 하나님의 축복이 있습니다. 내 배우자에게만 집중하는 것, 그것이 축복의 비결입니다.

서로를 탐하고 **열렬히 사모**하라

저는 부부세미나를 하면서 적극적으로 부부 성생활을 권유합니다. 서로를 탐하고 서로를 열렬히 사모하라고 말씀합니다. 왜냐하면 성은 하나님께서 부부에게 주신 특별한 선물이기 때문입니다. 부부가 한 몸 됨을 체험하는 특별한 축복이라는 것입니다. 부부가 가는 길이 아무리 고단해도 부부간의 성관계가 원만하게 이루어지면 고단함은 눈 녹듯 사라집니다. 서로가 더욱 사랑스럽게 여겨집니다. 물론 성이 부부관계에서 전부는 아닙니다. 그러나 부부생활에서 절대적으로 필요한 것이 성생활입니다. 태초에 하나님께서 "둘이 한 몸을 이루라"고 말씀하신 본래의 의미도 육체의 하나 됨, 즉 성적 하나 됨을 뜻하는 말씀입니다. 육체의 하나 됨을 통해 온전한 하나 됨을 맛보라는 하나님의 의도입니다.

성경 아가서를 보십시오. 솔로몬은 술람미 여인을 향해 이와 같은 구애를

적극적으로 펼칩니다. 아가서를 보면 남편이 아내와의 잠자리를 어떻게 진행하는지를 자세히 알 수 있습니다. 하나님께서는 이런 것까지도 우리에게 안내하셨다는 사실을 아십니까?

"내 사랑 너는 어여쁘고 어여쁘다 너울 속에 있는 네 눈이 비둘기 같고 네 머리털은 길르앗산 기슭에 누운 무리 염소 같구나 네 이는 목욕장에서 나온 털 깎인 암양 곧 새끼 없는 것은 하나도 없이 각각 쌍태를 낳은 양 같구나 네 입술은 홍색실 같고 네 입은 어여쁘고 너울 속의 네 뺨은 석류 한쪽 같구나 네 목은 군기를 두려고 건축한 다윗의 망대 곧 일천 방패, 용사의 모든 방패가 달린 망대 같고 네 두 유방은 백합화 가운데서 꼴을 먹는 쌍태 노루 새끼 같구나"(아 4:1-5).

남자가 여자를 향해 부르는 이 노래 속에는 온갖 칭찬과 격려와 인정이 들어 있습니다.

부부 성생활의 시작이 이렇듯 칭찬과 격려라는 사실을 아십니까? 여자는 청각이 예민하므로 여자의 귀를 남자의 칭찬으로 먼저 녹이는 것입니다. "예쁘다. 사랑스럽다"는 말을 하면서 아내의 마음을 먼저 여는 것입니다.

여자는 사실 폭발적인 성적 에너지를 갖고 있는 사람입니다. 그러나 남자가 역할을 잘 못해 줄 때 여자의 성적 에너지는 평생 감춰져 있을 수도 있습니다. 여자의 성감대가 몸 가운데 34군데나 된다는 사실을 아십니까? 여자의 성기와 가슴이 가장 자극적인 성감대이긴 하지만 그곳에서 멀리 떨어진 곳에서부터 조금씩 자극을 주며 가까이 접근하면 아내는 드디어 몸의 문을 열 수 있게 됩니다. 그런데 우리 한국 남성은 둘 내지 세 군데밖에 모르고 그곳만 붙잡고 늘어집니다. 그러니 아내들이 신경질이 안 나겠습니까. 그래서 저는 제 아이들 신혼여행을 앞두고 성교육을 할 때 이 사실을 자세하게 가르쳐 줬습니다.

"아내를 애무할 때는 어둡게 불을 끄지 말고 불을 켜야 한다. 남자는 눈에 성적 스위치가 있으니 아내의 몸을 봐야 한다. 솔로몬도 아내의 몸을 보면서 얼마나 감동했는지 아니, 그리고 변두리서부터 얼굴도 만져 주고 귀도 만져 주고 등도 다독거려 주면서 점점 센터로 접근해라. 그렇게 접근하면 아내의 기대가 넘치게 된다. 그렇게 아내가 점점 흥분해 갈 때 유방 주위와 허벅지를 만지다가 마지막에는 성기를 자극해라. 그러나 아내의 유방과 성기는 너무 예민하기 때문에 아주 부드럽고 사랑스럽게 다뤄야 한다. 부부가 서로 합의한다면, 입술이나 혀를 사용해도 좋다. 그리고 며느리 너는 반응함으로 남편을 기분 좋게 해 줘야 한다."

제 큰 아이는 아버지의 이런 성교육을 받고는 신혼여행을 다녀와서 보고까지 합니다. "아버지, 너무 좋았어요. wonderful이에요! 둘째도 신혼여행 갈 때 꼭 그렇게 교육해 주셔야겠어요."

아가서에서도 이런 성교의 과정을 매우 아름답고도 진솔하게 표현하고 있습니다. 이것은 "아담과 그 아내 두 사람이 벌거벗었으나 부끄러워 아니하니라"(창2:25)는 성경 말씀을 확대 주석해 본 것입니다. "내 신부야 네 입술에서는 꿀방울이 떨어지고 내 혀 밑에는 꿀과 젖이 있고 네 의복의 향기는 레바논의 향기 같구나, 너는 동산의 샘이요 생수의 우물이요 레바논에서부터 흐르는 시내로구나"(아4:11,15).

남자만이 육체적으로 한 몸 됨을 원한다고요? 아닙니다. 그것은 여자가 하나 됨의 기쁨을 맛보지 못했을 때 하는 말입니다. 여자가 성적 흥분을 하면 질 주위에 있는 발소린스글랜드(bartholin's gland)라는 샘에서 액체가 흘러나옵니다. 맑고 끈적끈적한 액체가 질 주위를 흥건히 적시는 것입니다. 그러면 아내와 남편은 더욱 큰 흥분 속으로 들어가게 됩니다. 주로 음핵을 자극할 때 일어나는 일입니다.

거기서 더 나아가 지스팟(G-spot)이라는 게 있는데, 그곳은 질 입구에서 약 5센티 정도 더 들어간 곳에 위치해 있습니다. 그곳은 평소에 아무런 현상이 없다가 성적으로 흥분하면 오돌도돌하게 나타납니다. 그 부분을 남편이 들어가서 건드리게 되면 아내는 음핵을 자극할 때보다 몇 배 더 큰 쾌감을 느끼게 됩니다. 흔히 "여자도 사정을 한다"는 얘기는 그럴 때 나오는 말입니다. 그런 흥분 상태에 들어가면 여자는 질 전체 벽에서 물을 확 쏟아냅니다.

남자든 여자든 부부로 만나 함께 살아가면서 이 기쁨을 누릴 수 있다면 그것은 큰 축복입니다. 저는 제 아내와 지금까지 수천 번도 넘게 이런 성적 기쁨을 맛보았지만, 아직도 여전히 성생활은 우리 부부에게 큰 기쁨이며 생활의 활력임을 경험합니다. 물론 처음부터 이렇게 좋았던 것은 아닙니다. 한 사람은 머뭇거리며 성의 바다 속으로 안 들어가려고도 하고, 한 사람은 보채며 잡아끌려고 한 적도 있었습니다. 때로는 두 사람이 그 바다 속에서 허우적거리다가 나온 적도 있습니다. 그러나 부부가 함께 노력한다면 넘실거리는 바다에서의 추억은 부부생활을 매우 아름답게 이끌어 줄 것입니다. 그리고 마침내 맞게 될 하나 됨의 기쁨 속에서 솔로몬처럼 고백하게 될 것입니다.

"북풍아 일어나라 남풍아 오라 나의 동산에 불어서 향기를 날리라 나의 사랑하는 자가 그 동산에 들어가서 그 아름다운 실과 먹기를 원하노라"(아4:16).

성의 목적은 쾌락이 아니라 **영적 하나 됨**이다

앞에서 말씀드린 대로, 부부간의 성생활은 매우 중요합니다. 성이 주는 기쁨은 그 무엇과도 비교할 수 없을 만큼 크고 놀랍습니다. 그렇기 때문에 우리는 부부 성생활의 기쁨을 더하기 위해 많은 노력을 할 필요가 있습니다.

그러나 부부 성생활의 최종적인 목적은 '오르가즘'이 아님을 우리는 또한 알아야 합니다. 하나님께서 아담과 하와를 만드시고 부부로 짝지어 주실 때 하나님께서 원하시는 한 가지 목적이 있었습니다. 그것은 바로 '하나 됨'이었습니다. 이 하나 됨을 위해 하나님께서는 성생활을 허락하셨고, 부부생활을 이끄셨습니다. 서로 깊이 배려하고 서로를 애끓는 마음으로 사모하여 성적 일체감을 이룰 때 부부는 '하나 됨'이 무엇인지를 비로소 알게 됩니다. 그럴 때 부부는 서로를 꼭 껴안은 상태에서 "내 뼈 중의 뼈요 살 중의 살"이라는 고백을 하게 되는 것입니다.

　부부가 아닌 다른 관계에서는 일시적으로 이런 성적 일치감이 느껴지는 것 같아도 사실은 영적 하나 됨의 기쁨을 느낄 수가 없습니다. 왜냐하면 그것은 죄악이기 때문입니다. 죄악 가운데 행하는 일은 아무리 쾌감이 커도 쾌감 그 이상은 되지 않습니다. 그리고 쾌감 뒤에는 반드시 죄책감만이 따라올 뿐입니다.

　따라서 성관계의 최종목적은 '오르가즘'이 아니라 '하나 됨'에 있음을 우리는 거듭 알아야 합니다. 우리 부부가 하나님께서 짝지어 주신 한 몸임을 성관계를 통해 확인하는 것이 목적이라는 것입니다. 그래서 성적 테크닉에 둔한 순박한 부부라 해도 성관계를 통해 '하나 됨'의 목적에 이를 수 있습니다. 서로 오르가즘이란 걸 잘 느끼지 못한다 해도 성관계를 하면서 부부가 하나 됨을 확인하는 것입니다. 내 몸 속에 온전히 남편의 몸을 받아들이고, 남편의 몸이 온전히 아내에게 들어가면서 서로가 몸과 마음과 영혼이 하나임을 확인하는 사람들입니다. 사실 그런 쾌감이야말로 말초신경이 자극하는 오르가즘의 쾌감과는 차원이 다른 가장 아름다운 쾌감일 것입니다.

　그래서 어떤 부부는 사고로 평생 성생활을 못한다 해도, 나이가 들어 손 붙잡고 걷는 것 외에는 성생활을 안 한다 해도 '하나 됨'의 기쁨을 누리며 살아갑니다. 서로의 눈빛으로도 하나가 되고, 서로의 입맞춤만으로도 하나가 됩니다. 그런 부부야말로 '하나 됨'이 무엇인지를 아는 사람이 아니겠습니까? 섬김을 통해 하나 되고, 동행 그 자체만으로도 하나가 되는 사람들, 그것으로 부부가 하나 됨을 누리려고 애쓰는 사람들, 그런 사람들이야말로 부부가 무엇인지를 우리에게 알려 주는 사람들입니다. 성의 최종적인 목표인 하나 됨을 삶 속에서 온전히 이루기 위해 사는 사람들입니다.

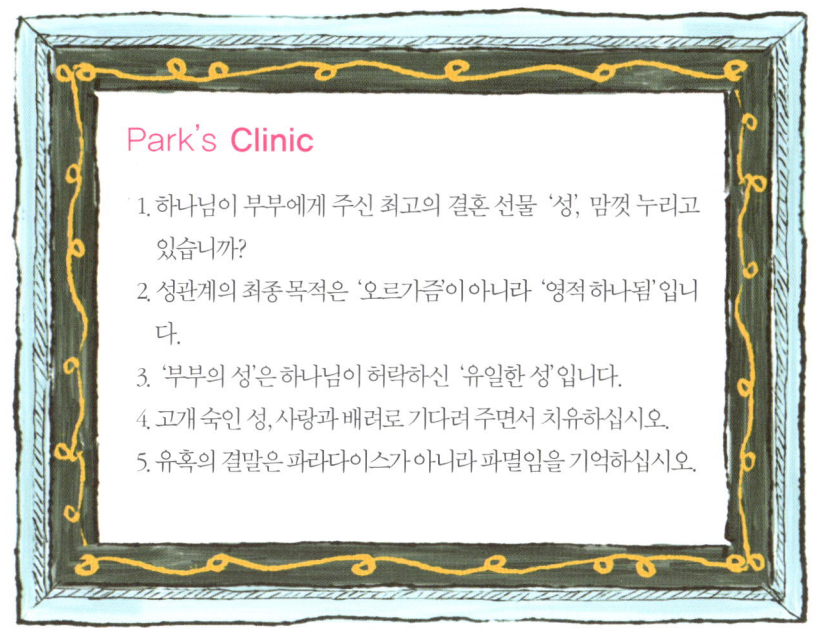

Park's **Clinic**

1. 하나님이 부부에게 주신 최고의 결혼 선물 '성', 맘껏 누리고 있습니까?
2. 성관계의 최종 목적은 '오르가즘'이 아니라 '영적 하나됨'입니다.
3. '부부의 성'은 하나님이 허락하신 '유일한 성'입니다.
4. 고개 숙인 성, 사랑과 배려로 기다려 주면서 치유하십시오.
5. 유혹의 결말은 파라다이스가 아니라 파멸임을 기억하십시오.

하나님의 가정 설계 ❷
고난과 축복

배우자를 연구하면 복이 임할지라

"하나님이 자기 형상 곧 하나님의 형상대로 사람을 창조하시되 남자와 여자를 창조하시고 하나님이 그들에게 복을 주시며 그들에게 이르시되 생육하고 번성하여 땅에 충만하라, 땅을 정복하라, 바다의 고기와 공중의 새와 땅에 움직이는 모든 생물을 다스리라 하시니라"(창1:27-28).

1. 지금 배우자가 바로 '그 사람'이다

'성격 차이'는 갈등을 일으킬 당연한 요인이 아니라,
우리 가정에 복 주시기 위해 하나님이 허락하신 설계도의 일부다.

복, 하나 되지 않으면 절대 누릴 수 없다!

지금까지 우리는 하나님께서 우리에게 가정을 이루라고 하신 첫 번째 설계 목적을 살펴 보았습니다. 그것이 무엇입니까?

네, 맞습니다. 하나 됨, 즉 연합입니다. 연합을 이룬다는 것은 모든 가정이 해결해야 할 첫 번째 숙제이자 절반의 과제입니다. 그러나 너무도 많은 가정이 '연합'이라는 숙제를 해결하지 못한 채 좌절하고 아파합니다. 그래서 하나님께서 이미 허락하신 복을 누리지 못합니다.

하나님께서는 모든 가정에게 복을 주고 싶어 하십니다. 그러나 하나 됨을 이루지 못하면 하나님께서 주시는 복을 누릴 수도, 지켜낼 수도 없습니다. 복을 주시는 것은 하나님께서 애초에 가정을 설계하실 때의 밑그림이었습니다. 복을 주시기 위해 가정을 창조하신 분이 하나님이십니다.

"하나님이 자기 형상 곧 하나님의 형상대로 사람을 창조하시되 남자와 여자를 창조하시고 하나님이 그들에게 복을 주시며 그들에게 이르시되 생육하고 번성하여 땅에 충만하라, 땅을 정복하라, 바다의 고기와 공중의 새와 땅에 움직이는 모든 생물을 다스리라 하시니라" (창1:27-28).

하나님의 가정 설계 속에는 이미 '복'이 들어 있었습니다. 하나님께서는 복을 주고 싶으셔서 가정을 이루게 하셨다는 것입니다. "생육하고 번성하라"는 의미가 무엇입니까? 앞서 말씀하신 "그들에게 복을 주시며 그들에게 이르시되"에서 표현된 것처럼, 복을 받아 누리라는 것입니다.

그러나 우리는 이미 주신 하나님의 복을 받아 누리지 못합니다. 왜 그렇습니까? 하나 됨이 깨어지기 때문입니다. 하나님과의 하나 됨, 부부의 하나 됨, 가족간의 하나 됨에 이르지 못하기 때문입니다.

창세기 3장을 보십시오. 아담이 하나님과의 약속을 어기고 선악과를 따먹는 장면이 나옵니다. 이로써 아담은 하나님과의 하나 됨을 깨뜨렸습니다. 그리고는 아내와의 하나 됨도 깨어졌습니다. 하나님께서는 가장 아름다운 동산에서 가장 아름다운 가정을 주셨는데, 인간은 죄를 지어 남편과 아내가 싸우다가 에덴동산에서 쫓겨난 것입니다. 하나님의 설계대로 따르지 않은 데서 온 결과입니다.

그래서 예수님께서 이 땅에 오셔서 공생애를 시작하실 때 제일 먼저 하신 일이 무엇입니까? 요한복음 2장에 나온 대로, 가나안 혼인잔치에 참여하신 일입니다. 잔치에 참여하셔서 결혼을 축복하시고 선물까지 주셨습니다. 예수님 안에서 회복된 가정을 이루라는 뜻입니다. 하나님의 가정 설계대로 축복을 누리며 살라는 뜻입니다.

하나님께선 지금도 우리에게 복 주시길 원하십니다. 깨어진 것이 회복되어 하나님의 축복을 맘껏 누리는 가정이 되길 원하십니다. 그래서 우리는 복구공사를 해야만 합니다. 깨어짐의 습관을 십자가 앞에 들고 나아가 회복해야 합니다. 그것이 우리의 살 길입니다.

회복을 원한다면 **실력을 키우라**

어떤 목사님이 결혼 50주년 행사를 했습니다. 그때 성도들은 목사님 내외를 무척이나 부러워했습니다. 성도들이 보기에 목사님 내외만큼 싸우지 않는 부부가 없었기 때문입니다. 그래서 물었습니다.

"목사님, 지난 50년 간 목사님께서는 한 번도 사모님과 싸우지 않으시고 참 행복한 결혼생활을 보내시는 것 같았어요. 그 비결이 무엇인가요?"

그러자 목사님께서 말씀하셨습니다.

"비결이라니요? 우리는 늘 싸웠습니다."

"아니, 우리는 한 번도 못 봤는데요."

"아, 우리는 싸우는 방법이 다르죠."

"어떻게 싸우셨는데요?"

목사님께선 웃으시며 신혼 첫날밤에 사모님과 했던 약속을 들려 주셨답니다.

"나는 싸울 일이 있으면 뒤뜰을 거닐겠소."

그러자 사모님께선 이렇게 말씀하셨답니다.

"나는 싸울 일이 생기면 앞치마를 거꾸로 입겠어요."

교인들은 그 얘기를 듣고 침을 꼴깍 삼키며 물었습니다.

"아, 그래요? 그래서 어떻게 지내셨어요?"

"나는 50년 동안 계속 뒤뜰을 거닐었지요."

무슨 얘기입니까? 아무리 화목해 보이는 부부라 해도 싸우는 방법이 다를 뿐이지, 안 싸우는 부부는 없다는 것입니다. 사실 부부니까 싸우지, 부부가 아니면 싸울 이유가 없습니다. 저는 김일성과 개인적으로 싸운 일이 한 번도 없습니다. 그러나 제 아내와는 많이 싸웠습니다.

많은 부부는 서로를 맞춰 가는 과정에서 싸웁니다. 많은 커플들은 신혼기에 많이 싸우다가 중후반기로 들어서면서 싸움을 멈추고 해로하거나 혹은 포기하며 삽니다. 그러나 어떤 커플은 평생 동안 싸움만 하다 이 세상을 떠납니다.

그리고 평생 이렇게 생각합니다.

'내가 눈이 삐었지. 왜 저 인간을 골랐을까? 아, 판단착오였어.'

사람들이 결혼하는 이유는 이렇듯 판단력이 부족하기 때문이고, 이혼하는 이유는 인내력이 부족해서 그리고 또다시 재혼하는 이유는 기억력이 부족해서라는 우스갯소리도 있습니다. 계속 부족해서가 원인이 되는 것입니다. 그러나 정말 그렇습니까?

정말 판단착오로 내가 미스터 김과 결혼한 걸까요? '아, 그때 내가 미스터 리와 결혼했더라면 이 고생 안 하며 살아갈 텐데…' 혹시 이렇게 생각하며 살고 있지는 않습니까?

그런데 착각하지 마십시오. 그 미스터 리하고 결혼한 다른 여자가 지금 얼마나 고생하며 살고 있는 줄 아세요? 또한 당신이 미스터 리와 결혼했더라면 지금보다 더한 고생을 하고 있을지 누가 압니까?

문제는 나의 실력입니다. 결혼생활을 잘 이끌지 못하는 나의 부족한 실력이 문제지, 누구의 탓이 아니라는 것입니다. 이미 존귀하게 창조된 배우자와 함께 가정생활의 축복을 누리지 못하는 나의 실력을 점검하십시오.

부부가 다른 것은 **하나님의 계획**이다

전 세계적으로 부부싸움을 하는 가장 큰 원인이 무엇인지 아십니까?

'성격 차이'가 전 세계를 통해서 1번을 차지합니다. 둘이 안 맞는다는 것입니다. 성격이 도무지 안 맞아서 못 살겠다는 것입니다. 그런데 이 문제는 확신 있게 말씀드릴 수 있습니다. 성격 차이는 부부 갈등의 당연한 요소가 아니라, 우리 가정에 복 주시기 위해 허락하신 하나님의 설계라는 것입니다.

　하나님께서는 의도적으로 서로 다른 두 사람을 만나도록 이끄셨습니다. 그래야 아름다운 하모니를 이룰 수 있기 때문입니다. 그래야 두 사람이 잘살 수 있기 때문입니다.

　우리는 나와 다르다는 사실에 직면할 때 그것을 정죄합니다. "너는 왜 내 생각과 달라? 그건 틀린 거야." '다르다'는 것은 곧 '틀리다'는 공식을 만들어 놓습니다. 그래서 갈등이 시작됩니다.

　하지만 생각을 조금만 바꾸면 '다르다'는 것은 '틀린 것'이 아니라 '매력'임을 발견합니다. '보완'임을 알게 됩니다. 전기도 +와 -가 붙습니다. 다르니까 매력을 느끼고 잡아당기는 것입니다. 같은데 서로 달라붙으면 문제가 생깁니다. 동성연애가 바로 그런 것 아닙니까? 저는 한국에 오면 늘 공중목욕탕엘 갑니다. 그리고 언제나 남탕에 들어갑니다. 그때마다 여탕을 한 번씩 호기심 어리게 바라봅니다. 그러나 남탕을 바라볼 때 감동감화를 느껴본 적이 한 번도 없습니다. 왜 그렇습니까? 매력을 느끼지 못하기 때문입니다. 다르다는 것은 이처럼 좋은 것입니다.

　피아노도 전부 '도도도도…' 소리만 낸다고 생각해 보십시오. 재미가 없습니다. 화음이 나올 수가 없습니다. '도레미파솔라시도!' 이 각각의 소리가 모여 아름다운 음악이 탄생합니다.

마찬가지로 남녀가 만나 한 가정을 이룰 때 하나님께서는 '하나 됨'의 목적을 두셨습니다. 그런데 이 하나 됨이 아름다울 수 있는 것은 두 사람이 서로 다르기 때문입니다. 서로 다른 두 사람이 조화를 이루어 멋있는 하나의 화음을 만들어 가는 것, 그것이 바로 부부생활의 재미입니다.

실력 있는 사람은 이것을 할 줄 압니다. 아니, 우리 모두는 얼마든지 이런 실력을 갖춰 나갈 수 있습니다. 하나님께서 우리에게 이미 그런 실력을 허락하셨습니다. 문제는 우리가 스스로 포기하는 것입니다. 스스로 마귀에게 속아 넘어가는 것입니다. '야, 저런 인간을 어떻게 맞춰 가? 어느 세월에 저 인간을 사람답게 만들어? 박살을 내서 가르쳐야 해. 저 인간이 뭘 잘못하고 있는지 빨리 가르쳐야지.' 마귀는 우리 스스로 만든 배우자상에 지금의 배우자를 맞추도록 요구합니다. 그래서 우리는 아내나 남편의 현재 모습을 보면 너무나 싫어집니다. '적어도 이 정도는 돼야 한 이불 덮고 자지!'라고 생각합니다. 그러나 그것은 스스로 만든 올무에 스스로 걸려드는 셈입니다. 이런 생각 하나가 우리 가정을 파괴하고 있다는 것입니다.

생각을 바꿔서 배우자를 바라보십시오. 현재의 배우자는 현재의 나한테 가장 잘 어울리기 때문에 하나님께서 허락하신 모습입니다. 그렇다면 내 기준에는 다소 못 미치더라도 배우자의 있는 그대로의 모습을 즐기시면 됩니다. 그것이 축복을 누리는 첫 번째 비결입니다. 하나님께서도 우리를 '내 모습 이대로' 사랑하십니다. '키가 너무 작아서' 혹은 '예술적 감각이 없어서' 사랑하지 않는 분이 아니십니다. 있는 그대로의 내 모습을 즐기고 사랑하십니다.

어떤 사람은 배우자가 항상 덜렁댄다고 매일 짜증을 내며 삽니다. 그러나 어떤 사람은 그런 배우자가 귀엽다며 웃어 버립니다. 그리고 꼼꼼한 자신이 그런 배우자의 단점을 보완해 줍니다. 어떤 가정에 웃음의 축복이 임하겠습니까?

어떤 사람은 배우자의 몸이 약하다고 빈정대며 삽니다. "왜 몸이 그 모양이야? 마누라가 저러니 집안에 들어와서도 어디 맘 편히 쉴 수가 있어야지." 그러나 어떤 사람은 그것 때문에 감사를 배우며 삽니다. "여보, 하루하루 산다는 게 참 감사한 것 같아. 당신 얼굴이 어제보다 더 밝아졌어. 주님의 은혜야, 그치?"

배우자를 있는 모습 그대로 즐기기 시작할 때 비로소 상대방을 향한 나의 권면도 잔소리가 아닌 권면으로 작용합니다. 평소 늘 나를 못마땅해하는 배우자가 아니라 나를 사랑스럽게 바라보는 배우자가 어느 날 권면의 일침을 가한다고 생각해 보십시오. '아, 이 점은 정말 우리 가정생활에 문제를 일으킬 수 있나 보다. 노력해야겠다.' 그런 생각이 반드시 들게 되어 있습니다.

먼저 즐기십시오. 받아들이십시오. '이 사람은 나무늘보처럼 느리게 태어났나 보다. 그러니까 빠르고 급한 나를 만났구먼. 그러고 보니 이 사람이 아니었다면 우리 집은 얼마나 실수가 많았을까? 이 사람이 느려 터져서 답답한 것보다 느려서 나를 보완해 주는 게 더 많았어. 그래서 하나님께서 우리 두 사람을 만나게 하신 거야.'

이런 생각을 할 수 있다면 그 다음부터는 느린 남편이 귀엽게 보입니다. 왕

자병 남편이 사랑스러워 보입니다. 미련한 아내도 덕스러워 보입니다. 먼저 즐기시기 바랍니다. 지금 그대로의 아내 모습, 지금 그대로의 남편 모습을 사랑스러운 시선으로 바라보시기 바랍니다. 그런 시선조차 소유하지 못한다면 나는 하나님께서 주실 축복을 누릴 수가 없습니다. 축복이 주어진다 해도 축복을 누리는 방법을 모르는 사람인 것입니다. 즐기십시오. 그것이 축복을 누리는 첫 번째 방법입니다.

우선 '다름'이 '축복'임을 인정하라

서로 다르기로 치자면 우리 부부도 뒤지지 않을 만큼 서로 달랐습니다.

일단은 제가 외향적이라면 아내는 지극히 내성적인 사람입니다. 저는 사람을 좋아해서 사람들과 만나는 것을 즐기고, 심지어 집으로 사람들을 데려오는 것을 무척 좋아했습니다. 반면 아내는 내성적이고 수줍음이 많은 사람이라 누군가를 만나 노는 것보다는 혼자 조용히 집에 있는 것을 즐깁니다. 제가 '사람들 만나 즐겁게 교제한다'고 표현하면, 아내는 '나는 떠벌리며 노는 것보다 집에서 조용히 지내는 게 좋아'라고 표현합니다. 아내는 '집에서 평화롭게 논다'고 표현하지만 저는 '집에서 답답하게 뭐하냐?'라고 표현합니다.

저는 너무 털털해서 청소하고 정리하는 걸 매우 싫어합니다. 어차피 다시 어질러질 것을 왜 정리정돈하며 피곤하게 사는지 모를 일입니다. 그래서 저는 목욕도 매우 귀찮아합니다. 그러나 아내는 지나치게 깔끔해서 모든 것이 제자리에 놓여 있어야 편안함을 느낍니다. 저는 외출하고 돌아와서도 양말 한 짝은 거실 오른쪽에, 한 짝은 욕실 왼쪽에 벗어 던집니다. 아내는 그런 꼴을 차마 두고 보지 못하기 때문에 저만 따라다니며 정리를 합니다. 그래서 결혼 초창기에는 이런 문제로 많이 다퉜습니다. 제 뒤치다꺼리로 화가 난 아내가 이렇게 말을 해 왔기 때문입니다.

"아니, 당신은 도대체 정리하는 교육을 받아 본 적이 없는 사람이에요? 참 이상한 집안이네."

남자가 집안 얘기를 들을 때 얼마나 열이 나는지 아내는 미처 몰랐던 것입니다.

"뭐, 니 집안은 어떻고?"

서로를 배려하는 언어법에 대해서 이해가 전혀 없을 때, 우리는 이런 문제로 다투기도 했습니다. 사실 제 입장에서는 정리 안 하고 살아도 전혀 문제를 못 느끼다가 결혼 이후 사소한 정리 문제 때문에 다툼을 해야 하는 게 이해가 안 갔습니다. 의과대학 다닐 때 하도 공부하기가 바쁘다 보니 하숙집에서도 늘 정리란 걸 할 줄 몰랐습니다. 아랫목에 펼쳐진 이불 속에 들어갔다가 나왔다가를 반복하면서 한겨울 내내 이불을 개본 적이라곤 없었습니다. 그러다 보니 어느 날 햇볕이 창가를 통해 들어오는데 저 윗목에 수북하게 쌓인 먼지가 눈에 들어왔습니다. 그런데도 저는 전혀 갈등을 느끼지 않았습니다. '치워야겠다'는 생각조차 들지 않았습니다. 그냥 '먼지가 쌓였구만' 이 생각만 잠시 했을 뿐입니다.

그런 저였으니까 아내가 보기에 얼마나 지저분하고 답답했겠습니까? 정리 관념이 없어도 이렇게 없는 사람은 처음 본다는 표정이었습니다.

게다가 저는 '코리안타임'에 길들여져서 무슨 약속을 해도 5분, 10분 늦는 것은 예사였습니다. 그러나 아내는 어떤 약속이건 반드시 미리 가서 앉아 있어야 한다고 생각하는 사람이었습니다. 약속시간이 돌아오는데도 늘 느긋한 남편, 늘 마음이 조려서 어쩔 줄 몰라 하는 아내. 차를 타고 가면서 아내는 불평이 시작됩니다. "지금 가면 사람들이 다 와 있어서 분명 창피 당할 거야." "아니야. 염려하지마. 아직도 틀림없이 다 안 왔을 걸." 그래서 약속장소에 도착하면 항상 싸웁니다. "그것 봐. 아직 다 안 왔잖아." 혹은 "그것 봐요. 벌써 다 왔잖아요." 약속 장소에 일찍 도착하든, 늦게 도착하든 어느 한 사람의 주장을 내세우며 우리는 사소한 신경전을 벌였습니다.

또한 저는 세심하지 않고 항상 크게 보고 넓게 보고 큰 비전을 품는 자칭 '좋은 성격'을 가진 사람이었습니다. 큰 줄기에만 관심이 가 있는 것이지요. 그래서 하나님께서는 작고 세세한 일처리를 잘하는 아내를 만나게 하셨습니다. 그러나 아내 편에서 보자면 '세상에, 이렇게 무심한 남자가 어디 있을까?' 싶었을 것입니다. 아내는 종종 '무심한 남편'이란 말을 제게 해 왔습니다. 그래서 제가 하루는 아내에게 말했습니다.

"여보, 그러지 말고 우리 각자 일을 분담하면 되잖아. 조그만 일은 나한테 물어 보지 말고 당신이 알아서 처리해. 당신이 알아서 끝내 버려."

"조그만 일이요? 그런 게 어떤 건데요?"

"예를 들면 자동차를 살 때 무슨 색깔을 고를 것인가? 옵션을 뭘 집어넣을 것인가? 고장 나면 어떻게 고칠 것인가? 또 애들 옷 입히는 것, 학교 가는 것, 밥 먹이는 것, 또 뭐 집안에 가구 사는 것, 이런 것은 당신이 다 알아서 해. 나는 돈을 벌어다 줄 테니까 십일조, 감사헌금, 건축헌금, 선교헌금도 당신이 우리 가정의 원칙을 아니까 알아서 내면 되고…."

"그럼 당신은 뭐 할 거예요?"

아내의 그 말을 듣자 약간 당황이 되었습니다.

"어, 나는 말이지, 나는 큰일을 해야지."

"큰일이 뭔데요?"

"언제 남북통일이 이뤄질 것인가, 국제평화는 어떻게 되어 가는가. 지금 경제동향은 미래 사회에 어떤 영향을 끼칠 것인가? 이런 거를 그때그때 알아서 알려 줄게."

그래서 한바탕 웃어버린 사건도 있습니다.

저는 결단력이 좋고 추진력이 좋아서 늘 인생의 모험과 경쟁을 즐기는 편입니다. '앞으로 앞으로' 전진하면서 결단을 자주 합니다. 아내는 이런 저와 달리 뭐 하나 결정하기가 상당히 어렵습니다.

한번은 제가 뉴욕에서 레지던트를 마치고 미시간에서 집을 사서 비로소 안정된 생활을 하고 있을 즈음, 캘리포니아에 사는 친구로부터 연락을 받았습니다. "아, 이 친구를 도와주러 다녀와야겠다." 제가 그런 말을 하며 집을 나서자 아내는 제 성격을 알고 미리 이런 얘기를 합니다.

"여보, 가서 다른 마음은 먹지 말고 친구만 도와주고 그냥 오세요."
"알았어."
그러나 그곳에 간 지 3일 만에 저는 결단을 하고 아내에게 전화를 걸었습니다.
"여보, 집 팔어. 캘리포니아로 이사 가기로 했어."
그런 남편을 따라다니느라 아내는 어지간히 힘든 세월을 보내야 했습니다.
그러나 제 입장에서는 언제나 제 성격이 좋은 것 같았습니다. 자는 습관만 해도 아내와 저는 얼마나 다른지, 저는 항상 늦게 자고 아침에도 좀 늦게 일어나는 편입니다. 그러나 아내는 일찍 자고 일찍 일어납니다. 저는 한번 잠들면 깊이 숙면을 하는 반면, 아내는 잠귀가 너무나 예민해서 중간에 자꾸 깹니다. 그래서 낮에도 자주 피곤함을 느끼곤 하지요.

뉴욕에서 레지던트 생활을 할 때 우리는 셋째아이를 낳았습니다. 단칸방에서 다섯 식구가 살 때였습니다. 그런데 신생아는 하룻밤에도 몇 번씩 깨지 않습니까? 가족들을 생각하는 아내는 항상 설 잠을 자다가 아기가 "앙!" 하고 울기도 전에 깨어 아기에게 젖을 먹이고 기저귀를 갈아줍니다. 때론 아기가 울면 밖에 데리고 나가 달래며 식구들이 곤히 자는 것을 깨우지 않습니다. 그런데 남편이라는 사람은 아침에 일어나 기지개를 펴며 아기에게 말합니다.

"어떻게 요녀석은 한 번도 안 깨고 이렇게 잘자냐?"
아내의 잠귀가 어느 정도 예민한지 아침에 일어나면 때론 이런 말을 합니다.
"어제 새벽 2시부터 비가 막 오기 시작했어. 근데 4시쯤 되니까 비가 개더라."
제 상식으로는 뭐 하러 비 오는 시간과 비 그치는 시간을 재고 있는지 이해할 수 없었습니다. 잠이나 실컷 자다가 아침에 일어나서 "간밤에 비가 왔구나" 하면 될 일을, 이상한 습관도 다 갖고 있구나 싶었습니다.

저는 단순하기 때문에 몰두를 잘합니다. 그래서 공부를 잘했던 것 같습니다. 반면, 아내는 여러 가지 생각들을 꼼꼼하게 하느라 몰두를 잘 못합니다. 그래서 제가 늘 큰소리치는 게 있습니다. 큰딸은 나를 닮아 공부를 잘하고, 큰아들은 엄마를 닮아서 이 생각 저 생각하느라 공부를 못한다고. 큰딸은 아무리 불러도 공부에 집중하느라 나타나질 않습니다. 그러나 큰아들은 "아무개야"라고 부름과 동시에 벼락같이 제 앞에 서 있습니다. 내일 시험이라 해도 워낙 자상한 성격 탓에 집안일은 다 거듭니다.

아내와 저는 입맛도 정반대입니다. 저는 전라도 시골 출신이라 그런지 김치찌개, 된장찌개를 좋아하고 밥도 팍 푸면 같이 따라오는 진밥을 좋아합니다. 그러나 아내는 토스트나 면 종류를 무척 좋아합니다. 국도 건더기만 먹지 저처럼 국물을 후르륵 들이키지 않습니다.

아무튼 아내를 보고 있으면 나와 달라도 어쩜 이렇게 다를 수 있을까 하는 생각이 듭니다. 취미생활도 다르고, 좋아하는 것도 다릅니다. 저는 영화를 좋아하지만 아내는 1년에 영화 한 편을 보지 않아도 전혀 갈등하지 않습니다. 그러니 저 혼자 영화를 보러 갈 수밖에 없습니다. 저는 영화를 보면서 같이 즐기고 싶은데 혼자서 보니까 재미가 없습니다. 앞에 앉은 사람한테 "재밌죠? 그렇죠?"라고 할 수도 없고….

그런데 결론적으로 보면 하나님께서는 우리 두 사람이 이렇게 반대이기 때문에 만나게 하셨습니다. 만약 아내가 저처럼 모험심이 있고 결단력이 강했다면 우린 아마 1년에 몇 번씩 이사를 했을 겁니다. 아이들 돌볼 생각은 안하고 밤낮 영화관에 앉아서 히히덕거리며 영화를 보고 있을 테고, 집안은 난장판이 되어도 전혀 갈등을 느끼지 않으면서 1년에 한 번 정도 청소를 했을 겁니다. 약속시간은 항상 늦어서 나중엔 중요한 일에 초대도 받지 못했을 테고, 늘 사람들을 집안에 데리고 오는 바람에 아이들의 정서는 불안정했을 것입니다.

결국 무슨 말입니까? 컴퓨터를 바꾸려고 하지 말고 컴퓨터를 다룰 수 있는 기술을 익히라는 것입니다. 그러면 축복이 됩니다. 피아노 소리가 마음에 안 든다고 피아노를 계속해서 바꾼들 소리가 달라질까요? 아닙니다. 피아노를 치는 내 기술을 익혀야 소리가 달라집니다.

현재 내 옆에 있는 사람이 최고라는 것입니다. 그 실력 가지고는 누구랑 결혼해서 살아도 마찬가지라는 것입니다. 먼저 내가 기술을 익히고, 피아노를 잘 조율해서 살아가야지 멀쩡한 피아노 버리고 새 피아노 들여온다 한들 달라질 건 아무것도 없습니다. 오히려 새 피아노 들여오느라 돈과 시간적 에너지만 낭

비할 뿐입니다. 새 피아노 앞에서 더 비참해지는 나 자신의 모습만 발견할 뿐입니다.

하나님이 예비하신 축복 가운데로 들어가고 싶으십니까? 그렇다면 현재의 나, 현재의 배우자의 모습을 있는 그대로 받아들이고 그 자체를 누리시기 바랍니다. 현재의 가난, 현재의 단점, 현재의 건강상태, 현재의 성격, 이 모든 것을 재료로 해서 하나님께서는 우리에게 가장 좋은 복을 허락하실 것입니다. 우리는 다만 이 모든 것을 감사함으로 받아들이면 됩니다. 어떤 경우에도 바꾸려고 하지 마십시오. 상대방의 지금 그대로의 모습을 정죄하지 마십시오. 불행은 생각에서부터 시작됩니다. 감사함으로 즐기면 그것이 축복이 되어 돌아올 것입니다.

'웬수'가 아니라 하나님의 존귀한 자녀다

우리는 교회에서 형제, 자매들을 향해 이런 찬양을 자주 불러 줍니다.

"형제의 모습 속에 보이는 하나님 형상 아름다워라. 존귀한 주의 자녀 됐으니 사랑하며 섬기리."

이런 찬양을 부를 때마다 우리는 생각합니다.

'아, 저 형제가, 저 자매가 하나님의 자녀구나. 하나님의 형상대로 지음 받은 존귀한 자녀구나. 저 자매를 위해서 주님께서 이 땅에서 십자가를 지셨구

나. 너무 귀하다. 귀하게 대해야지. 귀하게 바라봐야지. 그렇게 자신이 귀하다는 사실을 저 형제에게 느끼도록 해 줘야지.'

그런데 막상 가정 안에서 매일 함께 살아가고 있는 나의 남편, 나의 아내를 바라볼 때는 어떻습니까? "아이고 화상아!" 혹시 이런 말을 내뱉지는 않습니까? 술 취해 잠든 남편의 얼굴을 바라보면서, 잔소리하다 침 흘리며 자는 아내의 얼굴을 바라보면서 '그래도 이 사람이 하나님의 형상대로 지음 받은 존귀한 하나님의 자녀다!' 라는 사실을 묵상해 본 적이 있으십니까? 비전이 없고 소망이 없어 보이는 내 남편, 내 아내를 바라보며 "아니야, 하나님께서는 능치 못함이 없으신 분인데, 이토록 귀한 하나님의 자녀에게 어떤 계획을 갖고 계실지도 몰라. 반드시 하나님께서 이 사람을 통해 놀라운 일을 행하실 거야"라고 고백해 본 적이 있으십니까?

우리는 놀랍게도 내 남편과 아내를 향해서는 그리스도의 형제애를 발휘하지 않을 때가 많습니다. 왜 그럴까요? 하나님의 형상으로 지음 받았기에 하나님의 영광을 위해 쓰임 받아야 한다는 생각보다는 내 배우자만큼은 나를 위해 지음 받아서 나를 위해 봉사해야 할 사람으로 살아야 한다는 생각이 더 강하기 때문입니다. "나를 위해 지금 이 사람이 도대체 뭘 해 주고 있나?"에 모든 초점이 맞춰져 있다는 것입니다. 그래서 한심하고, 그래서 손해 보는 느낌이 들고, 그래서 자꾸만 다른 남편, 다른 아내와 비교가 됩니다.

이 모든 것들이 사실은 죄라는 사실을 아십니까? 비교하기 때문에 죄라는 것이 아닙니다. 상대방의 존재 이유를 하나님의 관점으로 바라보지 못하고, 내

관점, 나 중심적인 관점으로 바라보기 때문에 죄입니다. 나의 이기주의가 상대방의 어깨를 하나님 앞에서 활짝 펴지 못하게 하고 있다는 사실입니다. 내가 상대방을 하나님의 존귀한 자녀로 바라보며 존귀하게 인정해 주지 않는 한, 상대방은 결코 내 앞에서 하나님을 향한 거룩한 날개를 활짝 펼 수가 없습니다. '내 주제에 무슨…' 이런 생각만이 드는 것입니다.

교회에서 형제, 자매를 바라보며 '저 형제가 하나님의 존귀한 자녀로 존귀하게 대접 받으며 하나님의 비전을 이루며 살아갔으면 좋겠다'고 생각하는 것처럼, 오늘 내 남편, 내 아내를 바라 보면서도 그런 마음을 품어 보십시오. 그렇게 대해 주십시오. 내 남편과 아내가 하나님의 비전을 이룰 때까지 인내하고 기다려 주고 기도해 주십시오. 그러면 어느 날부터 봄 햇살에 피어나는 봄꽃처럼, 내 남편과 아내의 존귀한 형상이 활짝 피어나는 걸 보실 수 있을 겁니다. 그럴 때 사실 모든 부부문제는 봄눈 녹듯 자연스럽게 녹게 됩니다. 우리 가정에 행복이라는 선물이 자연스럽게 찾아드는 것입니다.

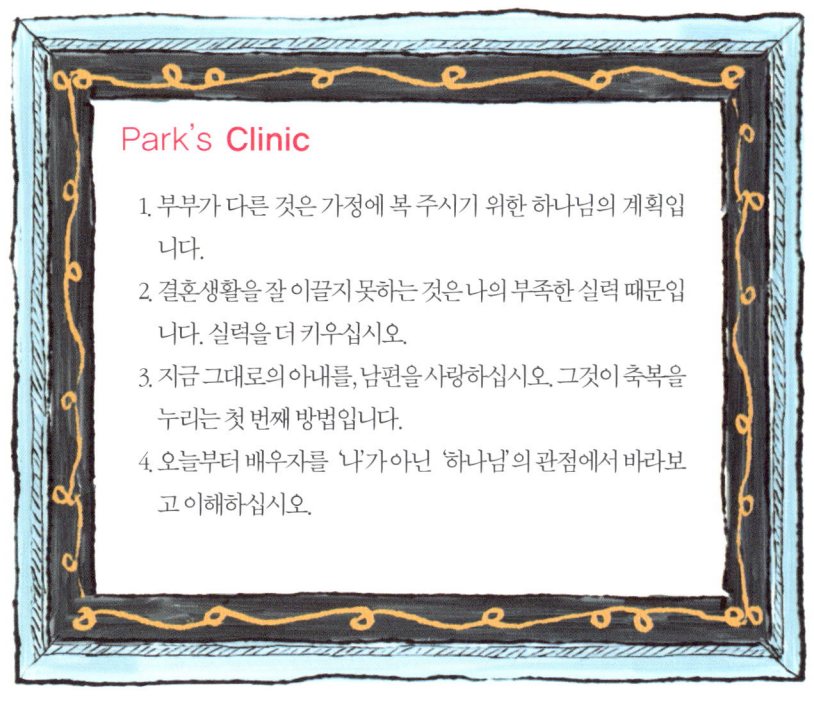

Park's Clinic

1. 부부가 다른 것은 가정에 복 주시기 위한 하나님의 계획입니다.
2. 결혼생활을 잘 이끌지 못하는 것은 나의 부족한 실력 때문입니다. 실력을 더 키우십시오.
3. 지금 그대로의 아내를, 남편을 사랑하십시오. 그것이 축복을 누리는 첫 번째 방법입니다.
4. 오늘부터 배우자를 '나'가 아닌 '하나님'의 관점에서 바라보고 이해하십시오.

2. 그대는 완벽하게 나를 보완하는 신비로운 존재

배우자 속에는 나를 보완하는 놀라운 장치가 숨어 있다.
그 장치를 이해하고 사용하기 시작할 때 하나님의 축복이 쏟아진다.

나는 **독재자**였다

가정에 행복을 이루는 비결 중 가장 확실한 한 가지 방법이 또 있다면 그것은 "배우자를 연구하라"는 것입니다. 배우자를 연구하면 그 속에 놀라운 축복의 비밀이 숨겨져 있음을 알게 됩니다. 그래서 저는 앞에서 많은 지면을 할애하여 기질과 상처에 대한 이야기를 나눴습니다. 배우자를 안다는 것은 단지 그 사람의 취향이나 성격을 아는 것에 그치는 것이 아니라 그 사람이 왜 지금의 취향과 성격을 지니게 되었는지를 이해하는 것입니다. 그것을 이해하게 되면 비로소 남편과 아내는 마음의 하나 됨, 영혼의 하나 됨을 느낄 수 있습니다. 아내의 눈물의 의미, 남편의 웃음의 의미를 알게 되면서 배우자를 어떻게 돕고 어떻게 섬겨야 하는지도 깨닫게 됩니다. 거기서 더 나아가 우리 가정을 향하신 하나님의 뜻을 발견할 수 있습니다. 우리 가정의 소명이 무엇인지, 우리 두 사람을 만나게 하신 하나님의 의도가 무엇인지를 발견해 가는 것입니다.

그렇게 되면 하나님께서 뜻하신 길을 향해 두 사람이 한 몸, 한 마음을 이뤄 전진하게 됩니다. 그리고 그 길에 하나님의 축복이 쏟아집니다.

저도 아내를 연구하면서 가정의 축복을 받은 사람입니다. 모종의 사건이 생기기 전까지 사실 저는, 아내를 잘 알고 있다고 생각했습니다. 그래서 따로 연구할 필요가 없다고 생각했습니다. 제가 어떤 사람입니까? 저는 가정예배도 잘 드리고 집에도 일찍 들어가며 아내를 사랑하고 돈도 비교적 잘 벌어다 주는 세상에 둘도 없는 남편이요 아버지가 아닙니까? 그런데 그런 저에게도 어느 날 문제가 터졌습니다.

문제는 자녀문제에서 붉어져 나왔습니다. 앞서 말씀드린 대로 저는 6남매의 맏이로 굉장히 엄한 교육을 받으며 자라났습니다. 아내 역시 6남매 중 첫째로 자라났지만 아내는 비교적 민주적인 가정 가운데 자라났습니다. 저는 그런 분위기 속에서 억압을 느끼기도 했지만 그래도 역시 자녀들은 엄하게 키워야 한다는 생각을 갖게 된 것 같습니다. 그런 생각으로 저는 아이들을 매우 엄하게 키웠습니다. 자식은 민주적으로 키워야 한다고 생각하는 아내와 달리, 저는 사람이 잘 자라려면 회초리가 반드시 있어야 하고, 엄하게 키워야 밖에 나가서 사랑 받을 수 있다고 믿었기 때문입니다.

그런데 그것은 제게 일종의 쓴 뿌리였습니다. 청년 시절, 주님 앞에서 은혜를 받아 거듭난 제 영혼이었지만, 자녀를 교육시키는 데 있어서 저는 어느덧 일방적으로 요구하고 가르치는 제 아버지의 모습을 그대로 답습하고 있었던 것입니다.

아내는 그런 남편의 교육 방법을 보며 매우 갈등을 느껴야 했습니다. 아직 어린 아이들을 스파르타식으로 교육하는 남편, 그리고 남편을 향해 매번 맞서서 싸울 수도 없는 입장이라 아내 마음속에 점점 남편을 향해 미움이 자라갈 수밖에 없었습니다. 사실 이 문제가 아내가 남편을 향해 마음 문을 완전히 열지 못하게 하는 결정적인 요인이었습니다. 자신의 자녀교육관에 100퍼센트 확신하는 남편, 그러나 그런 교육관에 100퍼센트 지지를 보낼 수 없는 아내의 마음, 아내에게는 이런 마음이 쌓이고 쌓였지만 겉으로 드러나는 큰 갈등이 없었기 때문에 저는 아무런 문제를 느끼지 못했습니다.

그런데 하나님께서는 마침내 우리에게 은혜를 베풀어 주셨습니다. 은혜는 우리 딸아이를 통해 이루어졌습니다. 만약 제 딸아이가 엄마를 닮았더라면 문제가 생겨도 '늙어서 보자'는 마음으로 내색을 안 했을 텐데, 아빠를 닮아서인지 사춘기가 되자마자 아빠를 향해 눈을 똑바로 쳐다보며 달려드는 것이었습니다. 아빠를 향해 본격적인 반항을 했던 것입니다. 그런 딸아이의 변화에 저는 적잖이 당황했습니다. 옷도 쌀자루 같은 이상한 옷만 골라 입고, 머리는 산발을 하며, 전화를 했다 하면 세 시간씩 전화통을 붙들고 앉아 있는 것이었습니다. 어느 한 가지도 마음에 드는 구석이 없었습니다. 만약 예전 같았으면 그런 아이를 때리기라도 했을 텐데 가슴도 커지고 머리도 자란 여자아이의 어디를 때리겠습니까? 때릴 수도 없는 저는 큰소리로 야단을 쳤습니다. 그러자 이 아이도 지지 않고 눈물을 뚝뚝 흘리며 반항을 해 옵니다.

아, 얼마나 고민이 되는지, 하나님 앞에 무릎을 꿇지 않을 수 없었습니다. 마침 저는 말씀묵상(QT)을 하고 있던 터라 말씀을 붙잡고 기도를 하기 시작했습니다.

"하나님, 갑자기 우리 딸에게 사탄이 들어 왔는가 봐요. 우리 딸을 변화시켜 주시옵소서. 제게 반항을 하며 평화로운 가정에 파문을 일으키고 있습니다. 우리 딸을 변화시켜 주시옵소서."

아빠의 그런 간절한 기도에도 불구하고 딸은 점점 더 아빠 마음에 안 드는 행동만 골라했습니다. 헤어스타일이며 옷 입는 모습이며 행동하는 모습이 너무나 예쁘지 않았습니다.

그런데 6개월쯤 지나자 드디어 하나님께서 제게 응답을 주셨습니다. 변화가 일어났습니다. 누구에게? 바로 저에게, 저에게 변화가 일어났습니다. 딸은 날이 갈수록 반항적으로 되어 가는데 하나님께선 제게 이렇게 말씀하셨습니다.

"변화되어야 할 사람은 네 딸이 아니라 바로 너다."

그 말씀 앞에 제가 얼마나 고꾸라졌겠습니까? 결혼 전에 하나님 앞에 고꾸라졌던 일 이후, 그것은 제2의 거듭남과 같은 변화였습니다.

하나님께서 말씀으로 조명하시자 저는 비로소 가정 안에서 제 모습을 똑바로 바라볼 수 있었습니다. 저는 가정에서 독재를 하고 있었던 것입니다. 가정을 잘 지키려고 술도 안 먹고, 담배도 안 피우며, 노름도 안 하고, 오입도 아니하며, 가족을 열심히 보호하는 제가 독재자라니, 참 이상한 일이었습니다. 그러나 말씀 앞에 비춰진 제 모습은 영락없는 독재자, 바로 그것이었습니다. 저는 최선을 다해서 가족들을 돌본다고 생각했지만 아내는 퇴근하고 돌아온 남편에게 밥을 차려 주면 어디론가 사라져 버렸습니다. 애들이 옆에서 놀고 있길래 "애들아, 뭐하고 있냐?" 그러면 한 사람씩 위층으로 올라가 버렸습니다. 그래서 저도 따라 올라가면 모두가 밑으로 내려와 버렸습니다. 아무도 제 곁에는 있으려고 하지 않는다는 사실을 발견했습니다. 왜 그랬겠습니까? 제 옆에 계속 있다가는 뭔가 불리한 사건이 생긴다는 걸 오랜 경험을 통해 가족들이 알고 있기 때문이었습니다.

그때 하나님께서 제게 그걸 가르쳐 주신 것이었습니다.

"네가 지금 독재를 하고 있다. 너는 잘한다고 생각하지만, 네 아내와 딸에게는 지금 쓴 뿌리가 생겨나고 있다. 너에 대한 아픔이 있다."

하나님이 주신 정확한 말씀 앞에 저는 비로소 깨달았습니다. 정성과 열정과 열심만 갖고는 하나님의 일을 할 수가 없다는 것을. 하나님의 일을 하려면 거기에 보태어 진짜 실력이 있어야 한다는 사실을.

저는 언젠가 하나님께 그런 기도를 드린 적이 있었습니다.

"하나님, 저는 실력은 없지만 주님을 사랑하오니 저를 사용하여 주시옵소서. 실력은 없어요. 그러나 주님을 사랑하고 열정과 열심이 있사오니 저를 사용하여 주시옵소서."

그때 하나님께서는 이런 응답을 주셨습니다.

"너는 가만히 있는 것이 나를 도와주는 것이다."

왜 하나님께서 이런 응답을 주셨겠습니까? 실력도 없으면서 자꾸 달려들면 일만 저지르게 된다는 것입니다. 경영자가 경영하는 실력은 없이 비지니스만 넓혀 가면 결국 누가 고통 받는지 아십니까? 경영자도 고통 받지만 그 밑에 사람들, 참모진들과 피고용인들에게 그 고통의 대가가 돌아갑니다. 그래서 중요한 위치에 있을수록 실력을 키워야 합니다. 그래야 모두가 삽니다.

예를 들면 이런 것입니다. 집에서 어머니가 갈비를 썰고 있는데 두 살 된 딸이 달려와 "엄마, 너무 힘들죠? 식칼을 내게 주세요. 내가 대신 썰게요"라고 한다면 어머니가 식칼을 두 살 난 딸아이의 손에 쥐어 주겠습니까? 절대로 줄 수 없습니다. 왜냐하면 아이에겐 아직 식칼을 쓸 수 있는 실력이 없기 때문입니다.

"너는 그냥 가만히 저기 있어. 그게 나를 도와주는 거야."

이런 문제는 가정에서도 똑같이 적용됩니다. 아버지로서의 실력, 남편으로서의 실력은 갖추지 않은 채 열정과 열의만 갖고 아이들을 교육하고 아내를 사랑한다면 그것은 독재가 된다는 것입니다. 내 마음대로 내 칼을 휘두르는 것밖에 안 됩니다. 그 칼에 아내와 아이들이 맞아 피를 철철 흘리고 있는데도 독재자는 자신이 가정을 사랑해서 저지른 일이라고 생각하고 있다는 것입니다.

그때 저는 즉각 하나님 앞에 회개하고 결심을 했습니다. '이제 나는 실력을 키우리라. 아버지로서의 실력, 남편으로서의 실력을 쌓아 가리라.' 그러고 보니 저야말로 아무런 실력이 없는 사람이었습니다. 열정과 열심과 정성은 있지만 실력만큼은 하나도 없었습니다. 아내의 필요가 무엇이고 아이들의 필요가 무엇인지 알지 못했습니다. 사춘기의 자녀들은 어떻게 다독여야 하고, 내성적인 아내는 어떻게 마음 문을 열게 하는지 알지 못했습니다.

가정에 관한 책을 사서 읽기 시작했습니다. 밑줄을 그어가며 공부했습니다. 기도하며 적용했습니다. 가정세미나에도 참석해서 거기서 배운 것들을 가정 가운데 실행해 나갔습니다.

그리고 또 하나 제 아내를 연구하기 시작했습니다. 그동안 너무나 잘 알고 있다고 생각했던 제 아내, 그 아내의 모습을 연구하면서부터 우리 가정에 엉켰던 문제는 하나둘씩 풀려가기 시작했습니다.

단 한 사람만 연구하면 된다

세상에는 30억의 남자, 30억의 여자가 있지만 그 많은 사람을 다 연구할 필요는 전혀 없습니다. 그러나 단 한 사람, 내가 결혼한 한 사람의 배우자는 연구해야 합니다. 배우자에 대해 박사논문을 쓸 정도로 연구해야 합니다. 충분히 그럴 가치가 있습니다. 배우자를 연구하면 가정에 행복의 길이 무엇인지 보이기 시작합니다. 배우자를 연구할 때, 남편으로서의 진짜 실력이 늘어 갑니다.

그러나 우리는 얼마나 이 연구에 소홀합니까? 다른 사람들은 잘도 연구하면서, 내 아내나 내 남편을 연구할 생각은 전혀 안 합니다. 배우자의 아버지와 어머니는 어떤 분이시고, 가정의 문화는 무엇이었는지, 그 사람이 자라면서 받았던 상처는 어떤 게 있었고, 자라면서 가졌던 가장 큰 꿈은 무엇이었는지 관심을 두지 않습니다. 하지만 연구에 한번 착수해 보십시오. 연구하는 과정 중에 부부 대화가 살아나고 부부의 사랑이 깊이 뿌리를 내린다는 사실을 발견할 것입니다.

저는 아내를 연구하면서 아내를 비로소 이해하게 되었습니다. 아내의 할아버지는 전라북도에서 첫 세례를 받아 첫 목사님이 되셨고, 제주도 2대 목회자로 헌신하여 제주도 선교 역사에 이름을 남기신 분이셨습니다. 아내 집안의 토스트 사랑은 거기서부터 비롯되었습니다. 할아버님이 서양 선교사님들과 늘 함께 지내시면서 토스트를 자주 잡수셨다는 것입니다. 게다가 아내의 아버님은 교수님이셨기에 양식도 잘 드시고, 하는 행동 하나하나가 늘 조용조용하십니다. 소곤소곤, 소곤소곤…. 그리고 무슨 이야기를 하는지 모를 정도로 행동거지가 얌전하신 분이 우리 장모님이십니다. 선생이신 아버님이라 청소도 늘 열심히 시키셨고, 새 나라의 어린이는 일찍 자고 일찍 일어나며 시간 약속을 잘 지키는 사람이어야 한다고 가르치셨습니다. 그러니까 아내는 매사가 그렇게 정확하고 부지런하며 얌전할 수밖에 없었습니다. 그렇게 배우고 자랐기에 그렇지 못한 제가 얼마나 이해가 안 갔겠습니까?

'아, 아내는 그래서 그렇게 행동했던 거구나. 나를 골탕 먹이려고 일부러 그

렇게 행동한 게 아니었구나.'

아내를 충분히 연구하자 아내가 이해되었고 그러자 아내의 있는 모습 그대로를 받아들일 수 있었습니다. 아내 역시 그런 저의 변화 앞에서 저를 연구하기 시작했습니다. 사업하는 가정에서 자라나 아침식사마저도 가족들끼리 오붓하게 해 본 적이 없었던 우리 집안. 항상 손님이 지나가다가 "아무개 선생님 계십니까?"라고 하면 "어서 오세요" 하는 말과 함께 밥 한 그릇 올려놓고 함께 식사를 하는 집안, 가족들끼리 조용히 지내기보다는 잔칫집처럼 늘 북적거렸던 집안, 그것이 바로 우리 집안이었습니다. 늘 손님이 들락날락거려서 집안 청소 개념도, 제 시간에 자고 제 시간에 일어나는 개념도 별로 없었습니다.

아내는 그런 남편이 자라온 배경을 이해하고 난 후부터 아무 데나 벗어 놓은 남편의 양말을 들어 빨래 통에 집어 넣으면서도 별로 자존심이 상하지 않았다고 합니다. 일부러 그러는 게 아니라, 20여 년 동안 박씨 가문에서 하던 행동이 몸에 배서 그런 거라고 생각하니까 남편을 받아들이게 되더라는 것입니다. 예고 없이 손님을 몰고 오는 것도 하루아침에 고쳐질 일이 아니라는 생각에 바가지를 긁기보다는 미리미리 밑반찬을 준비해 두는 것으로 태도를 바꿨습니다.

그러자 서로가 달라 보이기 시작했습니다. 아내에게 이런 면이, 남편에게 이런 면이 있다는 사실을 알아가게 된 것입니다.

그러나 뭐니 뭐니 해도 제가 아내를 달리 보게 된 것은 내 딸아이의 사춘기 시절이었습니다. 아내에게는 제가 생각지도 못했던, 제가 갖지 못한 큰 장점이 숨어 있었습니다.

나를 **보완하기 위해** 설계된 사람

딸과 오랜 시간을 대치하며 위기감을 느끼던 그때, 하나님께서는 제가 바로 변화되어야 할 당사자란 사실을 알려 주셨습니다. 때를 맞추어 지혜로운 아내는 딸과 저 사이를 중재하기 시작했습니다.

"여보, 쟤 옷 입는 거 그렇게 이상하지 않아요. 저 나이 또래에 다 그렇지요. 누구나 저런 옷도 한 번쯤 입어 보고 싶고, 화장도 해 보고 싶고, 머리도 물 들여 보고 싶은 게 저 나이 또래의 자연스런 심리예요. 조급해 하지 말고 그냥 좀 기다려 줘 보세요."

가정교육으로 치자면 아내야말로 바른생활 어린이의 전형적인 사례로 자란 사람이었지만, 아내는 결코 저처럼 아이를 정죄하지 않았습니다. 아이의 눈높이에 맞춰 아이를 이해했고, 그러면서 한편, 아빠에게는 아이의 마음을, 아이에게는 아빠의 마음을 전달해 주는 역할을 자청했습니다.

"아빠가 저러시는 거 너도 이해를 해야 한다. 아빠가 너를 얼마나 사랑하시는지 아니?"

그리고 아내는 제게 편지를 권유해 왔습니다. 딸이나 저나 비슷한 성격이라 대화만 했다 하면 불꽃이 튀니까 자신의 마음을 차분하게 편지로 담아 전해 보라는 것입니다. 아내의 말대로 따라보기로 했습니다. 그런데 뜻밖에도 그 편지가 딸아이를 이해하는 통로가 되었습니다.

아이의 마음을 담은 편지는 아버지의 눈물을 쏟아놓게 했습니다. 말로 할 때는 제가 할 말이 급했었기 때문에 아이의 아픈 마음이 제 귀에까지 전달되지 않았는데, 아이의 편지를 읽다보니 비로소 아이의 마음이 제 심장에 전달이 된 것입니다.

"아, 네가 그런 마음이었구나. 네가 그렇게 마음이 아팠구나. 사랑하는 딸아, 나는 네 아빠고 너는 나에게 단 하나밖에 없는 딸이다. 내가 너를 사랑한다. 그 누구보다 너를 사랑한다."

눈물을 담은 아빠의 편지는 또 딸의 마음을 감동시켰습니다. 3년 정도 계속된 딸아이의 사춘기 방황은 그렇게 해서 차츰 회복이 되었습니다. 그리고 그 일로 우리 가정엔 회복의 새바람이 불어 왔습니다. 무엇보다 제가 독재자였단 사실을 알게 되었고, 아내가 얼마나 지혜롭고도 현숙한 사람인지를 알게 되었으며, 제 자식들이 제게 얼마나 소중하고 귀한 존재인지를 깨달을 수 있었습니다. 우리 가족들이 진심으로 마음을 열고 서로를 보며 사랑할 수 있는 시간이 되기도 했습니다.

지금도 저는 38세 된 우리 딸아이에게 전화를 하면 진심어린 사랑의 고백을 자주 합니다.

"웬일이에요, 아빠?"

"응, 무슨 일이 있는 건 아니고, 다만 널 사랑한다는 말을 하고 싶어서 전화한 거야. 너는 내 딸이지? I love you!"

"아빠, 알아요. I love you so much, too."

저는 혹시라도 아이 마음속에 어린 시절의 상처가 남아 있을까 봐, 또 현재의 아빠 마음을 전하고 싶은 생각에 그렇게 자주 전화를 걸어 사랑의 마음을 확인시켜 줍니다.

그렇게 우리 가정에 찾아 든 고통의 시간은 결국 우리 가정에 축복을 주기 위한 동기로 작용했습니다. 그 일로 얻은 가장 큰 성과가 무엇이었는지 아십니까? 그때부터 저는 우리 가족들의 장점을 보게 되었다는 점입니다. 눈을 떠서 보니까 비로소 우리 가족 한 사람 한 사람이 얼마나 장점이 많은지를 알게 되었던 것입니다.

특히 제 아내는 장점 투성이, 그 자체였습니다. 제 허물과 단점을 보완해 주는, 하나님께서 짝지어 주신 돕는 배필이었습니다. 그 전에는 왜 아내가 나와 같은 생각을 하지 않는지, 왜 내 입맛과 다른 입맛을 가졌는지 불평이었는데, 생각을 바꿔 보니까 모든 것이 저를 보완하기 위해 만드신 하나님의 설계였습니다. 하나하나 다 기록할 수 없을 만큼 장점으로 꽉 찬 사람이 제 아내라는 사실을 발견했습니다. 그래서 저는 성경을 읽다가 결심을 했습니다.

'그래, 이제부터 나는 성경적으로 살겠다. 왜냐? 나는 예수 믿는 사람이니까.'

저는 성경적으로 제 아내와 아이들을 칭찬해 주고, 자랑해 주리라 결심했습니다. 그러나 우리나라 사람들은 자기 아내, 자기 자식을 자랑하면 유교적 관념에 사로잡혀서 '팔불출'이라 손가락질합니다. 그래서 저는 그냥 '팔불출'이 되기로 결심했습니다. 저는 예수 믿는 사람이니까 유교적 관념에 얽매일 필요가 없기 때문입니다.

결단은 곧바로 실행에 옮겨졌습니다. 부모님을 약 8년 간 집에 모시고 살 때도 그 결심은 흐트러지지 않았습니다. 부모님 앞에서도, 형제들 앞에서도 아내를 칭찬해 주고 높여 주었습니다.

이때 저는 한 가지 사실을 깨달았습니다. 그렇게 공개적으로 세워 주고 칭찬해 주면서 저는 점점 더 아내에게 칭찬할 거리가 많다는 사실을 발견해 갔다는 사실입니다. 오늘은 이런 점이 장점이었는데, 그 장점을 칭찬하고 보니까 내일은 또 다른 장점이 발견되더라는 말입니다.

저는 부부세미나를 하면서 배우자의 장점 40가지를 써 보라는 주문을 가끔 합니다. 그러면 많은 사람들이 한참을 고민하다가 "단점 40가지 쓰면 안 될까요?"라고 말씀합니다. 어떻게 장점을 40가지나 쓰냐는 것입니다. 장점 40가지를 쓰려면 몇날 며칠 주야로 묵상해야 한다고 말씀합니다. 왜 그렇습니까? 평소 배우자의 장점을 공개하지 않기 때문입니다. 드러내 주지 않기 때문입니다.

장점을 캐서 공개하기 시작하면 배우자의 장점은 끝없이 튀어나오게 되어 있습니다. 그러나 그것을 평생 꺼내 주지 않으면 안에만 묻혀 있다가 무덤까지 갖고 갈 수 있다는 사실을 기억하십시오. '팔불출'이란 말을 들은들 어떻습니까? 그 말 한마디 듣고 나와 배우자가 성경대로 축복을 누리며 살아갈 수 있다면 얼마나 좋겠습니까?

배우자 속엔 나를 보완해 줄 장점이 들어 있습니다. 그 장점들을 오늘부터 하나씩 캐어 인정해 주고 세워 주고 칭찬해 보십시오. 축복의 언어 속에서 날마다 새로워지고 빛이 나는 배우자의 모습을 발견하게 될 것입니다.

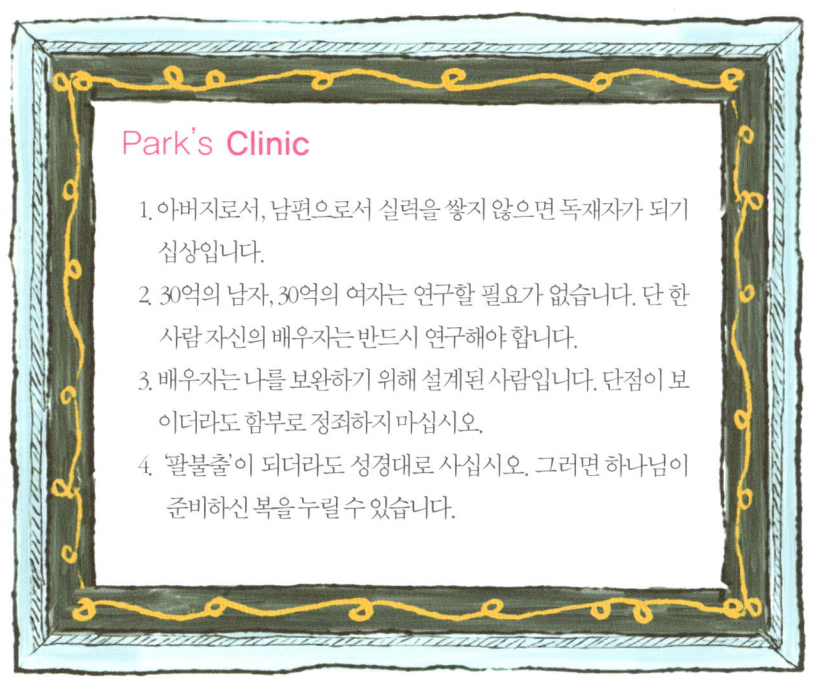

Park's Clinic

1. 아버지로서, 남편으로서 실력을 쌓지 않으면 독재자가 되기 십상입니다.
2. 30억의 남자, 30억의 여자는 연구할 필요가 없습니다. 단 한 사람 자신의 배우자는 반드시 연구해야 합니다.
3. 배우자는 나를 보완하기 위해 설계된 사람입니다. 단점이 보이더라도 함부로 정죄하지 마십시오.
4. '팔불출'이 되더라도 성경대로 사십시오. 그러면 하나님이 준비하신 복을 누릴 수 있습니다.

3. 고난, '부부' 앞에 무릎 꿇다

우리는 고난이 빨리 지나가기만을 바라지만,
하나님은 우리가 그 속에서 서로 섬기는 법을, 웃음을 잃지 않고 평안하는 법을,
비전을 향해 달려가는 법을, 사랑을 잃지 않는 법을 배우기 바라신다.

탈출구는 결국 '부부'

부부가 살다 보면 크고 작은 어려움을 많이 겪게 됩니다. 그런 어려움은 대략 다음의 두 가지 원인에서 비롯됩니다.

첫 번째는 부부 사이의 관계성에서 비롯된 문제입니다. 앞서 소개한 많은 내용들은 주로 이런 관계에 대한 내용들입니다. 성격이 안 맞고, 필요가 다르고, 삶의 스타일이 다르고, 대화 자체가 안 될 때, 그럴 때 부부가 어떻게 서로를 맞춰 가는가에 대한 내용들을 나누었습니다.

두 번째 문제는 이런 관계에서 비롯된 문제가 아닌, 외적인 문제들입니다. 경제문제, 건강문제, 자식의 문제 등등…. 이런 문제가 가정에 닥치면 첫 번째 문제는 아무것도 아닌 걸로 생각합니다. '당장 길거리에 나 앉게 되었는데 서로 성격이 안 맞는 게 무슨 상관이며, 서로의 영혼에 박힌 어린 시절의 상처를 운운하는 게 얼마나 사치스러운 일인가' 라고 생각합니다. 그 모든 것들은 다 먹고 살 만한 사람들의 아우성이라고 치부합니다.

그러나 상대적이긴 하지만 모든 가정에는 첫 번째와 두 번째 문제가 항상 공존합니다. 두 가지 문제는 항상 서로 얽혀 있기에 함께 풀어 가야만 합니다. 우리는 당장 눈앞에 닥친 현실적인 문제만을 크게 생각하지만, 어떤 면에서는 관계성을 중심으로 모든 문제를 풀어 나가는 게 순리일 때가 많습니다. 그것이 더 성경적인 문제 풀이법입니다.

자식이 신용불량자가 되어 가출해 버린 외적인 문제 상황 속에서 부부가 서로를 탓하며 원망하다 부부 관계마저 흔들리는 경우를 보십시오. 남편의 건강이 악화되어 파출부 일을 하게 된 아내가 외적인 문제 때문에 서로 마음에 상처를 주는 말을 쏟아 붓다가 남편의 병도 악화되고 가정이 산산조각 나는 경우도 마찬가지입니다.

위기가 찾아올수록 탈출구는 결국 '부부 관계' 속에서 찾아야 합니다. 부부가 얼마나 하나님 앞에서 한 마음을 품고 있는가, 얼마나 서로를 하나님의 형상대로 귀하게 보고 있는가, 얼마나 서로를 용서하고 있는가, 서로를 위해 기도하고 있는가, 용납하고 있는가, 둘이 함께 하나님을 바라 보고 있는가…. 하나님과 나와 배우자의 삼각 구도라는 관계 속에서 문제를 풀어갈 수 있다면 위기는 더 이상 위기가 아니라 축복의 통로가 된다는 사실을 기억하시기 바랍니다.

저는 물론 여러분들이 겪고 계신 가정의 수많은 고통들을 다 겪어 보지는 못했습니다. 그러나 그런 고통마저 부부가 아름다운 동행으로 이겨낸 수많은 가정의 이야기들을 알고 있습니다. 당장 부도가 나도 서로에 대한 신뢰를 지키며 단칸방에서 동행을 지켜내는 사람들, 자식 문제가 터져도 서로를 탓하기보다는 자신의 모습을 먼저 회개하며 서로를 격려하는 사람들, 몸져누워 있는 배우자를 보면서도 '저 사람이 나의 뼈 중의 뼈, 살 중의 살'이라는 사랑의 고백을 아끼지 않는 사람들, 고통 중에도 언젠가 열릴 하늘의 문을 소망하며 함께 기도하는 사람들, 고난 속에서도 서로를 사랑하는 사람들….

이렇게 살기란 결코 쉽지 않습니다. 그러나 쉽지 않기 때문에 이런 과정 속에는 선물이 따릅니다. 하나님의 축복이 임합니다.

한번은 텔레비전을 통해 이런 동화를 본 적이 있습니다.

어느 설렁탕 가게에 가난해 보이는 할머니와 손자로 보이는 손님이 들어섰습니다. 그때 할머니는 설렁탕 한 그릇을 시켜 손자에게만 먹입니다. 그걸 본 가게 주인은 분위기를 눈치 채고 설렁탕 한 그릇을 더 갖다 주면서 "축하드립니다. 손님께서는 저희 집의 100번째 손님이 되셨습니다. 이 한 그릇은 100번째 손님에게 드리는 공짜 설렁탕입니다"라고 말했습니다. 물론 가난한 할머니를 배려한 가게 주인의 거짓말이었습니다.

할머니와 손자는 그 말을 믿고 너무 좋아 어쩔 줄 몰라 했습니다. 그런데 며칠 후, 이 손자 아이가 새벽부터 가게 앞에서 돌멩이를 한쪽에서 다른 쪽으로 옮기며 무언가를 세고 있었습니다. 그러더니 저녁 무렵쯤 할머니를 모시고는 얼른 가게로 들어섭니다. 그리고는 이렇게 말했답니다.

"할머니, 얼른 와. 지금이 100번째야, 100번째. 오늘 할머니 생신이니까 내가 설렁탕 한 그릇 사드리는 거나 마찬가지야."

그 녀석의 말을 들은 가게 주인은 설렁탕 한 그릇을 내다 주었습니다.

"같이 먹자."는 할머니의 권유에도 손자는 "아니, 할머니 나는 배불러"라며 웃고만 있고, 설렁탕 한 그릇을 받아든 할머니는 맛있게 음식을 먹었습니다.

그 모습을 보고 있던 가게 여주인이 남편에게 이렇게 말합니다.

"여보, 저 녀석에게도 한 그릇 갖다 줄까요?"

그러자 가게 주인이 이렇게 말합니다.

"쉿, 저 녀석은 지금 먹지 않고도 배부른 법을 배우고 있는 중이야."

어떻습니까? 저는 부부가 인생을 동행하는 중에 찾아온 고난이 어쩌면 이와 같은 것이 아닌가 생각해 봅니다. 먹지 않아도 배부른 법을 터득하는 과정을 흐뭇하게 바라 보았던 가게주인처럼, 어쩌면 하나님께서도 우리를 그렇게 바라 보고 계시겠다는 생각이 들어서입니다.

고난이 우리에게 찾아올 때 우리 편에서는 빨리 지나가기만을 바라고 있지만, 하나님 편에서 보면 고난 속에서도 서로를 섬기는 법, 웃음을 잃지 않는 법, 평안히 살아가는 법, 비전을 향해 달려가는 법, 사랑을 잃지 않는 법, 묵묵히 일상의 책임을 다하는 법을 깨우쳐 가기를 바라고 계실지도 모릅니다. 고난이 우리 삶에서 사라지는 것보다 하나님께서 보시기에는 우리가 고난의 터널을 지나가면서 우리의 그릇이 넓어져 가는 것을 더 중요하게 보실 수 있다는 것입니다.

왜냐하면 하나님께서는 더 큰 것, 더 좋은 것을 주고 싶기 때문입니다. 더 좋은 것을 주시려면 우리의 그릇이 성결해야 합니다. 넓어져야 합니다. 그래서 고난을 같이 겪어내는 동행은 더욱 아름답습니다. 동행은 포기하는 게 아닙니다. 절대로 포기하지 마십시오. 고난 뒤에 베풀어 주실 주님의 상이 벌써 저만치 우리에게 다가 오고 있습니다.

동행은 기쁠 때만 함께하는 것이 아니다

동행은 때론 고통을 수반하기도 합니다. 사랑은 때론 절망이 될 때도 있습니다. 사랑해서 함께 가는 길이 힘들고 지치고 어려울 때도 있습니다.

그러나 고통마저도 기꺼이 안고 가기에 동행이 아름답다고 말하는 것입니다.

제가 아는 어떤 부인은 결혼하자마자 교통사고로 뇌를 다친 남편과 평생을 살았습니다. 자식 둘을 낳았고 한 명은 목사가, 한 명은 사모가 되었습니다. 두

분 모두 소박하고 진실한 목회자 부부가 되어 한국교회를 섬기고 있습니다. 그러나 그 부인은 늙은 할머니가 될 때까지 눈물 마를 날이 없었습니다. 뇌를 다친 남편이 어느 날 갑자기 쓰러지기도 하고, 어느 날은 갑자기 정신병자 같은 행동을 하기도 했기 때문입니다. 남편은 평생 가정 경제를 책임지기는커녕 병원비며 사고비로 아내는 허리를 펼 날이 없었습니다. 부인은 안 해 본 행상이 없고, 안 당해 본 무안이 없습니다. 그래도 부인은 남편과의 동행을 지켰습니다. 동행 가운데 천하보다 귀한 두 자식들을 길러 냈습니다. 왜 그랬을까요? 왜 부인은 재가하지 않고 평생 한 사람만을 바라보며 살았을까요? 남편이 하나님께서 짝지어 주신 사람이라는 확신이 있었기 때문입니다. 하나님께서 짝지어 주신 사람을 사람이 나뉘게 할 수 없다는 성경 말씀을 믿었기 때문입니다.

어떤 분들은 이렇게 반문할 것입니다. "그렇게 믿음으로 가정을 지켜낸 부인에게 돌아간 축복이 결국은 무엇입니까? 결국 부인은 평생 고생만 하다 인생이 끝난 거 아닙니까?"

그러나 우리의 삶의 진정한 상급은 결코 이 땅에서 가시적인 성과로 평가될 수 있는 것이 아닙니다. 많은 경우, 우리가 주님 뜻대로 서로 사랑하고 세워 주고 섬기며 열심히 살면 틀림없이 주님의 축복이 주어지지만, 만약 이 땅에서 누린 복이 없다면 이것은 분명 더 큰 하늘의 상급이 있는 것입니다. 그걸 바라볼 수 있는 사람은 진정으로 복된 사람입니다. 누가 이 부인을 지지리도 복 없는 사람이라고 말할 수 있겠습니까? 하늘에 가서 보면 판세가 달라져 있을 줄 누가 압니까?

저는 부인의 삶에서 동행의 의미를 재발견합니다. 동행이란 그렇게 함께 웃고 즐기는 것만이 아니라 고통까지도 함께 하는 것입니다. 그것이 동행입니다. 주님께서도 우리와 동행하실 때 기쁨만 있지는 않습니다. 자식이 고통 중에 있을 때 부모는 그 모습을 보며 더 가슴이 찢어지지 않겠습니까? 그렇다고 우리가 주님의 마음을 아프게 했다고 해서 주님께서 우리를 버리지는 않으십니다. 고통에 젖어 있는 우리의 마음 안에 들어오십니다. 오히려 고통 중에 우리와 더 친밀히 동행하십니다.

부부도 마찬가지입니다. 저 사람 때문에 고통이 오더라도 그것을 달게 받으며 함께 가는 것, 그것이 부부의 동행입니다.

무슨 엽서에선가 "사랑은 함께 우산을 쓰는 것이 아니라 함께 비를 맞으며 가는 것"이란 표현을 본 적이 있습니다. 좀 낭만적인 글인 것 같지만, 사실 같이 쓸 우산이 없을 때는 그렇게 함께 비를 맞으며 지나 가야 하는 게 우리의 인생입니다. 그것이 동행입니다.

그렇게 동행하라고 하나님께서는 우리 두 사람을 이 땅에서 만나게 하셨습니다. 그리고 그 동행의 끝자락에는 반드시 축복이 있음을 저는 믿습니다.

혹시 사망의 음침한 골짜기를 지나고 계십니까? 그렇다면 서로의 손을 꼭 잡고 지나십시오. 한 사람을 그곳에 버려 두지 마시고, 조금만 더 인내하며 서로를 격려하며 지나시면 됩니다. 그러면 반드시 하나님께서 예비하신 푸른 초장, 쉴 만한 물가가 나타날 것입니다. 그곳에서 마른 목을 축이며 함께 기뻐할 모습을 그려보며 소망을 가지십시오. 소망 중에 고통의 골짜기를 지나가십시오.

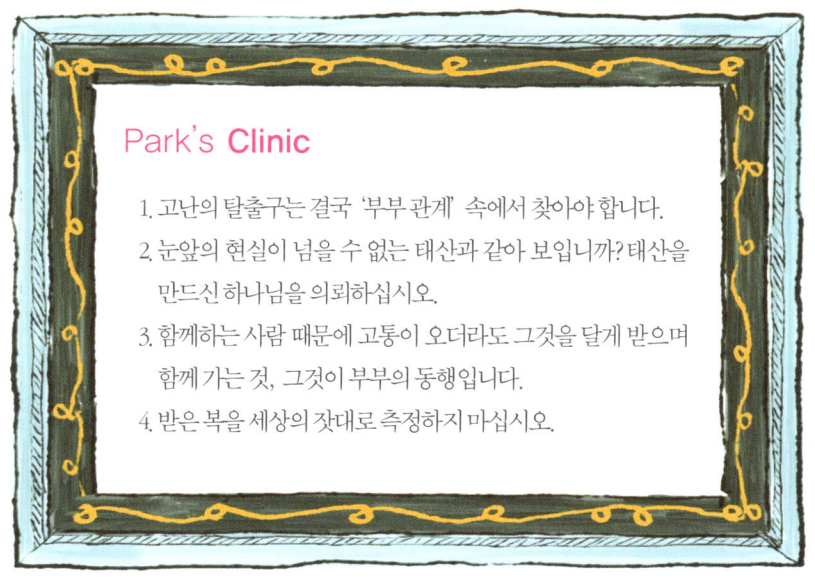

Park's Clinic

1. 고난의 탈출구는 결국 '부부 관계' 속에서 찾아야 합니다.
2. 눈앞의 현실이 넘을 수 없는 태산과 같아 보입니까? 태산을 만드신 하나님을 의뢰하십시오.
3. 함께하는 사람 때문에 고통이 오더라도 그것을 달게 받으며 함께 가는 것, 그것이 부부의 동행입니다.
4. 받은 복을 세상의 잣대로 측정하지 마십시오.

하나님의 가정 설계 ❸
거룩, 비전, 사랑

부부, 하나님의 설계도를 완성하다

"여호와 하나님이 가라사대 사람의 독처하는 것이 좋지 못하니 내가 그를 위하여 돕는 배필을 지으리라 하시니라" (창2:18).

1. '거룩'을 회복하라

하나님이 궁극적으로 기뻐하시는 가정은 부부가 함께 하나님께로 나아가는 가정,
즉 부부가 '거룩'을 향해 움직이는 가정이다.
단순히 '행복'하다거나 '범사에 형통한' 가정과는 차원이 다른 것이다.

부부세미나를 할 때 저는 이런 질문을 받은 적이 있습니다.

"저는요 가끔 불신자 가정을 방문할 때 그 가정이 우리 가정보다 더 좋아 보일 때가 있어요. 예수를 믿지는 않지만 서로 사랑하고 행복해 하며 너무나 재미있게 살거든요. 근데 우리 집은 하루하루 살아가기도 항상 빠듯하고, 날마다 속상한 일이 끊이질 않아요. 어떻게 생각하면 그 집에 비해 우리 집은 뭔가 하는 회의도 들어요. 그 집과 비교했을 때 우리 집은 뭐 하나 나은 게 없거든요. 남편과 저는 아직도 공사 중이고요. 아들 하나 있는 건 개척교회를 하느라고 무척 고생하며 살고 있어요. 만약 그 집이 예수를 잘 믿는 집이었다면, 예수 잘 믿어서 복 받았다고 생각하겠지만 그렇지도 않은데 어떻게 그렇게 행복하게 살 수가 있을까요? 하나님이 뜻하신 가정의 행복의 기준은 무엇인가요? 그 불신 가정이야말로 하나님 뜻대로 잘 살고 있는 거 아닌가요?"

쉽게 답할 수 있는 질문은 아닙니다만, 해답은 분명히 있습니다.

이 질문에 답하기 위해 우리는 먼저 성경을 살펴봐야 합니다. 하나님께서 왜 이 땅에 가정을 세우셨는가, 가정을 통해 하나님께서 바라시는 것이 무엇인가를 알면 이에 대한 답을 얻을 수 있을 것입니다.

하나님께서는 태초에 만물을 지으셨습니다. 그리고 그때마다 "보시기에 좋았다"는 표현을 쓰셨습니다. 그런데 딱 한 가지 좋지 않다고 하신 게 있습니다.

"여호와 하나님이 가라사대 사람의 독처하는 것이 좋지 못하니"(창2:18상).

아담의 독처하는 것이 좋지 않다는 것입니다. 그렇다면 '독처'가 무슨 뜻입니까?

혼자 산다고요? 네, 그 말도 맞습니다. 그러나 성경적인 원뜻은 "단독자로 하나님과 만나 진리 안에서 하나님과 교제하는 상태"를 말합니다. 이것이 남자가 하나님 앞에 독처한다는 것입니다.

우리는 여기서 의문을 가질 수밖에 없습니다. 왜 남자가 하나님과 만나 진리 안에서 하나님과 교제하는 것이 좋지 못하다고 하셨냐는 것입니다.

이에 대한 답을 얻으려면 '좋지 못하다'는 원뜻을 정확히 알아야 합니다. 이는 '나쁘다'는 뜻이 아니라 히브리 원어로 볼 때 'not complete', 'not sufficient', 즉 '완전하지 못하다', '충분하지 못하다'는 뜻입니다. 이를 의역하면 "남자가 하나님과 만나 진리 안에서 교제하기가 혼자서는 완전하지 않다"는 말입니다. 그래서 하나님께서는 이를 위해 돕는 배필을 지으셨습니다.

"여호와 하나님이 가라사대 사람의 독처하는 것이 좋지 못하니 내가 그를 위하여 돕는 배필을 지으리라 하시니라"(창2:18).

하나님께서는 이처럼 여자를 남자의 돕는 배필로 지으셨습니다. 그런데 한국의 많은 여성들은 이 말을 오해해서 기독교가 여성을 억압하는 종교라고 주장합니다. 남녀를 평등하게 짓지 않고 여성이 남성을 돕도록 지었다는 것이 영 기분이 상한 것입니다. 그러나 그것은 성경의 원뜻을 오해한 데서 비롯된 주장입니다. '돕는 배필'의 의미를 남자의 몸종 정도로 비하시킨 것입니다.

성경은 결코 여자를 비하시키지 않습니다. 여자든 남자든 똑같이 '하나님의 형상'을 따라 지을 만큼 하나님께서는 모든 인간을 사랑하셨습니다. 그중에서도 여자는 하나님 앞에 더 특별한 존재로 지음 받았다는 사실을 성경을 깊이 묵상해 보면 알 수 있습니다.

'돕는 배필'로 지음 받은 여자. 여기서 '돕는'이라는 수식어는 히브리 원어로 '에젤'(ezer)이라 표현하고, 그 원뜻은 "하나님께서 우리를 도우신다"는 뜻입니다. 시편 121편에서 "내가 산을 향하여 눈을 들리라 나의 도움이 어디서 올꼬 나의 도움이 천지를 지으신 여호와께로서이다"라고 고백할 때의 '도움',

그것이 바로 '에젤'입니다. 즉, 지키고 보호하시는 하나님을 수식할 때의 '지킨다', '보호한다'가 바로 '에젤'이란 단어입니다. 또 사무엘상 7장 12절에 '하나님이 여기까지 우리를 도우셨다'라고 했는데 이를 에벤에젤이라고 했습니다. 즉 하나님이 우리의 에젤이십니다. 그러므로 이 '에젤'은 전능하신 하나님을 수식할 때만 사용되었습니다. 사람 앞에서는 결코 사용될 수 없고, 신약에서 보혜사 성령님이 이 에젤 역할을 하십니다.

그런데 하나님께서는 이 어마어마한 단어인 '에젤'을 여자를 지을 때 사용하셨습니다. 우리를 위해 탄식하며 기도하시고, 우리를 지키시며 보호하시는 보혜사 성령님을 지칭할 때 사용하는 단어를 여자에게 붙이심으로써 여자, 즉 아내의 정체성을 확인시킨 것입니다.

그러므로 '에젤'은 영적인 단어입니다. 여자는 남자를 영적으로 돕는 존재라는 것입니다. 그것이 여자의 정체성입니다.

그러므로 위 말씀은 이렇게 해석할 수 있습니다. "남편은 홀로 하나님 앞에 바로 서서 하나님과 교제할 수 없지만, 아내가 있음으로 해서 남편은 비로소 하나님 앞에 온전히 서서 하나님 안에서 여자의 머리 역할을 감당하며 하나님을 경외하며 살 수 있는 존재가 될 수 있다." 어떻게요? 에젤로 인해서. 에젤인 아내가 있음으로 해서 남편은 비로소 완전하게 설 수 있다는 것입니다. 그러므로 아내가 에젤 역할을 잘하면 남편은 급성장 하고 머리 역할을 잘 감당하지만 에젤 역할을 잘못하면 남편은 망합니다.

이것은 아내와 남편의 만남의 목적이 무엇인지를 궁극적으로 알게 해 주는 말씀입니다. 남편과 아내의 만남, 그 속엔 하나님 앞에 두 사람을 온전히 서게 하려는 하나님의 영적인 목적이 있습니다. 한 사람은 돕는 배필로, 한 사람은 여자의 머리로 그 역할을 감당하면서 가정의 머리되신 주님을 온전하게 바라 보라는 것입니다. 주님의 머리되신 하나님과 하나 됨을 이루라는 것입니다. 그 하나 됨이 무엇입니까? 바로 '거룩'입니다.

"기록하였으되 내가 거룩하니 너희도 거룩할지어다 하셨느니라"(벧전1:16).

하나님과 진리 안에서 온전히 교제하기 위해서는 '거룩'해야 합니다. 그래서 하나님께서는 이 땅에 예수님을 중보자로 보내셔서 십자가를 통해 죄인 된 우리가 거룩하신 하나님께 나아 가도록 하셨습니다. 우리와 만나고 싶으신 하나님의 거룩하신 열정입니다.

그러므로 하나님께서는 우리 가정이 어떤 모습일 때 가장 기뻐하시겠습니까? 우리 모두가 행복할 때요? 아니면 우리의 범사가 형통할 때요? 아닙니다. 하나님이 궁극적으로 기뻐하시는 때는 우리가 하나님께 나아갈 때입니다. 그 순간을 한 단어로 표현하면 '거룩'입니다.

그래서 가정을 이루신 하나님의 진짜 목적을 표현하라면 우리는 '거룩'을 말해야 합니다. 더불어 '거룩'을 이루어 가는 걸음걸음 속에 하나님께서는 행복과 축복이라는 선물을 허락하십니다. 이렇게 행복은 소중한 선물이기는 하지만 가정을 이루신 하나님의 궁극적인 목적은 아닙니다.

따라서 앞에서 어떤 분이 질문하셨던 것처럼 "예수를 믿지 않고도 행복한 가정"은 참다운 행복을 누리는 가정이라고는 말할 수 없습니다. 참된 축복의 가정이란 하나님께서 주신 거룩한 비전을 따라 성령의 하나 됨을 이루며 한 걸음 한 걸음 나아가는 가정을 말합니다. 비록 지금은 힘겹고 어렵더라도 거룩하신 하나님 앞에 거룩한 한 걸음을 떼는 가정입니다. 부러워하지 마십시오. 우리가 비록 광야의 거친 길을 걸어가고 있다 한들 어찌 하나님이 없다 말하는 애굽의 부유한 가정을 부러워하겠습니까? 우리는 다만 하나님께서 우리 가정에 뜻하신 '거룩'을 향해 나아가고 있는가를 고민하면 됩니다. 그것을 향해 나아갈 때 하나님께서는 우리 가정에 참된 축복의 내일을 허락해 주십니다. 하나님과 영적인 하나 됨을 이루기 위해 나아가는 그런 가정이 진정으로 소망이 있는 가정입니다.

'하나님 형상'으로의 **회복이 거룩**

사람은 본래 '하나님의 형상'을 따라 지음 받았습니다. 그러나 인간은 죄를 지어 하나님의 형상을 파괴하고 말았습니다. 죄가 들어온 이후 인간은 이기적으로 변해서 언제나 자기중심적으로 생각하고, 자기중심적으로 행동하게 되었습니다. 부부의 결혼생활을 보십시오. 우리는 얼마나 자기중심적인 생각과 행동을 하고 있는지 모릅니다.

우리는 대부분 데이트할 때까진 행복했습니다. 왜 그렇습니까? 물론 그 저변엔 상대방의 마음을 얻고자 하는 목적이 숨어 있긴 하지만, 데이트할 때는 "어떻게 하면 저 사람의 마음을 기쁘게 할까?"가 데이트의 주된 테마였기 때문입니다. 데이트할 때는 심지어 "그 사람을 위해서라면 내가 물러설 수도 있다"고 생각합니다. 상대방의 미래를 위해서, 그 사람의 행복을 위해서 모든 것을 포기할 준비가 되어 있다는 것입니다.

그러나 결혼을 하고 나면 많은 사람들이 행복을 노래하기보다는 불행을 노래합니다. 왜 그렇습니까? 이미 얻은 상대방이 "왜 나를 기쁘게 해 주지 않는가?"에 우리의 생각이 집중되어 있기 때문입니다. 서로 받으려고만 하기 때문에 그때부터는 경쟁과 갈등과 실망과 서운함만이 생기는 것입니다. 이 부분에선 남자도 그렇지만 여자 쪽이 조금 더 강합니다. '나를 왕비로 만들어 줄 줄 알았더니 완전 파출부나 시키려고 데려왔구먼.' 하는 생각에 지나간 과거의 삶을 그리워하며 그렇게 살아버립니다. '그때가 좋았어.' '그때가 내 인생의 꽃이었어.' 단지, 조금 더 주목받았다는 생각에, 조금 더 관심을 받았다는 생각에 예전을 추억하며 현재의 남편을 향해 진심 어린 복종을 할 수가 없는 것입니다.

그렇게 되면 가정은 가나안을 향해 전진할 수가 없습니다. 과거만 돌아보고 있는데 어떻게 거친 광야를 지나 가나안에 이를 수 있겠습니까?

남편들도 마찬가지입니다. 결혼 전에는 그렇게 아내를 바라 보며 "어디 있다가 이제 나타났냐?"는 반응을 보이다가 결혼만 하면 아내 덕 볼 생각만 합니다. 내가 살펴 주고 사랑해 줄 대상인 아내가 아니라 나 없이도 우리 가정을 잘 이끌 만한 슈퍼우먼을 기대합니다. 남편인 나도 잘 챙기고 아이들도 잘 챙기고 자기 자신까지 스스로 알아서 잘 챙기길 바랍니다. 여기서 더 나아가 어떤 사람은 아내가 약한 모습을 보이기라도 할라치면 마구 짜증을 내고 구박합니다.

"으이그, 그거 하나도 제대로 못해? 도대체 잘하는 게 뭐 있냐?"

그러나 성경에선 아내와 남편을 향해 복종과 사랑을 요구하고 있다는 사실을 아십니까?

"그리스도를 경외함으로 피차 복종하라 아내들이여 자기 남편에게 복종하기를 주께 하듯 하라 이는 남편이 아내의 머리 됨이 그리스도께서 교회의 머리 됨과 같음이니 그가 친히 몸의 구주시니라 그러나 교회가 그리스도에게 하듯 아내들도 범사에 그 남편에게 복종할지니라 남편들아 아내 사랑하기를 그리스도께서 교회를 사랑하시고 위하여 자신을 주심 같이 하라"(엡5:21-25).

예수님께서 교회를 사랑하신 것같이 남편은 그렇게 아내를 사랑하라는 말씀입니다. 교회가 주님을 섬김 같이 아내는 그렇게 남편을 섬기고 복종하라는 말씀입니다. 그리고 피차 복종하라고 말씀합니다.

그러나 우리는 너무도 '복종'하기를 싫어합니다. 복종을 무슨 굴종의 의미로 받아들이기 때문입니다. 피차 복종하는 걸 자존심 상해 하고, 기분 나빠합니다.

왜 그렇습니까? 우리 눈에 비친 세상적인 굴종의 모습이 썩 안 좋게 보였던

것입니다. 굴종은 곧 열등감이고 부족한 것이고 당하는 것이며 빼앗기는 것이라는 인식이 만연해 있기 때문입니다. 맞습니다. 굴종은 그런 것입니다. 그러나 성경에서 요구하는 부부 사이의 복종은 그런 굴종과는 전혀 차원이 다른 것입니다. 성경에서 말하는 '복종'의 의미는 내가 어떤 이득을 얻기 위해 일시적인 모욕감을 참으며 굴욕을 당하라는 뜻이 아닙니다.

섬김입니다. 베풂입니다. 여유이며 사랑입니다. 나보다 그를 높여 주고 세워 주는 것입니다.

예수님께서도 이렇게 우리를 섬기셨습니다. 큰 섬김으로 우리에게 다가오셨습니다. 우리를 사랑하기 때문입니다. 단지 사랑한다는 이유 때문에 우리를 섬기셨습니다.

더 세밀한 예를 들면 이런 것입니다. 우리 집에 3개월 된 아기가 있고 5살 난 아들이 있고, 엄마 아빠가 살고 있으면 넷 중에서 누가 제일 많이 섬김을 받겠습니까?

네, 3개월 된 아기입니다. 아기는 엄마, 아빠로부터 섬김을 받습니다. 새벽 2시가 되었는데도 빽 울면서 "나 쌌다. 기저귀 갈라" 그러면 엄마 아빠가 일어나서 열심히 기저귀를 갈아 줍니다. 또 3시에 울면서 "나 배고파. 밥 줘" 그러면 "아이고, 우리 아기 배 고프구나" 하면서 젖을 물립니다. 어떤 엄마도 기저귀 갈아 주고 젖을 주면서 "아이고, 자존심 상해. 내가 이런 걸 당해야 돼. 내가 대학을 못 나왔어, 아니면 내가 집안이 모자라? 내가 이러고도 살아야 돼? 아이고 억울해"라고 말하지 않습니다.

기뻐하면서 기쁨으로 섬깁니다. 그게 섬김입니다. 그게 사랑이고 그게 복종입니다. 아이 때문에 아무리 밤새 잠을 못 잤어도 다섯 살 난 아들에게 "우리 어젯밤에 잠을 못 잤다. 그러니까 오늘은 네가 당직이야. 오늘은 네가 아기를 섬겨"라고 말하지 않습니다. 왜냐하면 그 아이는 아직 미숙하기 때문에 새벽 2시, 3시에 일어나 아기를 돌볼 수가 없기 때문입니다.

무슨 말이냐 하면, 성숙한 사람은 섬기고 복종하고 사랑할 수가 있지만 미숙한 자는 섬길 수가 없다는 뜻입니다. 하나님께서 부부를 보시며 "피차 복종하라"고 명하신 것은 그만큼 우리를 성숙한 자로 인정하셨다는 뜻입니다. 이제는 우리가 섬김으로 기쁨을 삼고, 복종으로 나의 정체성을 확인할 만한 수준이 되었다는 것입니다.

그러나 우리는 계속해서 "다오, 다오"만 외칩니다. 그래서 만족함이 없습니다.

하나님께서는 분명히 남편들에게 목숨을 다하기까지 아내를 사랑할 것을 명하셨고, 아내에게는 그리스도를 섬기듯이 남편을 섬기라고 명하셨습니다. 왜 이런 명령을 하셨을까요?

거기에는 하나님의 목적이 있습니다. 부부가 그렇게 서로를 섬기고 사랑하고 도우면서 회복해야 할 하나의 모습이 있기 때문입니다. '하나님의 형상!'

하나님의 형상대로 지은 바 된 우리가 각각 하나님의 형상을 회복해 가는 것입니다. 우리가 우리의 자녀를 섬기는 것도 결국은 이 목적을 이루기 위해서가 아닙니까? 우리의 자녀들이 그리스도의 장성한 분량까지 자라도록 하기 위해서 우리는 주의 교양과 훈계로 아이들을 양육하며 섬기는 것입니다. 부부도 마찬가지입니다. 죄로 인해 파괴된 하나님의 형상을 서로가 섬기고 사랑하므로 회복되도록 돕는 존재, 그런 사람들이 바로 부부입니다. 하나님의 형상이 회복되는 것, 그것이 바로 '거룩'을 회복하는 것 아니겠습니까?

그래서 진정으로 사랑하는 부부는 서로의 안에 계신 그리스도를 바라보며 서로를 존귀하게 높일 수밖에 없습니다. 섬길 수밖에 없습니다. 상처가 보이면 안쓰러워하며 상처가 치유되어 그리스도의 존귀한 형상으로 속히 회복되기를 기도합니다. 서로가 하나님 나라의 일꾼으로 거룩하게 쓰임 받도록 간절히 기도하지 않을 수 없습니다. 상대가 너무나 존귀한 하나님의 자녀임을 알기 때문입니다.

그런 면에서 저는 부부가 서로에게 할 수 있는 칭찬 중에서 가장 좋은 칭찬은 배우자와 하나님과의 관계를 확인시켜 주는 칭찬이라고 믿습니다.

"실망할 필요 없어. 당신은 하나님의 존귀한 아들이잖아. 반드시 하나님께서 당신을 높이실 거야."

"당신은 하나님께서 내게 허락하신 가장 최고의 선물이야."

"당신은 하나님이 귀히 쓰시는 사람이야. 절대로 낙심하지 마. 하나님께서 도우실 거야."

오늘, 이런 칭찬을 안고 배우자에게 다가가 보십시오. 굴절되었던 배우자의 자존감이 하나님 앞에서 회복되는 역사가 나타날 것입니다. 파괴되었던 하나님의 거룩한 형상이 배우자를 통해 나타날 것입니다.

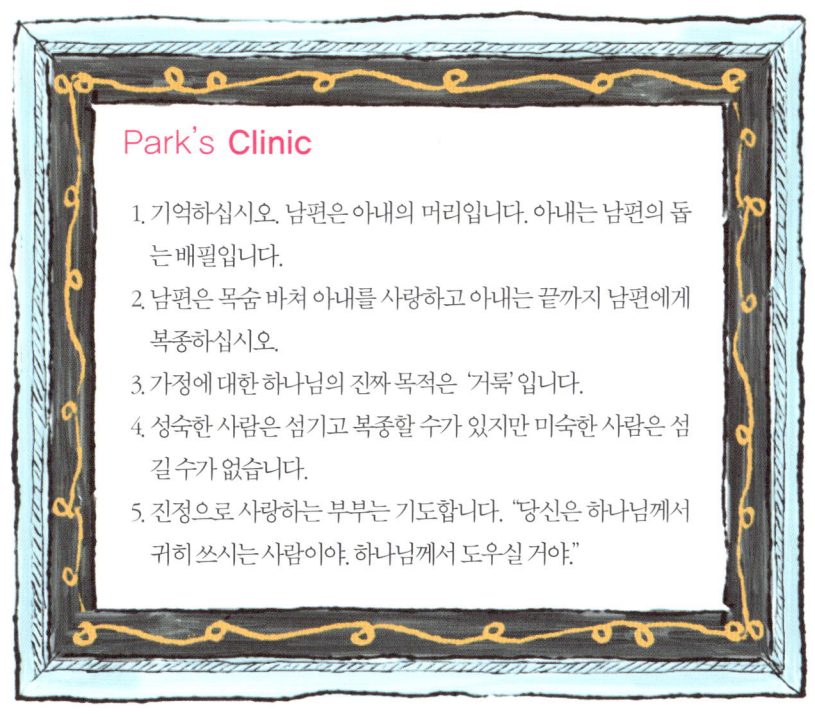

Park's **Clinic**

1. 기억하십시오. 남편은 아내의 머리입니다. 아내는 남편의 돕는 배필입니다.
2. 남편은 목숨 바쳐 아내를 사랑하고 아내는 끝까지 남편에게 복종하십시오.
3. 가정에 대한 하나님의 진짜 목적은 '거룩'입니다.
4. 성숙한 사람은 섬기고 복종할 수가 있지만 미숙한 사람은 섬길 수가 없습니다.
5. 진정으로 사랑하는 부부는 기도합니다. "당신은 하나님께서 귀히 쓰시는 사람이야. 하나님께서 도우실 거야."

2. '공동의 비전'을 품으라

가난할 수도 있고, 병이 들 수도 있고, 실패할 수도 있다.
그러나 서로 사랑했고 섬겼고, 비전을 따라 살았다면 성공한 삶이다.

비전이 **실력**이다

하나님께서는 가정을 세우실 때 이미 복을 허락하셨습니다. "우리에게 복 주시며 우리에게 이르시되 생육하고 번성하라"는 성경 말씀이 그 증거입니다. 복을 주시며 말씀하시기를 이제 맘껏 복을 누리라는 것입니다. 이것은 마치 우리가 먹고 싶어 하는 음식을 생각할 때 재료가 우리에게 다 주어진 것과 비슷한 이치입니다. 우리는 다만 주어진 최고의 재료로 맛있게 된장찌개를 끓여 먹고, 맛있게 김치 부침개를 해 먹으면 됩니다. 그러나 우리가 실력이 부족한 탓에 주어진 신선한 재료를 갖고도 엉뚱한 걸 만들어 내는 것이 문제입니다.

그래서 저는 복을 누리려면 실력을 키우는 것이 중요하다고 생각합니다. 그것은 우리 가정에서 증명이 되는 일이기도 합니다. 좋은 아버지가 되려는 노력도 없이, 멋진 남편이 되려는 시도도 없이 그저 나를 좋은 아버지, 멋진 남편으로 인정해 달라고 하는 것은 어불성설입니다. 실력을 키워야 합니다. 그래야 우리에게 주신 하나님의 복을 누릴 수 있습니다.

그리고 이 복은 이웃을 향해 흘러가야 합니다. 나 혼자 잘 먹고 잘 살라고 된 장찌개 100인분의 재료를 주신 것이 아닙니다. 맛있게 끓여서 이웃과 나누고, 음식을 주신 하나님을 증거하며 찬양하라고 하나님께선 최고의 좋은 재료를 우리에게 이토록 많이 허락하셨습니다. 그것이 우리 가정에 복을 허락하신 하나님의 뜻입니다.

그러므로 가장 아름다운 가정은 축복의 통로가 되는 가정입니다. 하나님의 거룩하신 비전을 따라 살며 부르심의 소명을 감당하는 가정입니다. 하나님께서 이 땅에 우리 가정을 세우신 뜻을 이루어 가며 살아가는 것입니다.

비전이 왜 중요합니까? 비전은 가정의 방향이기 때문입니다. 비전이 있는 가정은 전진하지만, 비전이 없는 가정은 결국 도태할 수밖에 없는 이유입니다.

"묵시가 없으면 백성이 방자히 행하거니와 율법을 지키는 자는 복이 있느니라"(잠 29:18).

여기서 묵시란, 하나님의 계시, 즉 비전을 뜻합니다. 물이 방향 없이 머물면 썩게 되어 있다는 것입니다. 물은 반드시 넓은 곳을 향해 흘러가야 합니다. 그것이 비전입니다. 하나님의 거룩한 비전을 잉태하면 그 가정은 하나님을 향해 힘차게 흘러갑니다. 가정에 생기가 넘칩니다. 그리고 하나님의 축복의 통로가 됩니다.

저는 크리스천 가정들이 모두 이런 축복의 통로가 될 수 있다고 믿습니다. 그 가정을 통해, 부부의 살아가는 모습을 통해 많은 이웃들이 하나님의 사랑을 깨닫는다면 그게 바로 축복의 통로가 되는 것입니다. 소외된 이웃들을 돌보는 부부의 삶을 통해, 브리스굴라와 아굴라처럼 주님의 헌신된 사역자를 도와 하나님의 일을 해 가는 부부의 사역을 통해, 자녀들을 사무엘처럼 키워 하나님께 드리는 모습을 통해, 직업 전선에서 선교의 사명을 감당해 가는 마음을 통해 하나님께서는 우리 각 가정을 축복의 통로로 사용하실 것입니다.

어떤 부부는 평생 동안 서로를 헐뜯고 미워하고 원망하며 살다가 죽습니다. 그것이 전부인 가정이 있습니다. 그러나 어떤 부부는 사랑하고 섬기며 거기서 더 나아가 하나님의 거룩하신 비전을 이루며 살다가 하나님께 안기기도 합니다. 가난할 수도 있고, 병들 수도 있고, 실수할 수도 있지만 그렇게 사는 부부는 성공한 인생을 산 것입니다. 왜냐하면 그들은 사랑했고, 섬겼고, 비전을 따라 생명을 걸었기 때문입니다. 하나님께서 의도하신 가정의 목적을 이루며 살았기 때문입니다.

여러분들의 가정은 어떻습니까? 사랑하며 살고 계십니까? 거기서 더 나아가 하나님의 축복의 통로로서 거룩한 비전을 이루려고 전진하고 계십니까? 비전을 세우십시오. 비전을 위해 기도하십시오. 비전이 우리 가정을 살립니다. 비전이 부부가 사랑하는 목적을 밝히 보여 주는 등불이 될 것입니다.

비전이 없으면 혼란이 온다

가정에 비전이 세워지면 하나님을 향해 전진하면 되지만, 비전이 없으면 혼란이 옵니다. 하나님의 설계도를 따라가려는 마음이 없기에 그 가정의 정체성을 찾기가 힘이 듭니다. 무엇을 위해 사는지, 무엇을 목표로 살아야 하는지 뚜렷한 지침이 없습니다. 비전을 위해 삶을 불태우면 하나님께 영광이요, 가정에는 축복이건만, 비전이 없기에 서로를 비난하고 불평하며 원망하고 치받는 데에 삶을 소비합니다. 달려갈 구심점이 없어서 그렇습니다.

그래서 우리 가정에도 1999년도에 '가정 비전 선언문'이란 걸 만들어 선포했습니다. 마태복음 6장 33절을 기초로 하고, 요한복음 10장 10절 말씀, "내가 온 것은 양으로 생명을 얻게 하고 더 풍성히 얻게 하려 함이라"는 본문을 덧붙여 작성해 보았습니다.

박수웅의 가정 비전 선언문(The Park Family's Vision Statement)

"우리 가정은 하나님 나라와 하나님의 의를 위해 존재한다."

1. 기도와 말씀 묵상을 통해 하나님과 더 깊은 관계를 추구하며, 대사명에 순종하기 위해 하나님의 백성들을 섬긴다.

2. 우리를 부르신 직업 현장에서 탁월함을 발휘하며 계속 공부함으로써 우리 지성을 닦는다.

3. 모든 것이 하나님의 주권에 달려 있음을 알기에 역경이든, 환희의 순간이든 언제나 즐거워한다.

4. 그리스도의 한 몸을 이루기 위해 믿는 사람들과 교제하며 말과 행위를 통해 믿지 않는 자들 가운데 빛과 소금의 역할을 감당한다.

5. 우리 몸이 하나님의 성전임을 인식하여 육체적 건강을 잘 관리한다.

"생명을 얻게 한다"는 것은 구원을 얻게 한다는 뜻입니다. 또한 "더 풍성히 얻게 하려 함"에서 풍성하다는 것은 그릇에 물이 가득 찰 뿐 아니라 넘쳐 나서 주위에 번져가는 것을 뜻합니다. 다시 말하면 우리의 행복이 우리 가정 안에 충만할 뿐 아니라 내 이웃들에게 흘러 넘쳐서 그 행복과 축복을 나눠 주는 것을 뜻합니다. 우리 이웃의 많은 사람들에게 축복의 통로가 되어 그들을 주님의 이름으로 치유하고 회복시키는 가정이 된다는 것입니다. 우리는 이런 마음으로 가정 비전 선언문을 작성했습니다. 그리고 선언문대로 이루기 위해 지금껏 기쁨으로 달려가고 있습니다.

이런 비전을 확인할 때마다 부부는 하나님 안에서 하나가 될 수밖에 없습니다. 그리고 비전을 따라 살 때 최고의 기쁨이 주어집니다. 자녀들은 비전을 유산으로 상속 받아 비전의 사람으로 성장해 갑니다. 비전을 따라 살아가는 부모의 삶과 그 열매와 가치를 자녀들이 눈으로 확인하며 자라간다는 것만큼 큰 축복이 어디 있겠습니까?

제가 아는 어떤 자매님은 결혼을 앞두고 다음과 같은 시의 형식을 빌려 가정의 비전을 표현했습니다.

밥물을 안치며

일터에서 돌아온 늦은 저녁

노곤한 몸으로 밥물을 안칠 때마다
그대 웃음 같은 한 톨 한 톨의 쌀알
물살의 화음에 눈을 뜨며
지친 내 두 손 간지럽힙니다.

자라는 동안 안면조차 없었던 이 쌀알들이
한 조리 안에 담겨지는 신비만큼이나
풀풀대던 저잣거리 분주 속에서
주님의 자루 안에 담겨진 우리,
함께 할 내일을 위해 기도하는 것 역시
얼마나 신기한 일인지 모릅니다.

내가 이만큼 여물기까지
그대, 이 나라 어느 산천에서
새초롬이 자라고 있었던가요.
쌀겨가 벗겨진 새하얀 쌀알처럼
주님 무수한 손길 속에 나도 조금은
세상에서 쓸모 있는 사람이 되어
그대 가까이 다가서고 싶을 때마다
안친 밥물 가득 달빛이 잠기고

그대가 자란 평야의 온정만큼이나

우리 걸어갈 길 밥물 속에

동두렷이 비춰옵니다.

한 수저에 담겨진 밥알 두 알처럼

그대와 나, 배고픈 생명 속으로

손잡고 뿌듯이 들어가야 할 내일,

그 내일을 위해

오늘 하루 그대와 내 안에서

주님 꺼내신 크고 작은 돌들

얼마나 셀 수 없이 많았을까요.

두 톨의 쌀알이 여물기까지

낱낱의 수고 이루 다 헤아릴 수 없듯

우리가 진정 쓸모 있는 밥알로 손잡기까지

끝도 없이 이어질 주님 손길

내내 생각하고 그려보며

밥물이 끓길 기다리는 날입니다.

詩 - 한근영

이 가정의 비전이 무엇입니까? '생명 사역'입니다. 영혼을 살리는 생명 사역을 위해 한 톨의 밥알이 되겠다는 것입니다.

어떤 분은 보내는 선교사로서, 어떤 분은 학원 선교로, 어떤 분은 교회를 살리는 작은 일꾼으로서, 어떤 분은 지역사회에 빛과 소금이 되려는 마음을 품고 가정의 비전을 선언합니다. 비전은 웅장하고 거창해야만 하는 것이 아닙니다. 작고 소박한 것이어도 좋습니다. 다만, 하나님께 그 뿌리를 두고 세우면 됩니다. 그리고 비전대로 달려가면 그 달려가는 길 위에 하나님의 미소가 머물 것입니다. 영광의 면류관이 보일 것입니다. 축복의 열매가 맺힐 것입니다. 가정을 세우신 하나님의 거룩하신 뜻이 이루어질 것입니다.

가장 큰 비전은 역시 '사랑'

가정의 비전을 이야기하는 이 중요한 대목에서 저는 저의 아버님 얘기를 하려고 합니다. 세월이 유수와 같이 빠르다고 말하지만 저는 요즘 제 부모님을 뵈면서 새삼스럽게 세월의 변화를 실감합니다. 아, 부모님께서 이렇게 연로하셨구나…. 그 정정하시던 기력은 어느덧 사라지고 바람 앞의 등불처럼 조금씩 쇠해짐을 볼 때 자식 된 마음으로 쓸쓸하기 짝이 없습니다.

그러나 한편, 저는 부모님으로부터 날이 갈수록 감동을 받습니다. 특히 아버지께서 어머니를 대하시는 헌신과 사랑을 뵈면서 부부란 무엇인지를 가슴

깊이 깨닫게 됩니다.

어린 시절 뵈었던 아버지는 한 치 흐트러짐도 없으셨던 너무나 완벽한 분이셨습니다. 신사참배를 거부했다는 이유로 순교까지 당하신 할아버지의 자식답게 믿음의 계보를 굳건하게 이어가시며 가족들의 생계를 책임지셨습니다. 혈혈단신으로 만주까지 팔려 가기도 하셨고, 그 속에서도 하나님의 도우심을 입어 기적 같은 성공을 거둔 분이셨습니다. 그래서 아버지는 자식들을 매우 강하게 키우셨습니다. 믿음의 용사가 되기를 바라셨고, 삶의 대장부가 되기를 바라셨습니다. 가난과 고통과 질곡의 세월 속에서 아버지께서 그렇게 살아내셨던 까닭입니다. 아버지께서는 그렇게 높은 기준과 이상을 세운 채 한시도 쉼 없이 달려가는 삶을 사셨습니다.

그러나 아버지의 그런 높은 기준을 따라갈 수 있는 사람은 아버지 자신 외에는 아무도 없었습니다. 어머니는 늘 헉헉대셨고 자식들도 힘겨워했습니다. 특히 어머니에게 아버지는 다정한 동반자라기보다는 다그치고 구박하는 모습을 보일 때가 많으셨습니다. 전형적인 한국의 어머니상이셨던 어머니는 그런 아버지의 요구를 따라가느라 한시도 마음 편할 날이 없었는지도 모릅니다.

그런데 그런 아버지께서 저희와 함께 살게 된 시점을 계기로 변하기 시작하셨습니다. 저희 역시 아버지께 좋은 부부의 모습을 보여 드리리라 결심한 뒤부터는 부부관계가 더욱 좋아졌던 것 같습니다. 부모님과 우리 부부가 함께 살기 시작하면서 두 가정이 함께 윈윈(win- win)할 수 있었던 것입니다.

특히 아버지께서는 최근 몇 년 사이, 어머니를 간호하시며 얼마나 애달도록 어머니에 대한 사랑을 표현하시는지 말로 다할 수가 없을 정도입니다. 치매에 걸려 양로병원에 누워 계신 어머니(86세), 어머니가 혹시라도 먼저 떠날까봐 지극정성을 다해 돌보시는 아버지(88세), 이 노부부의 모습이야말로 세상에서 가장 아름답고 멋진 모습이었습니다. 어쩌면 하나님의 비전을 이루기 위해 달려가실 때보다 더 멋진 모습이라는 생각도 듭니다. 어머니를 바라 보시는 아버지의 마음은 신부 된 교회를 향한 신랑 된 주님의 마음처럼 느껴지기 때문입니다. 어머니를 돌보시는 아버지의 모습 속에서 주님의 형상을 발견하기 때문입니다.

"이 사람아, 나 누구여? 나가 누구여?"

아버지를 알아보기를 바라며 열심히 설명하시는 아버지, 그래도 멍한 표정으로 쳐다보시는 어머니, 어머니께 아버지는 사랑을 표현하려고 키스를 여러 번 하시며 머리를 쓰다듬으시고 눈물을 글썽거리십니다.

"젊었을 때는 네 엄마가 이렇게 예쁜 줄 몰랐다. 이렇게 예쁘고 사랑스러운데 내가 그걸 몰랐어."

이렇게 고백하시며 회한의 눈물을 흘리시는 아버지께서는 꺼져가는 등불과 같은 어머니를 절대로 포기하는 법이 없으십니다. 매일 어머니께 가서 "하나, 둘, 셋, 넷, 다섯…" 숫자를 백까지 세시고, 어머니께서 좋아하는 찬송가 "여호와는 나의 목자시니"도 불러 주십니다. 3년여 이상 그렇게 병 수발을 하셨지만, 날로 쇠약해지시는 어머니를 뵈면서 저는 혹시나 하는 생각에 "아버지, 이제 마음의 준비를 하세요"라고 말씀드렸지만 아버지께서는 결코 어머니를 포기하지 않습니다.

"내 곁에 네 어머니가 있다는 게 이렇게 축복이다. 곁에 있다는 것만으로도 이렇게 큰 축복이야."

배우자가 내 곁에 있다는 사실, 그것이 아버지 평생에 가장 큰 축복임을 아버지께서는 삶의 무게를 담아 큰아들에게 말씀해 주십니다. 병 수발이 아무리 고단해도, 어머니로 인해 걱정이 끊이지 않아도, 그것은 감사요 축복임을 아버지께선 늘 고백하십니다.

"곁에 있는 게 축복이야. 내가 젊었을 땐 그걸 몰랐어. 내가 네 엄마한테 너무 함부로 대했어. 이렇게 귀한 사람을…."

아버지의 그 고백을 들으며 저는 아버지를 더욱 존경하게 되었습니다. 믿음에도 신실하셨고, 최선을 다해서 하나님의 비전을 향해 달려오신 아버지, 아버지께선 그 모든 것이 어머니와 동행할 수 있었기에 가능했음을 고백하고 계셨습니다.

"그러니까 나한테 제일 귀한 사람은 네 어머니다. 네 어머니가 나의 가장 큰 축복이었다. 이 사람이 그렇게 사랑스런 사람이었어. 나 같이 못난 사람을 네 어머니는 너무도 잘 섬겨 주었어. 내가 진작 이 사실을 알았더라면 더 귀하게 대해 주었을 걸…."

아버지의 고백을 들으며 저는 저 자신과 모든 사람들에게 말하고 싶었습니다.

아직 늦지 않았다고요. 우리는 아직 늦지 않았습니다. 내 옆에서 나를 속 썩이며 나를 힘들게 하는 것 같은 배우자가 사실은 나를 위해 하나님이 예비하신 가장 귀한 선물이라는 사실을 남편과 아내 중 한 사람이라도 먼저 기억할 수 있다면 가정을 세우신 하나님의 설계도는 곧 완성될 것입니다. 그 가정은 놀랍게 세워져 갈 것입니다.

사랑하며 삽시다. 섬기며 삽시다. 사랑과 섬김으로 비전을 이루며 삽시다. 그러면 주님 품에 안길 때 주님께서 이렇게 말씀하실 지도 모릅니다.

"너희를 향한 나의 가장 큰 비전은 사랑이다. 너희가 서로 사랑으로 하나 되는 것, 그것 자체가 사실은 너희를 향한 나의 큰 꿈이다. 나를 향한 너희의 헌신보다 내가 더 귀하게 보는 것은 너희가 서로 사랑하는 것이다."

하나님께서 왜 이렇게 말씀하시겠습니까? 왜냐하면 하나님께서 바로 사랑, 그 자체이시기 때문입니다. 우리가 사랑할 때 우리는 비로소 하나님의 형상으로 회복될 수 있기 때문입니다.

"하나님은 사랑이시라 사랑 안에 거하는 자는 하나님 안에 거하고 하나님도 그 안에 거하시느니라"(요일4:16).

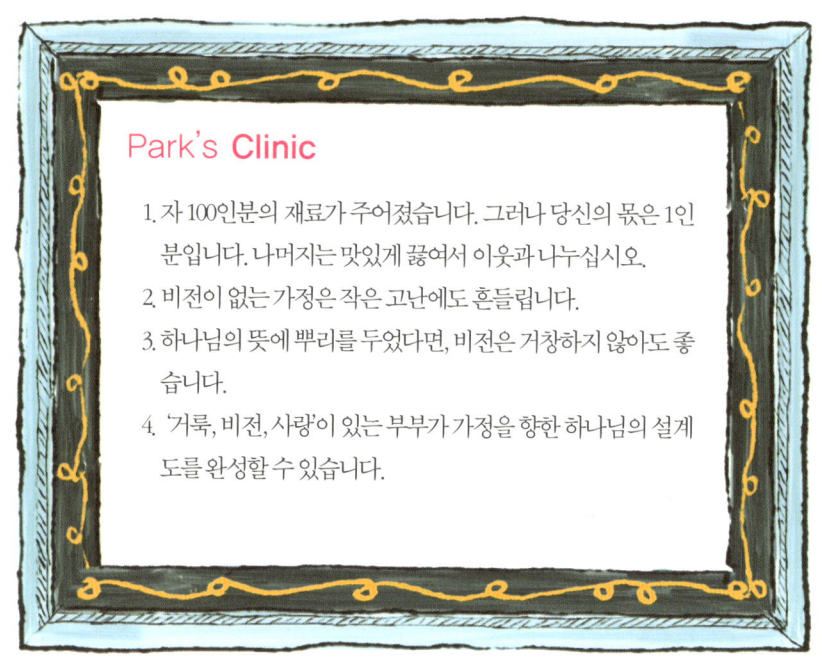

Park's Clinic

1. 자 100인분의 재료가 주어졌습니다. 그러나 당신의 몫은 1인분입니다. 나머지는 맛있게 끓여서 이웃과 나누십시오.
2. 비전이 없는 가정은 작은 고난에도 흔들립니다.
3. 하나님의 뜻에 뿌리를 두었다면, 비전은 거창하지 않아도 좋습니다.
4. '거룩, 비전, 사랑'이 있는 부부가 가정을 향한 하나님의 설계도를 완성할 수 있습니다.